"博学而笃志，切问而近思。"
(《论语》)

博晓古今，可立一家之说；
学贯中西，或成经国之才。

复旦博学·复旦博学·复旦博学·复旦博学·复旦博学·复旦博学

作者简介

李传轩，法学博士，复旦大学法学院副教授，兼任上海市法学会环境和资源保护法研究会秘书长，中国法学会环境资源法学研究会理事，国家环境损害司法鉴定评审专家。主要研究领域为绿色金融法律政策、气候变化应对法律政策及生态损害赔偿制度等。出版专著5部，在各类核心期刊发表论文20余篇，主持和承担国家级与省部级科研项目10多项。曾获上海市哲学社会科学优秀成果奖二等奖等奖项，2014年入选上海市"浦江人才计划"。

吴卫星，法学博士，南京大学法学院教授，兼任江苏省法学会环境资源法学研究会副会长、江苏省高级人民法院环境资源审判专家库法律专家、南京市中级人民法院特邀咨询专家。主要从事环境法、行政法的教学与研究工作。出版专著《环境权理论的新展开》《环境权研究——公法学的视角》，在《法学评论》《法商研究》《法律科学》《政法论丛》《华东政法大学学报》等期刊发表论文30余篇，曾获中国法学家论坛征文奖二等奖、江苏省哲学社会科学优秀成果奖三等奖等奖项。

陶蕾，法学博士，复旦大学法学院副教授。主要从事环境资源法教学与科研工作。出版专著《论生态制度文明建设的路径——以中国近40年来环境法治发展的回顾与反思为基点》，合著《环境法法典化研究》《中国节水立法研究》，在《法学杂志》等期刊发表多篇论文，主持完成国家社科基金青年项目和教育部人文社科基金青年项目各1项，曾获江苏省哲学社会科学界第七届学术大会优秀论文一等奖。

法学系列

中国环境法教程

李传轩 主编
吴卫星 陶蕾 副主编

复旦大学出版社

内容提要

　　本教程详细介绍了2014年《环境保护法》修订、2015年全面推行生态文明体制改革以来，我国环境法在基本原则和基本制度层面的新规定和新发展。全书共分八章，包括环境法概述、中国环境法的发展、环境权、环境法的基本原则、环境法的基本制度（分上下章）、环境法律责任、环境公益诉讼。全书涉及的法律法规、政策规定和典型案例截至2020年底，对近年来环境法法律政策方面的重大变革和热点问题都有较为全面的论述，如生态文明入宪、环境法法典化、环境保护优先原则、国土空间规划制度、生态红线制度、生态环境问责制度、环境公益诉讼制度、生态环境损害赔偿制度等，有助于学生了解和掌握国内环境法在理论和实务层面的最新成果。

《中国环境法教程》编委

主　　编：李传轩

副 主 编：吴卫星　陶　蕾

编委会主任：张梓太

编委会成员（按姓氏拼音字母排序）：

曹树青	安徽省社会科学院法学研究所
晋　海	河海大学法学院
李晨光	上海大学法学院
李传轩	复旦大学法学院
刘画洁	上海海洋大学
沈　灏	华东师范大学法学院
孙法柏	山东科技大学文法学院
陶　蕾	复旦大学法学院
王　岚	华东师范大学法学院
王文革	上海政法学院
吴卫星	南京大学法学院
夏　凌	同济大学法学院
徐忠麟	江西理工大学文法学院
颜士鹏	上海大学法学院
杨　华	上海政法学院
张　辉	安徽大学法学院
张惠虹	华东师范大学法学院
张　璐	华东政法大学
周孜予	东北林业大学

撰稿人(按姓氏拼音字母排序)：

程飞鸿和刘画洁(第四章、第八章)、程雨燕和周孜予(第七章、第八章)、姜思宇(第六章第一节至第二节)、晋海(第七章第二节)、雷竞鸣(第四章第四节、第五章第八节、第六章第四节)、李晨光(第二章第二节)、李传轩(第一章)、沈灏(第四章)、陶蕾(第二章第三节)、王岚(第四章)、王文革(第五章)、王寅燕(第五章第六节至第七节、第五章第九节)、吴卫星(第一章、第三章)、席悦(第五章第一节、第五章第三节、第六章、第七章第一节、第七章第四节)、徐忠麟(第一章)、颜士鹏(第二章第一节)、曾万萍(第二章第一节至第二节、第六章第三节)、张辉(第八章)、张惠虹(第四章)、张帅(第五章第二节、第五章第四节、第七章第三节)、张梓太(第一章)

目 录

第一章 环境法概述 ... 1
  第一节 环境与环境问题 ... 1
    一、环境的概念 ... 1
    二、环境的分类 ... 2
    三、环境问题的概念和分类 ... 3
    四、环境问题的产生和演变 ... 3
    五、当代环境问题的特点 ... 5
  第二节 环境保护与可持续发展 ... 6
    一、环境保护 ... 6
    二、可持续发展 ... 7
  第三节 环境法的概念与特征 ... 11
    一、环境法的名称 ... 11
    二、环境法的概念 ... 12
    三、环境法的分类 ... 14
    四、环境法的特征 ... 15
  第四节 环境法的本质和性质 ... 17
    一、环境法的本质 ... 17
    二、环境法的性质 ... 18
  第五节 环境法律关系 ... 20
    一、环境法律关系概述 ... 20
    二、环境法律关系的构成要素 ... 23
    三、环境法律事实 ... 24
  第六节 环境法的体系 ... 25
    一、环境法体系的概念 ... 25
    二、环境法在法律体系中的地位 ... 25
    三、环境法体系的构成 ... 27

第二章 中国环境法的发展 ... 32
  第一节 中国环境法的发展阶段 ... 32
    一、中国环境法的孕育(1949—1973 年) ... 32

二、中国环境法的起步(1973—1978年) 33
三、中国环境法的快速发展(1979—1988年) 33
四、中国环境法的相对完善(1989—2014年) 34
五、中国环境法的体系优化(2014年至今) 34

第二节 生态文明建设与环境法的发展 36
一、生态文明理念的提出与发展 36
二、生态文明体制改革与环境法的制度创新 38
三、生态文明入宪对环境法治的促进 39

第三节 环境法法典化 40
一、法典和环境法典的概念 40
二、环境法法典化的趋势 41
三、外国环境法典的编纂 43
四、我国环境法的法典化问题 46

第三章 环境权 50

第一节 环境权理论的提出 50
一、环境权理论产生的时代背景 50
二、美国的环境权理论 51
三、日本的环境权理论 52

第二节 环境权的概念与特点 53
一、环境权的概念 53
二、环境权的特点 56

第三节 环境权入宪的比较分析 58
一、环境权入宪之时间比较 59
二、环境权入宪之地域比较 60
三、环境权入宪条款类型比较 61

第四节 环境权的中国生成与入宪路径 63
一、我国现行法律规范中的环境权 63
二、司法裁判中的环境权 64
三、环境权的宪法化及其路径分析 65

第四章 环境法的基本原则 69

第一节 环境法基本原则概述 69
第二节 保护优先原则 70
一、保护优先原则的涵义 70
二、保护优先原则的主要内容 71
第三节 预防为主、综合治理原则 72

一、预防为主、综合治理原则的涵义 ························ 72
二、预防为主、综合治理原则的主要内容 ···················· 72
第四节 公众参与原则 ·· 74
一、公众参与原则的涵义 ······································ 74
二、公众参与原则的主要内容 ································· 77
第五节 损害担责原则 ·· 78
一、损害担责原则的涵义 ······································ 78
二、损害担责原则的主要内容 ································· 79
第六节 政府对环境质量负责原则 ······························ 80
一、政府对环境质量负责原则的涵义 ························ 80
二、政府对环境质量负责原则的主要内容 ···················· 80

第五章 环境法的基本制度（上） ······························ 82
第一节 环境法的基本制度概述 ·································· 82
一、环境法的基本制度的概念 ································· 82
二、环境法的基本制度的分类 ································· 83
第二节 环境规划制度 ·· 84
一、环境规划制度概述 ·· 84
二、环境规划制度的内容 ······································ 87
第三节 国土空间规划制度及其相关制度 ······················· 88
一、我国国土空间规划制度概述 ······························ 88
二、国土空间规划制度的内容 ································· 89
三、国土空间规划的相关制度 ································· 91
第四节 生态保护红线制度 ······································· 93
一、我国生态保护红线概述 ··································· 93
二、生态保护红线的划定及管理 ······························ 96
三、生态保护红线的保障制度 ································· 98
四、生态保护红线越线责任追究 ······························ 100
第五节 国家公园制度 ·· 100
一、国家公园制度概述 ·· 100
二、国家公园制度的内容 ······································ 101
第六节 环境影响评价制度 ······································· 102
一、环境影响评价制度概述 ··································· 102
二、环境影响评价制度的内容 ································· 103
第七节 环境管理"三同时"制度 ································ 109
一、"三同时"制度概述 ······································· 109
二、"三同时"制度的内容 ···································· 109

  第八节 排污许可制度 ……………………………………………… 111
    一、排污许可制度概述 …………………………………………… 111
    二、排污许可制度的内容 ………………………………………… 112
  第九节 环境标准制度 ……………………………………………… 113
    一、环境标准制度概述 …………………………………………… 113
    二、环境标准制度的内容 ………………………………………… 114

第六章 环境法的基本制度（下） …………………………………… 120
  第一节 环境保护税制度 …………………………………………… 120
    一、环境保护税概述 ……………………………………………… 120
    二、环境保护税制度的内容 ……………………………………… 120
  第二节 生态补偿制度 ……………………………………………… 124
    一、生态补偿制度概述 …………………………………………… 124
    二、生态补偿制度的内容 ………………………………………… 126
  第三节 排污权交易制度 …………………………………………… 128
    一、排污权交易制度概述 ………………………………………… 128
    二、排污权交易制度的内容 ……………………………………… 129
  第四节 环境信息公开制度 ………………………………………… 131
    一、环境信息公开制度概述 ……………………………………… 131
    二、环境信息公开制度的内容 …………………………………… 132
  第五节 生态环境保护督察制度 …………………………………… 134
    一、生态环境保护督察制度概述 ………………………………… 134
    二、生态环境保护督察制度的内容 ……………………………… 137
  第六节 生态环境问责制度 ………………………………………… 140
    一、生态环境问责制度概述 ……………………………………… 140
    二、生态环境问责制度的内容 …………………………………… 140
  第七节 生态环境损害赔偿制度 …………………………………… 144
    一、生态环境损害赔偿制度概述 ………………………………… 144
    二、生态环境损害赔偿制度的形成 ……………………………… 145
    三、生态环境损害赔偿制度的内容 ……………………………… 148

第七章 环境法律责任 …………………………………………………… 164
  第一节 环境法律责任概述 ………………………………………… 164
    一、环境法律责任的概念 ………………………………………… 164
    二、环境法律责任的特点 ………………………………………… 164
  第二节 环境侵权责任 ……………………………………………… 165
    一、环境侵权责任概述 …………………………………………… 165

二、环境侵权责任的无过错责任原则 ……………………………… 166
　　三、环境侵权责任的构成 …………………………………………… 168
　　四、环境侵权责任的承担方式 ……………………………………… 172
　　五、追究环境侵权责任的途径 ……………………………………… 173
第三节　环境行政责任 …………………………………………………… 174
　　一、环境行政责任概述 ……………………………………………… 174
　　二、行政主体的环境行政责任 ……………………………………… 176
　　三、行政主体工作人员的环境行政责任 …………………………… 180
　　四、行政相对人的环境行政责任 …………………………………… 182
第四节　环境刑事责任 …………………………………………………… 186
　　一、环境刑事责任概述 ……………………………………………… 186
　　二、污染环境类犯罪的构成、认定与处罚 ………………………… 189

第八章　环境公益诉讼 …………………………………………………… 194
第一节　环境民事公益诉讼 ……………………………………………… 194
　　一、环境民事公益诉讼概述 ………………………………………… 194
　　二、环境民事公益诉讼的原告 ……………………………………… 194
　　三、环境民事公益诉讼的被告 ……………………………………… 197
　　四、环境民事公益诉讼的对象 ……………………………………… 197
　　五、环境民事公益诉讼的诉讼请求 ………………………………… 198
　　六、环境民事公益诉讼的特殊规定 ………………………………… 200
　　七、环境民事公益诉讼赔偿金的管理和使用 ……………………… 204
第二节　环境行政公益诉讼 ……………………………………………… 207
　　一、环境行政公益诉讼概述 ………………………………………… 207
　　二、环境行政公益诉讼的起诉人 …………………………………… 207
　　三、环境行政公益诉讼的被告 ……………………………………… 207
　　四、环境行政公益诉讼的诉讼对象 ………………………………… 209
　　五、环境行政公益诉讼的诉讼请求 ………………………………… 211
　　六、环境行政公益诉讼的特殊规定 ………………………………… 211
第三节　环境公益诉讼相关司法实践 …………………………………… 213
　　一、环境民事公益诉讼与生态环境损害赔偿制度的衔接 ………… 213
　　二、海洋自然资源与生态环境损害赔偿诉讼 ……………………… 217

第一章
环境法概述

第一节　环境与环境问题

一、环境的概念

环境与环境问题是我们展开环境法学研究的起点和基础,关于什么是环境,不同的学科可以有不同的回答。在现代的一般社会用语中,环境有三种含义:其一是指周围的地方,其二是指环绕所管辖的地区,其三是指周围的自然条件和社会条件。① 在生态学中,环境是指"某一特定生物或生物群体以外的空间,以及直接或间接影响该生物体或生物群体生存的一切事物的总和"。② 在环境科学中,环境是指"围绕着人群的空间,及其中可以直接、间接影响人类生活和发展的各种自然因素的总体"。③ 尽管对环境有不同的看法,但有几点是可以肯定的:

第一,在现代汉语中,人类所生存于其间的环境从大的范围来讲,包括社会环境与自然环境。社会环境,是指人类生存及其活动范围内的社会物质与精神条件的总和,具体指社会的生产方式、城乡结构及其经济、政治、法律制度和宗教、教育、艺术、哲学观念等。但是,环境科学和生态学中的环境仅指自然环境,不包括社会环境。

第二,环境总是相对于某一个中心事物而言的,具有相对性。中心事物不同,环境的外延也就不同。比如,在环境科学中,人类是主体,是中心,因此,环境便是围绕着人类的非人类的外部世界。而在生态学中,以生物或生物群体为中心,因此,环境便是围绕着某一生物或生物群体的外部世界。

在环境法学中,所谓的环境,与环境科学中的环境一样,是以人类为中心的,围绕着人

---

① 参见罗竹风主编:《汉语大词典》,汉语大词典出版社1997年版,第2417页。
② 李博主编:《生态学》,高等教育出版社2000年版,第11页。
③ 参见《中国大百科全书·环境科学》,中国大百科全书出版社1983年版,第164页。

类,能对人类的生产或生活产生直接或间接影响的物质的自然环境。在立法中,就环境的定义,各国一般采用概括加列举的混合模式。例如,《美国国家环境政策法》第二编第 1 条规定:"国家各种主要的自然环境、人为环境或改善过的环境的状态和情况,其中包括但不限于:空气和水——包括海域、港湾河口和淡水,陆地环境——其中包括但不限于森林、干地、湿地、山脉、城市、郊区和农村环境。"我国《环境保护法》第 2 条规定:"本法所称环境,是指影响人类生存和发展的各种天然的和经过人工改造的自然因素的总体,包括大气、水、海洋、土地、矿藏、树林、草原、湿地、野生生物、自然遗迹、人文遗迹、自然保护区、风景名胜区、城市和乡村等。"

对此,我们需理解的是,上述立法之所以采用混合模式,是由这种模式的优点所决定的。对环境概念下定义的立法模式不外乎三种,即列举式、概括式和混合式(概括加列举的方式)。列举式的优点是易于理解,便于操作,但列举总是有疏漏和具有不周延性。况且随着科技的进步和人类认识自然、改造自然的能力的不断加强,环境概念的外延和环境法所保护的自然客体会不断地扩大,列举式无法适应这种变化。概括式的优点是克服了列举的不周延性,但具有模糊性和高度的抽象性,不便于理解和操作。而概括列举的混合模式则能比较有效地克服列举式和概括式的缺点,又吸收两者的优点。这种模式能够适应变动的现实生活,不失为一种好的立法模式。

二、环境的分类

根据不同的标准,我们可以对环境进行不同的分类。

(1) 根据组成环境的物质与人类活动的关系,可以将环境分为天然环境和人工环境。所谓天然环境,是指地球在发展演化过程中自然形成的、未受人类影响或只受人类的轻微影响尚保持自然风貌的环境,如原始山脉、原始森林等。所谓人工环境,也可称为人为环境,是指在天然环境的基础上,经过人类劳动加工过的环境,如城市、高速公路等。

(2) 根据组成自然环境的各种要素的不同,可以将环境分为大气环境、水环境、土壤环境、生物环境等。这种分类法具有重要意义,我国各环境资源单行法即采用环境要素分类法。所谓大气环境,是指随地心引力而旋转的大气层。水环境,是指地球表面的各种水体,包括海洋、河流、湖泊、沼泽以及地表以下埋藏在土壤和岩石孔隙中的地下水等。土壤环境,是指地球表面能够为绿色植物提供肥力的表层。生物环境,是指地球表面除人类以外的其他所有生物构成的整体。

(3) 根据环境功能的不同,可以将环境分为生活环境和生态环境。我国《宪法》第 26 条就采用这种分类法。所谓生活环境,是指与人类生活密切相关的各种天然的和经过人工改造的自然因素。生态环境,是指生物有机体周围的生存空间的生态条件的总和。生态环境由许多生态因子综合而成,这些生态因子包括非生物因子和生物因子两个方面。非生物因子如光、温度、水分、大气、土壤及无机盐等;生物因子包括植物、动物、微生物等。在自然界,这些生态因子相互联系、相互影响,所有生态因子的综合体即为生态环境。

(4) 根据环境的范围大小的不同,可以将环境分为宇宙环境、地球环境、区域环境和聚落环境等。所谓宇宙环境,是指大气层以外的宇宙空间,它是人类活动进入大气层以外的空间和地球邻近天体的过程中提出的新概念。地球环境,也有人称之为地理环境,是指大气圈中的对流层、水圈、土壤圈、岩石圈和生物圈。区域环境,是指占有某一特定地域空间的自然环境,它是由地球表面不同地区的5个自然圈层相互配合而形成的。聚落环境,是指人类聚居和生活场所的环境。

三、环境问题的概念和分类

环境问题,是指由于自然界自身变化或人类活动而引起的生态系统的失衡和环境质量的退化,以及由此而给人类的生存和发展带来的不利影响。其中由于自然界自身变化所导致的环境问题,我们称之为"第一环境问题"或"原生环境问题";由于人类活动而引起的环境问题,我们称之为"第二环境问题"或"次生环境问题"。环境法研究的环境问题,是指"第二环境问题"或"次生环境问题",在日本和我国台湾地区,称为"公害"。

根据人类活动对环境的危害后果的不同,我们可以把环境问题分为环境污染和生态破坏。所谓环境污染,是指由于人类在生产、生活中排放出的废水、废气、废渣、放射性物质等进入环境造成危害的现象。按环境要素的不同,可以将环境污染分为大气污染、水污染、土壤污染等;按污染物形态的不同,可以将污染分为废气污染、废水污染、固体废物污染和放射性污染等;按污染物的性质不同,可以将污染分为生物污染、物理污染和化学污染等。所谓生态破坏,是指人类不合理地开发利用自然环境,过量地向大自然索取物质和能量,超出自然生态恢复和平衡的限度,所造成的环境质量退化或生态失衡的现象。生态破坏的表现形式,主要有水土流失、土地荒漠化、草原退化、物种灭绝等。

四、环境问题的产生和演变

地球迄今已有45亿年至46亿年的历史,而人类的历史只有200万年到280万年。地球和自然界在长期的演化过程中孕育了生命,孕育了人类。"人本身是自然界的产物,是在他们的环境中并且这个环境一起发展起来的。"①地球是人类唯一的家园,我们应该满怀感激之情寻求一条与大自然共生的道路。在人类社会的早期,由于生产力的低下,人类对大自然怀着敬畏和崇拜之情,再加上自然资源的相对丰富和人口的稀少,因此基本上不存在环境问题。随着生产力的发展、人们改造自然的能力和自信心的增强,人类逐步走上了一条与自然相对抗的道路。由于人类的贪婪和无知,随着文明的进步,环境问题也相伴而生。

(一) 农业文明时期

随着铁器的使用和生产力的提高,人类干预和改造自然的能力也逐渐增强。由于经

---

① 《马克思恩格斯全集》第3卷,人民出版社1979年版,第24页。

济和人口的增长以及人口集中的城市的出现,环境问题逐步出现,主要表现为对自然资源的破坏导致的水土流失、土地的沙漠化和盐渍化等。曾经灿烂辉煌的古代农业文明走向了衰落。美国学者 F.卡特和汤姆·戴尔从人类与表土之间的关系出发,对人类历史上 20 多个古代文明地区的兴衰过程进行了研究,从中得出了一个惊人的结论:赖以生存的自然资源,特别是表土状况的恶化是历史上大多数地区文明衰落的根本原因。①

(二) 工业文明时期

18 世纪末叶,人类历史上开始了工业革命,生产力获得了飞速的发展。但是随着工业化和城市化的发展,环境问题也大规模地呈现。我们可以形象地将工业文明称为"黑色文明"。英国是最早开始工业化的国家,恩格斯在 1845 年出版的《英国工人阶级状况》一书中对当时环境污染,特别是工人所处的恶劣的生活环境作了细致的描写:"曼彻斯特周围的城市……是一些纯粹的工业城市……到处都弥漫着煤烟。""波尔顿是这些城市中最坏的了……即使在天气最好的时候,这个城市也是一个阴森森的讨厌的大窟窿……一条黑水流过这个城市……把本来就很不清洁的空气弄得更加污浊不堪。"②由于世界人口不断膨胀,能源和资源消耗急剧增加,环境问题也日益严重。20 世纪中叶产生了震惊世界的八大公害事件(见表1)。

表 1 20 世纪中叶世界八大公害事件概览③

事 件	时 间	起 因	人 员 伤 亡
比利时马斯河谷烟雾事件	1930 年 12 月	大气污染	引发几千人呼吸道疾病,60 人死亡。
美国多诺拉烟雾事件	1948 年 10 月	大气污染	4 天内 42% 的居民患病,17 人死亡。
美国洛杉矶光化学烟雾事件	1943 年 5—10 月	大气污染	引发大多数居民患病,65 岁以上老人死亡 400 人。
英国伦敦烟雾事件	1952 年 12 月	大气污染	5 天内 4 000 多人死亡。
日本熊本水俣病事件	1953 年开始爆发	海洋污染	水俣镇 180 多人患病,50 多人死亡。
日本四日市哮喘事件	1955 年以来	大气污染	患者 500 多人,36 人死亡。
日本爱知米糠油事件	1968 年	食用油污染	患者 5 000 多人,16 人死亡,实际受害人超过 10 000 人。
日本富山骨痛病事件	1931—1972 年 3 月	水污染	患者超过 280 人,死亡 34 人。

世界八大公害事件之后,20 世纪七八十年代,又发生了六起世界重大污染事故:(1) 意大利塞维索化学污染事故。1976 年 7 月,意大利塞维索一家化工厂爆炸,导致剧毒化学品二恶英污染,许多人中毒,时隔多年当地居民的畸形儿出生率大为增加。(2) 美国

---

① 参见陈晓红、毛锐著:《失落的文明:巴比伦》,华东师范大学出版社 2001 年版,第 152 页。
② 《马克思恩格斯全集》第 2 卷,人民出版社 1957 年版,第 323—325 页。
③ 参见张坤民:《可持续发展论》,中国环境科学出版社 1997 年版,第 3—4 页。

三里岛核电站泄漏事故。1979年3月,美国宾夕法尼亚州三里岛核电站反应堆元件受损,放射性裂变物质泄漏,致使周围50英里以内约200万人口的生产生活陷入混乱。(3)墨西哥液化气爆炸事故。1984年11月,墨西哥城郊石油公司液化气站54座储气罐几乎全部爆炸起火,对周围环境造成严重危害,死亡上千人,50万居民逃难。(4)印度博帕尔毒气泄漏事故。1984年12月,美国联合碳化物公司设在博帕尔市的农药厂剧毒气体外泄,使2500人死亡,20万人受害,其中5万人可能双目失明。(5)苏联切尔诺贝利核电站泄漏事故。1986年4月,苏联基辅地区切尔诺贝利核电站的四号反应堆爆炸起火,放射性物质外泄,上万人受到辐射伤害,周边多国受到放射性尘埃的污染,北京上空也检测到这样的尘埃。(6)德国莱茵河污染事故。1986年11月,瑞士巴塞尔桑多兹化学公司的仓库起火,大量有毒化学品随灭火用水流进莱茵河,使靠近事故地段河流生物绝迹。100英里处鲤鱼和大多数鱼类死亡,300英里处的井水不能饮用,德国和荷兰居民被迫定量供水,德国几十年来为治理莱茵河投资的210亿美元付诸东流。[①]

五、当代环境问题的特点

与以往不同,当代环境问题展现了下列新特点。

1. 环境问题的全球化

早期的环境问题只发生在某些国家或地区,从性质和影响范围看,具有点源性或区域性特征。而当代的环境问题已经超出了特定的地区,呈现出全球化的特点:一是所有的国家都普遍存在环境问题,二是出现了一些危害全球的环境问题,例如温室效应、臭氧层的耗损、酸雨等。

环境问题的全球化表明,世界各国的前途和命运史无前例地紧密联系在了一起,在地球这只宇宙飞船上风雨同舟。有效解决如此严重的环境问题,有赖于世界各国政府和人民的共同努力以及真诚而广泛的国际合作。

2. 环境问题的综合化

过去的环境问题大多是单一的问题,提到环境问题,人们想到的往往是废气、废水、废渣等工业"三废"污染。但是,现在的环境问题已经深入影响到人类生产和生活的各个方面,涵盖了资源短缺、环境污染和生态破坏三种类型的问题,呈现出综合化的特征。

3. 环境问题的社会化

如果说以前直接与环境问题有关的只是环境污染的受害者和医疗卫生、科学技术等一些部门和人员的话,那么,当今的环境问题已大不相同,没有人能逃脱生态危机所带来的恶果。环境问题已经成为受到各行各业普遍关注的社会问题,政府如果不能有效地解决环境问题或环境问题所带来的一系列后果,则可能影响到社会和政治的稳定。

---

① 参见"闻名于世的六大污染事故",《绿色中国:公众版》2005年第11期。

4. 环境问题的政治化

原先人们只将环境问题看作工业问题、经济问题和技术问题。后来,环境问题发展成为社会问题,广泛的社会问题将生成政治问题。环境问题的政治化主要体现在两个方面:第一,在许多国家诞生了以保护环境为纲要的政党组织——绿党。世界上第一个绿党是20世纪60年代末产生的新西兰"价值党",最有影响的则是德国绿党,该党是德国的第三大政治力量。目前,欧洲有37个国家成立绿党,欧洲以外的美洲、澳洲和亚洲等地也有绿党。第二,环境问题成为政党政策和政府间国际合作的重要议题。长期以来,发达国家向发展中国家输出和转嫁环境问题,各国对国际环境问题采取的立场和对策不同,导致了尖锐的政治分歧和政治斗争。

5. 环境受害者与致害者的同一化①

从前的环境问题一般都是产业界或企业界的行为造成的,环境侵权中的加害者与受害者是泾渭分明的。但是,在当今高消费的时代,生活者,特别是城市居民,在日常生活或消费的各个侧面,往往也直接或间接地引起环境问题。例如,居民制造大量生活废水和垃圾,汽车消费者在驾驶过程中制造汽车尾气、发出噪声等。这些危害环境的人也要遭受环境危机的不利影响,环境受害者和致害者是同一群体。

环境受害者和致害者的同一化趋势表明,每个人的行为与环境退化之间都存在着一定的因果关联,每个人都应当为环境质量的下降负责,每个人都有保护环境的义务。

6. 环境问题的高科技化

环境问题的高科技化表现在两个方面:第一,高新技术的开发和使用往往伴随新的环境问题,例如,电子产品的研发和使用导致了新的污染——辐射污染,原子弹、导弹试验以及核反应堆、核电站的建设使用,一旦发生事故,后果将不堪设想。第二,现代环境问题的有效解决有赖于科技的进一步发展,新技术是解决环境问题的关键。

第二节 环境保护与可持续发展

一、环境保护

(一)环境保护的概念

环境保护作为较明确和科学的概念,是在1972年联合国人类环境会议上提出来的。会议通过的《联合国人类环境宣言》指出:"保护和改善人类环境是关系到全世界各国人民的幸福和经济发展的重要问题,也是全世界各国人民的迫切希望和各国政府的责任。""人

---

① 日本学者饭岛伸子称之为"生活者的致害者化",参见[日]饭岛伸子著:《环境社会学》,包智明译,社会科学文献出版社1999年版,第24—28页。

类有权在一种能够过尊严和福利的生活的环境中,享有自由、平等和充足的生活条件的基本权利,并且负有保护和改善这一代和将来世世代代的环境的庄严责任。"自此,"环境保护"这一术语被广泛使用。

所谓环境保护,是指采取行政的、法律的、经济的、科学技术多方面措施,合理地利用自然资源,防止环境污染和破坏,保持和改善生态平衡,扩大有用自然资源的再生产,保障人类社会的发展。对这一概念,应作如下理解。

第一,环境保护是所有环境保护措施的总称。从措施性质上看,环境保护措施包括技术措施、经济措施、行政措施等;从实施措施的主体看,环境保护措施既包括政府通过立法、行政和司法等途径实施的环保措施,也包括公民、法人和其他组织所采取的环保措施。环境法学主要研究的是公权力主体所实施的环境保护措施。

第二,环境保护是一种人类活动。它区别于人类其他活动的标志,是以保护生活环境和生态环境、防治污染和其他公害为直接目的。人类的某些活动可能客观上有利于环境,但如果并不以保护环境、防治公害为直接目的,则不能称之为环境保护。"例如,征收消费税、采取计划生育措施等客观上有利于保护环境,但其直接目的是控制消费、控制人口增长,因此不属于环境保护的范畴。"①

(二) 环境保护的内容

我国学者一般根据环境保护措施是针对资源短缺、生态破坏还是环境污染,将环境保护的内容概括为两个方面:一是保护和改善生活环境和生态环境,包括保护城乡环境,保持乡土景观,减少或消除有害物质进入环境,改善环境质量,维护环境的调节净化能力,确保物种多样性和基因库的持续发展,保持生态系统的良性循环;二是防治环境污染和其他公害,即防治在生产建设或者其他活动中产生的废气、废水、废渣、粉尘、恶臭气体、放射性物质以及噪声、振动、电磁辐射等对环境的污染和危害。欧洲环境法则将环境保护的内容分为媒体环境保护、原因环境保护、生命环境保护和连带环境保护四类。媒体环境保护,是指对环境媒体的保护,如土地、空气和水。原因环境保护,针对的是特定危险物质,如核能和放射性物质、化学物品、药品、生活用品、基因技术等。生命环境保护,是指对人类、动植物和微生物的保护。连带环境保护,是指在执行其他任务中一并采取环境保护措施,如空间计划、城市规划中的环境保护因素等。②

二、可持续发展

(一) 可持续发展战略的由来

20 世纪以来,一系列重大的环境问题震惊了人类,在遭受大自然的打击和报复之后,人们开始重新反思人与自然之间的关系,重新思考人类发展的道路。

---

① 参见高家伟著,《欧洲环境法》,工商出版社 2000 年版,第 4 页。
② 同上书,第 5—6 页。

1. 零度增长论

1968年,来自10个国家的几十位科学家、教育家和经济学家等专家、学者聚集在罗马山猫科学院,成立了一个由意大利工业家奥莱里欧·佩切依博士担任总裁的民间学术团体——罗马俱乐部。该俱乐部于1972年提交了第一份研究报告——《增长的极限》,该报告的结论如下。①

第一,如果世界人口、工业化、污染、粮食生产和资源消耗以现在的趋势继续下去,这个行星上增长的极限将在今后100年中达到。最可能的结果,将是人口和工业生产力双方相当突然和不可控制地衰退。

第二,改变这种增长趋势,建立稳定的生态和经济,支撑遥远未来的发展是可能的。全球均衡状态可以这样来设计:使地球上每个人的基本物质需要得到满足,而且每个人有实现个人潜力的机会。

第三,如果世界人民决心追求第二种结果,而不是第一种结果,他们为达到这种结果而开始工作得愈快,他们成功的可能性就愈大。

罗马俱乐部指出,要避免前述的第一种结果,最好的方法是停止工农业的增长,即实行零度增长,为了维护人类的生存环境,应对社会经济的发展实施全面的控制。《增长的极限》所得出的结论是令人震惊的,在国际社会引起了强烈反响,它唤起了人们的环境意识和忧患意识。但是,它提出的零度增长论却令人无法接受。特别是对于广大发展中国家,停止发展意味着永远贫困。

2. 无极限增长论

罗马俱乐部的"增长极限论"遭到了环境乐观主义者的反对,典型代表有朱利安·L.西蒙的《没有极限的增长》(1981年出版)、《资源丰富的地球》(1984年出版)和H.卡恩的《今后二百年》(1976年出版)。他们认为,生产的不断增长能为更多的生产进一步提供潜力。地球上有足够的土地和资源供经济不断发展。只有新的技术和资本才能增加生产,保护并改善环境。虽然目前人口、资源和环境发展趋势给技术、工业化和经济增长带来一些问题,但人类能力的发展也是无限的,因而这些问题不是不能解决的,世界的发展趋势在不断改善而不是在逐渐变坏。②

无极限增长的理论看到了技术进步对解决环境问题的重大作用,但是环境问题不仅仅是技术问题,单靠科技进步而不改变传统的发展模式,不改变人们的环境伦理观和自然观,是无法很好地化解环境问题的。环境资源形势的日益严峻已经宣告了盲目乐观主义的破产。

3. 可持续发展理论

1980年,国际自然资源保护同盟(IUCN)、联合国环境规划署(UNEP)和世界野生生

---

① 参见[美]米都斯等著:《增长的极限》,李宝恒译,吉林人民出版社1997年版,英文版序,第17—18页。
② 参见陈泉生著:《可持续发展与法律变革》,法律出版社2000年版,第54—55页。

物基金会(WWF)共同出版了《世界自然保护战略：为了可持续发展的生存资源保护》一书，首次提出了可持续发展的概念。1983年11月，联合国成立了以挪威首相布伦特兰夫人为主席的世界环境与发展委员会(WECD)，该委员会的使命是：重新审查关键的环境和发展问题，提出处理这些问题的现实的建议；提出在这些问题上的可以影响政策和事态向着需要的方向发展的国际合作的新形式；提高个人、志愿组织、实业界、研究机构和各国政府的认识水平和为采取行动承担义务的程度。1987年，该委员会将经4年研究、充分论证的报告《我们共同的未来》(Our Common Future)提交给联合国大会，正式而系统地提出了可持续发展的理论。

《我们共同的未来》分为"共同的关切""共同的挑战"和"共同的努力"三大部分。报告比较系统地探讨了人类面临的一系列重大的经济、社会和环境问题，并深刻地指出，过去我们关心的是经济发展对环境带来的影响，而现在，我们则迫切地感到环境压力对经济发展所带来的重大影响。因此，"我们认识到，需要一条新的发展道路，不是一条仅能在若干年内在若干地方支持人类进步的道路，而是一直到遥远的未来都能支持全球人类进步的道路。"①

可持续发展理论是对"零度增长论"和"无极限增长论"的合理扬弃，它将环境保护与经济社会的发展结合起来，是环境保护思想史上重要的里程碑。1992年在巴西里约热内卢召开的联合国环境与发展大会上，与会者空前一致地接受了可持续发展的理论。大会通过的《21世纪议程》体现了关于发展与环境合作的全球共识，是最高级别的政治承诺。

（二）可持续发展的定义和基本原则

可持续发展的一个经典定义是由世界环境与发展委员会在《我们共同的未来》中阐述的，即"可持续发展是既满足当代人的需要，又不对后代人满足其需要的能力构成损害的发展"。也有学者从其他角度给可持续发展下定义，比较有代表性的有下列几种。②

(1) 着重自然属性的定义。国际生态学联合会(INTECOL)和国际生物科学联合会(IUBS)将可持续发展定义为"保护和加强环境系统的生产更新能力"，即可持续发展是不超越环境系统再生能力的发展。

(2) 着重社会属性的定义。1991年，世界自然保护同盟、联合国环境规划署和世界野生生物基金会共同发表了《保护地球——可持续生存战略》，提出的可持续发展定义是："在生存不超出维持生态系统涵容能力的情况下，提高人类的生活质量。"

(3) 着重经济属性的定义。巴比尔在《经济、自然资源、不足和发展》中将可持续发展定义为："在保护自然资源的质量和其所提供服务的前提下，使经济发展的净利益增加到最大限度。"英国经济学家皮尔斯和沃福德在1993年合著的《世界末日》中，提出了以经济学语言表达的可持续发展定义："当发展能够保证当代人的福利增加时，也不应使后代人

---

① 世界环境与发展委员会著：《我们共同的未来》，王之佳等译，吉林人民出版社1997年版，第5页。
② 参见钱易、唐孝炎主编：《环境保护与可持续发展》，高等教育出版社2000年版，第136—137页。

的福利减少。"

(4) 着重科技属性的定义。倾向于这一定义的学者认为:"可持续发展就是转向更清洁、更有效的技术,尽可能接近零排放或密闭式的工艺方法,尽可能减少能源和其他自然资源的消耗。"美国世界资源研究所在1992年提出:"可持续发展就是建立极少废料和污染物的工艺和技术系统。"

可持续发展具有丰富的内涵,就其社会观而言,主张公平分配,既满足当代人又满足后代人的基本需要;就其经济观而言,主张建立在保护地球自然系统基础上的持续经济发展;就其自然观而言,主张人与自然关系的和谐共处。① 这些内涵体现了下列基本原则。

(1) 公平性原则,包括同一世代人之间的代内公平(或称横向公平)和不同世代人之间的代际公平(或称纵向公平)。目前这种全球贫富悬殊、两极分化的世界是不可持续的,因此,要将在可持续发展进程中消除贫困作为特别优先的问题提出来加以考虑,要给世世代代以公平的发展权。

(2) 持续性原则。"可持续发展的概念中包含着制约的因素——不是绝对的制约,而是由目前的技术状况和环境资源方面的社会组织造成的制约以及生物圈承受人类活动影响的能力造成的制约。"②环境与资源是人类社会存在和发展的基础和保障,人类的发展必须要以不损害支持地球生命的大气、水、土壤、生物等自然条件为前提,必须要充分考虑资源的临界性,必须要适应环境与资源的承载能力,以实现生态环境的可持续性和资源的永续利用。

(3) 共同性原则。由于地球的整体性和相互依存性,且当代环境问题呈现出的全球化特征,环境问题的解决不是某一个国家能单独做到的,必须依靠各国政府和人民,本着全球伙伴精神,协调一致地联合行动。正如世界环境与发展委员会主席布伦特兰夫人所指出的:"进一步发展共同的认识和共同的责任感,这对这个分裂的世界是十分需要的。"③

(三) 可持续发展与环境保护

可持续发展与环境保护两者密切相关,相互支持,缺一不可。

第一,可持续发展来源于环境保护,并且以环境保护为支撑。"可持续发展概念本身是从自然环境的污染、保护的角度引申出来的观念,就其直接涵义来说,某项人类活动减少、杜绝环境污染或使资源在一定程度上持续利用,此项人类活动则符合可持续发展的原则。"④1989年5月举行的联合国环境署第15届理事会在其通过的《关于可持续发展的声明》中指出:"可持续发展意味着维护、合理使用并且提高自然资源基础,意味着在发展计划和政策中纳入对环境的关注和考虑。"可持续发展以资源的永续利用和生态环境的可持

---

① 参见钱易、唐孝炎主编:《环境保护与可持续发展》,高等教育出版社2000年版,第138—139页。
② 世界环境与发展委员会著:《我们共同的未来》,王之佳等译,吉林人民出版社1997年版,第10页。
③ 同上书,第12页。
④ 刘燕华、周宏春主编:《中国资源环境形势与可持续发展》,经济科学出版社2001年版,第323页。

续性为基础,可持续发展以追求人与人以及人与自然关系的和谐为核心,主张人类应享有以与自然相和谐的方式过健康而富有生产成果的生活的权利,因此,环境保护是它的重要的组成部分。离开了环境保护,可持续发展就只能成为空中楼阁。经济与社会的发展能否与环境保护同步进行,是可持续发展理论与传统发展理论的分水岭与试金石。

第二,环境保护以经济与社会的发展为条件和归宿。环境问题是在发展的过程中产生的,也应当在发展的过程中予以解决。环境保护需要巨额的资金、发达的科学技术和人们的环境意识,这一切离开了经济与社会的可持续发展是无法实现的。另外,环境保护本身并不是目的,其目的是为了追求人与自然关系的和谐,为了追求经济与社会的可持续发展。

第三节 环境法的概念与特征

一、环境法的名称

关于环境法的名称,各国的认识并不一致,即使是在同一个国家,随着环境问题的发展和法学研究的深入开展,其名称也随之变化。例如,在美国多称为"环境保护法"或"环境法";在西欧多称为"污染控制法";在苏联和东欧国家曾称为"自然保护法",20世纪80年代后多称为"生态法";在日本则多称为"公害法"。在我国,过去一般将环境法称为"环境保护法",近年亦称为"环境资源法""环境与资源法""环境与资源保护法"。①

我们认为,部门法的名称应与其内容和体系相吻合,应避免人们由于名称不恰当而产生不必要的误解。随着环境问题的发展,现代的环境保护法律体系也随之扩张,其内容既包括了"污染控制法",也包括了"生态保护法"。因此,"污染控制法"的名称已落后于时代,显得名不副实。而"公害法"的称谓,则是日本本土化的产物。"从语源上说,公害一词会被认为是英美法上的'Public nuisance'一词的译词加以使用的,但在日本,公害的概念不是作为严格的法律术语,而是作为日常用语独自发展起来的,拓宽了其外延,广义上在包含所有的事业活动及其他人为造成的波及公众健康和生活的障碍的意义上加以使用。"②"公害"一词的内涵和外延过于模糊和不确定,并不适合作为法律术语,我们也无须引进"公害法"的称谓。我国学者所使用的名称有环境保护法、环境法、环境资源法、环境与资源法、环境与资源保护法,名称虽异,而实质一致。例如,《中国大百科全书·法学》认为,环境保护法是"调整因保护环境和自然资源、防治污染和其他公害的法律规范的总称,又

---

① 参见金瑞林主编:《环境法学》(第四版),北京大学出版社2016年版,第16页。王树义著:《俄罗斯生态法》,武汉大学出版社2001年版,第1—13页。

② [日]原田尚彦著:《环境法》,于敏译,法律出版社1999年版,第3页。

称环境法。"①笔者认为,环境保护法容易使人误解为污染控制法,而不包括自然资源保护法。为避免这种误解,最好不要再使用"环境保护法"的称谓。而环境法的名称比较明确地反映了部门法的大致内容,因而是可取的。

二、环境法的概念

由于环境法是一个新兴的法律部门,也由于环境一词本身的复杂性,所以各国就环境法的概念并无一致的看法。

(一) 英美法系国家环境法的概念

由于英美法系的实用主义和判例法的特征,学者不太注重环境法的概念。就其下定义的方式而言,主要侧重于揭示环境法的外延,少有对内涵的探究。例如,密执安大学法学院的萨克斯教授认为,"环境法由为同污染、滥用和忽视空气、土地和水资源作斗争而设计的法律战略(legal strategies)和程序所组成。"②卢杰斯大学法学院的戈德伐教授认为,"环境法是关于自然和人类免遭不明智的生产和发展的后果之危害的法规、行政条例、行政命令、司法判决和公民和政府求助于这些法律时所凭借的程序性规定。"③英国学者胡格斯认为,环境法是指"有关环境的三个媒介即土地、空气和水的使用、保护和存续的法律,其中主要是有关环境管理(主要通过国家机关)的法律和调整因故意或者其他环境侵害行为造成的损失及其后果等责任的法律"④。

(二) 大陆法系国家环境法的概念

大陆法系国家的学者往往区分广义的环境法和狭义的环境法,并且努力去揭示其内涵。例如,德国学者克罗福教授认为,环境法具有广义和狭义之分。狭义的环境法主要包括自然保护和风景保护法、水资源法、土地法、公害防治法、放射性污染防治法、垃圾法、危险物品法和将来可能制定的气候保护法,环境法是一个开放的、不断发展的法律部门。广义的环境法是指一切与环境有关的法律规范的总称,这里所说的"有关"是指直接相关,即以环境为调整客体或以环境保护为直接目的。从这个角度来看,广义的环境法除了狭义的环境法之外,还包括与其他法律部门交叉的规范,如环境宪法、环境行政法、环境私法、环境刑法、欧洲环境法、国际环境法,狭义的环境法是广义的环境法的核心领域。⑤日本学者浅野直人认为,狭义的环境法是指直接以环境保全为目的的法律;广义的环境法是指以公害、环境问题为对象而形成和发展起来的法律规范的总称,它包括与环境问题本身相密切联系的人口、产业、开发、能源、资源等的法律,以及全部与人类生活、生产活动有关的法律。而日本的阿部泰隆先生则从环境法的目的出发认为,"所谓环境法,是指以防止环

① 《中国大百科全书·法学》,中国大百科全书出版社 1984 年版,第 285 页。
② 王曦著:《美国环境法概论》,武汉大学出版社 1992 年版,第 59 页。
③ 同上书,第 60 页。
④ 高家伟著:《欧洲环境法》,工商出版社 2000 年版,第 6 页。
⑤ 参见高家伟著:《欧洲环境法》,工商出版社 2000 年版,第 8—9 页。

境保全上的障碍(公害及地域规模或地球规模的环境破坏、恶化)、确保良好环境为目的的法的制度的总称。"①

(三) 我国环境法的概念

主流的法理学学说,一般都是从法律的调整对象即社会关系着手给环境法下定义。比较有代表性的主要有下列几种。

(1) "环境法是由国家制定或认可,并由国家强制力保证执行的关于保护与改善环境、防治污染和其他公害、合理开发利用与保护自然资源的法律规范的总称。"②

(2) "环境保护法,是指调整因保护和改善环境、合理利用自然资源,防治污染和其他公害而产生的社会关系的法律规范的总称。"③

(3) 环境法,"是指由国家制定或认可,并由国家强制力保证实施的,调整有关环境资源的开发、利用、保护、改善的社会关系的法律规范的总称;是关于环境资源的开发、利用、保护、改善的各种法规和法律渊源的总和。"④

(4) "环境法是指以保护和改善环境、预防和治理人为环境损害为目的,调整人类环境利用关系的法律关系的总称。"⑤

上述几种定义均从一定的角度和程度反映了人们对环境法的认识和理解,有一定的可取之处,但是又都有较大的局限性。首先,上述定义都未能触及环境法与可持续发展之间的关系。一方面,可持续发展起源于环境保护和环境法;另一方面,环境法是实现经济社会可持续发展的重要保障和支撑,环境法也应以可持续发展为指导思想和价值目标。如果说以前的观点未能反映出环境法与可持续发展之间的密切联系是由于历史的局限性,那么,在1992年里约环境与发展大会召开以后,在可持续发展的思想和模式为国际社会所广泛接受之后,学者们在给环境法下定义时仍然忽略了可持续发展的要素,不能不说是一个很大的疏漏和缺憾。其次,上述定义,或是揭示了环境法的本质,但过于强调环境法作为法的一般属性;或是过于笼统,未能揭示出环境法的个性特征。

根据各国环境法的内容,特别是我国环境法规定的内容以及环境法制工作的实践,我们认为,环境法的定义应当包含以下几方面的内容。⑥

(1) 环境法的目的是要在人类与环境之间建立起一种协调和谐的关系,以实现经济社会的可持续发展。这是环境法与其他部门法的根本区别所在。

(2) 环境法实现上述目的主要通过保护和改善环境,防治污染和其他公害等途径进行。保护和改善环境与防治污染和其他公害是环境法的两项基本任务。

(3) 由于环境法的庞杂性和发展历史较短,目前绝大多数国家都未制定环境法典。

---

① 参见汪劲著:《环境法律的理念与价值追求》,法律出版社2000年版,第92—93页。
② 金瑞林主编:《环境法学》(第四版),北京大学出版社2016年版,第16页。
③ 韩德培主编:《环境保护法教程》,法律出版社1998年版,第26页。
④ 蔡守秋主编:《环境资源法学教程》,武汉大学出版社2000年版,第45页。
⑤ 汪劲著.《环境法学》(第四版),北京大学出版社2018年版,第23页。
⑥ 参见张梓太著:《环境法论》,学苑出版社1999年版,第2页。

从法律渊源来看,环境法是由一系列的法律共同组成的,是若干法律规范的总称,而不是仅指一两部环境保护法律。

综上所述,我们认为,环境法是指为实现人类与自然的和谐和经济社会的可持续发展,调整人们在利用、保护和改善自然环境以及防治污染和其他公害的过程中所产生的各种社会关系的法律规范的总称。

三、环境法的分类

环境法的领域十分广泛,按照一定的标准对环境法进行分类,对于学术研究的深入展开和人们的认识理解,都有很重要的意义。

(一)狭义环境法与广义环境法

按照环境法的内容和领域的大小,我们可以将其分为狭义环境法和广义环境法。所谓狭义环境法,是指规定保护和改善环境,防治污染和其他公害的专门性的法律,如《大气污染防治法》《水污染防治法》等。这种意义上的环境法不包括散见在其他部门法中的有关环境保护的法律规范,如《刑法》中的"破坏环境资源罪"的规定就不属于狭义的环境法。而广义的环境法,除了狭义的环境法之外,还包括散见在其他法律中的有关环境保护的法律规范。例如,《宪法》《民法典》《刑法》等法律中的有关环境保护或环境侵权、环境责任的规定,属于广义环境法的范畴。

这种分类具有比较重要的学术价值,我们在展开学术讨论时,应当首先指出研究或讨论的对象是狭义的环境法还是广义的环境法,否则,就没有一个学术交流的平台,无法展开学术对话。在现实生活中,一些学者相互讨论和批判,但其实讨论的对象并不一致,从而失却了讨论和批判的意义。

(二)一般环境法与特别环境法

这是以环境法调整对象的范围为标准所作的划分。所谓一般环境法是指对一般的环境关系进行调整的法律原则和法律规范的总称,它反映了各个具体的环境法之间的共性特点和内容。例如,《环境保护法》就属于一般环境法的范畴。而特别环境法,也可称为部门环境法,是指调整某一方面或某一领域环境关系的法律原则和法律规范的总称,如《水污染防治法》《大气污染防治法》等。

这种对环境法的分类在我国有重要的现实意义。我们一般在环境法学总论中研究一般环境法,而在环境法学分论中研究特别环境法。

(三)实体环境法与程序环境法

这是按照环境法律规范的性质所作的划分。所谓实体环境法,是指规范当事人在某种法律关系中的存在、地位或权能和资格等实体性权利义务的环境法律规范的总称。例如,有关环境法对行政处罚权在不同行政部门之间进行分配的规定即属于实体环境法的范畴。而程序环境法,则是指规定实施实体性环境法律规范所必需的当事人程序性权利义务的法律规范的总称。例如,《环境行政处罚办法》(2010年修订)有关简易程序、一般程序和听证程序的规定即属于程序环境法的范畴。

这种划分在我国的法治实践中有重要的意义。我国传统上重实体法而轻程序法,这对于我国的法制建设产生了不良影响。因此,对程序环境法展开深入的研究,对于促进环境法学研究的进一步发展,对于监督国家权力、保护人们基本权利,均有着重要的意义。

四、环境法的特征

环境法除了具有法律的一般特征之外,与其他法律部门相比,还具有下列特征。

(一)综合性

环境法所涉及的内容跨多种学科,包括环境科学、法学等,且所要保护的环境是由多种环境要素组成的统一体,因此,它具有较强的综合性。这一特点具体体现为这样几个方面。

(1)从法律关系来看,环境保护涉及社会生活的方方面面,相应地,环境法所调整的社会关系也十分广泛。它不同于其他法律部门只调整某一方面的社会关系,而是从多角度、多方面去调整社会关系,它所确立的环境法律关系也因社会关系的广泛而广泛。

(2)从法律规范的构成来看,由于环境法所调整的范围十分广泛,决定了环境保护法律规范是由多种法律规范综合而成的,其中,既包括行政法规范,也包括民法规范、刑法规范。这些性质不同的法律规范共同构成环境法律体系,其综合性体现得尤为明显。

(3)从法的渊源来看,环境法体现在多种立法形式中,在我国,宪法、法律、行政法规、地方性法规等都是环境法的渊源。

(4)从法律的表现形式来看,环境法既有综合性法律,如《环境保护法》,又有大量专门的环境法律、法规,如《水污染防治法》,而且在行政法、民法、刑法、经济法等其他法律部门中也有关于保护环境的法律规范,因此,环境法的表现形式是多层次、多领域的。

(二)科学技术性

环境法直接而具体地反映着生态学基本规律和社会经济规律的要求,它的一系列基本原则、管理制度和法律规范都是从环境科学的研究成果和技术规范中提炼出来的,如经济建设与环境保护相协调的原则,以防为主、防治结合、综合治理的原则,环境影响评价制度、污染物集中控制制度,以及对环境的保护和改善,对污染和其他公害的防治等规定,都体现了生态规律和经济规律的要求,因而具有较强的科学技术性。同时,环境科学本身又是一门新兴的、尚未完全成熟的学科,有些环境问题虽已暴露出来,但短时期内还难以从科学上作出全面的解释,这就需要不断地进行科学研究和探索。为防止已暴露出来的环境问题继续恶化,又必须及时制定法律予以控制。在进行这些立法活动时,其科学技术性更加突出。

(三)区域特殊性

环境问题是人类共同面临的,在环境问题产生原因、解决途径等方面存在着一定的共同性,因此,环境法的一些基本规范可以在不同国家、不同地区互相借鉴,同时适用。但由于不同地区的环境条件各有差异,国与国之间、同一国家内的不同地区之间的环境问题有特殊性,因此,环境法具有区域特殊性的特点。例如,日本和我国都存在大气污染问题,但日本是石油型大气污染,而我国是煤烟型大气污染。再如,我国西部地区水土流失问题很突出,而在东部地区工业污染问题则很突出。由于存在环境的区域特殊性,环境法在进行调整时就要区别对待,不能搞"一刀切"。

根据《立法法》(2015年修正)第72条和第82条的规定,除了全国人民代表大会及其常务委员会、国务院、国务院相关职能部门可以分别制定环境保护法律、行政法规和部门规章外,省、自治区、直辖市的人民代表大会及其常务委员会根据本行政区域的具体情况和实际需要,在不同宪法、法律、行政法规相抵触的前提下,可以制定环境保护地方性法规。设区的市的人民代表大会及其常务委员会根据本市的具体情况和实际需要,在不同宪法、法律、行政法规和本省、自治区的地方性法规相抵触的前提下,可以对城乡建设与管理、环境保护、历史文化保护等方面的事项制定地方性法规;①省、自治区、直辖市和设区的市、自治州的人民政府,可以根据法律、行政法规和本省、自治区、直辖市的地方性法规,制定环境保护地方规章。② 在环境标准方面,省、自治区、直辖市人民政府还可以制定严于国家污染物排放标准的地方污染物排放标准,而且在实施中,地方污染物排放标准优于国家污染物排放标准。这些都体现了环境法的区域特殊性。

(四) 社会性和公益性

与一般法律相比,环境法的阶级性色彩较为淡薄,它的社会性和公益性则非常突出。可以说,在某些方面、在某种意义上和在一定程度上,环境法已经超越了阶级性,甚至超越了民族性,环境保护成为国际社会进行广泛合作的重要内容之一。目前臭氧层破坏、全球气候变暖、物种多样性的减少等全球性的环境问题已经危及整个人类的生存和发展,保护环境资源已成为全人类各阶级的共同要求。

(五) 前瞻性③

环境法是一个"向前看"的法律部门。着手治理已经产生的环境问题固然重要,但是预防新的环境问题的发生是更为重要的方面。环境法中的预防原则和环境影响评价制度等即是这一特点的集中体现。

环境法的前瞻性的根本原因在于许多环境问题的不可逆性。有的环境问题一旦发生即无法恢复;有的环境问题即使能够解决,也非常困难,需要巨大的资金和长期的治理。

---

① 需要说明的是,依据《立法法》第72条的规定,除省、自治区的人民政府所在地的市,经济特区所在地的市和国务院已经批准的较大的市以外,其他设区的市开始制定地方性法规的具体步骤和时间,由省、自治区的人民代表大会常务委员会综合考虑本省、自治区所辖的设区的市的人口数量、地域面积、经济社会发展情况以及立法需求、立法能力等因素确定,并报全国人民代表大会常务委员会和国务院备案;自治州的人民代表大会及其常务委员会可以依照该条第二款规定行使设区的市制定地方性法规的职权。自治州开始制定地方性法规的具体步骤和时间,依照前款规定确定。

② 依据《立法法》第82条的规定,除省、自治区的人民政府所在地的市,经济特区所在地的市和国务院已经批准的较大的市以外,其他设区的市、自治州的人民政府开始制定规章的时间,与本省、自治区人民代表大会常务委员会确定的本市、自治州开始制定地方性法规的时间同步。

③ 参见高家伟著:《欧洲环境法》,工商出版社2000年版,第17页。

例如,某种物种一旦灭绝,便永远无法再生。而臭氧层遭到破坏之后要想恢复、全球气候变暖的趋势要想得到控制,其难度可想而知。即使是一些区域性湖泊,其污染治理的艰难恐怕也是一般民众所始料未及的。例如,日本治理一个600多平方公里的淡水湖泊琵琶湖,花了整整25年的时间,耗资185亿美元,才初见成效。我国为治理太湖、巢湖和滇池已花了数年时间和数百亿人民币,成效仍是不尽如人意。

第四节 环境法的本质和性质

学者们对于环境法的本质和性质是否为同一概念各抒己见。有的认为法的性质即本质,本质即性质;有的认为性质不同于本质,性质有几个,本质只有一个,本质是最基本的性质;有的认为本质也是多层次的。①

《现代汉语词典》对"本质"的解释为:事物本身所固有的,决定事物性质、面貌和发展的根本属性。② 而对"性质"的解释为:一种事物区别于其他事物的根本属性。由此可见,本质和性质是两个不同的概念,本质比性质的层次更深。

法的本质是法理学上一个重要的本体论问题,各家均有论述,但大同小异。因为这些论述均是从中国的马克思主义法学研究中关于法的本质理论中总结出来的,认为法是国家意志,即统治阶级意志的体现;物质生活条件是法的决定性因素。还有的认为法律是意志与规律的结合,是阶级统治和社会管理的手段,是为实现社会正义而调整各种利益关系的工具。总之,阶级性是法的本质的体现。至于法的性质,在法理学上并未作专门的论述,只是在划分法域时按照法的性质将法律分为公法和私法,现在又提出第三法域——社会法。

一、环境法的本质

环境法的本质是否在于阶级性问题,相关观点大体有以下三类。

(一) 认为环境法没有阶级性

这种观点的理由是随着保护生态平衡,合理开发、综合利用自然资源,消除环境污染和各种公害等理念和行动愈来愈引起重视,各个国家都通过立法予以调整。这些调整自然关系的法规虽然会受到阶级利益的制约和影响,但由于法的共同因素随着社会生产力和自然科学的发展出现日益扩展的趋势,相关法规本身往往是为各种社会所共同认可而没有阶级性的。这些法规与保护生产力、生产者、生产技术、生产工具等法规和维护特殊阶级利益进行压迫和斗争的法规在性质上有着根本的不同。

---
① 蔡守秋主编:《环境资源法学教程》,武汉大学出版社2000年版,第51页。
② 中国社会科学语言研究所词典编辑室编:《现代汉语词典》(第6版),商务印书馆2014年版,第62页。

(二) 强调环境法的阶级性

其理由是否认环境法阶级性的观点违背了马克思主义关于法的理论的基本观点。该观点认为资本主义国家的环境与资源保护法的目的为：一是为了维持现代生产的需要，以保证高额利润；二是为了调节个别资本家同整个资产阶级和无产阶级的矛盾；三是为了保护资产阶级自身的健康与生命安全。因此资本主义国家环境法律法规归根到底是为了维护资产阶级的利益。①

(三) 不否认环境法具有阶级性

这种观点不否认环境法具有阶级性，但认为阶级性不是环境法的唯一本质属性，应该全面把握环境法产生的背景、任务、性质和特点，进行具体分析，防止简单化。

1. 从环境法的产生背景来看

现代环境法的产生不是因为阶级矛盾不可调和，而是因为生产力的发展严重危害了人类生存环境。环境法产生的背景与其他政治职能较强的立法，如宪法、刑法、诉讼法等不同，后者是阶级矛盾不可调和的产物，主要任务是维护有利于统治阶级的社会关系、秩序，因而具有鲜明的阶级性。环境法的产生源于人同自然的矛盾，虽然这些矛盾也包含了某些政治和经济因素，但起决定性作用的并不是阶级矛盾。

2. 从环境法的任务来看

环境法的保护对象是人类赖以生存的自然环境，其任务是保护与改善环境质量，保护人类健康，该任务的实现对于全体社会成员具有普惠性，并未表现出阶级利益的根本对立与冲突。

3. 从环境法的决定性因素来看

环境法在一定程度上受经济规律制约，但当社会规律、经济规律同自然规律不一致的时候，最终起决定作用的是自然规律，而不是阶级意志或阶级利益。例如，防治环境污染措施不会因社会制度的不同而存在根本差异。

因此要把握环境法产生的背景、任务、性质和特征，全面认识环境法的本质。

二、环境法的性质

公法与私法分类的基本意义在于方便法律的适用，即易于确定法律关系的性质，并方便确定应适用何种法律规定，应采用何种救济方法或制裁手段，以及案件应由何种性质的法院或审判庭受理，应适用何种诉讼程序等。

公私法的主要区别如下：(1) 从利益保护的重心来看，公法以维护公共利益即"公益"为主要目的，私法则以保护个人或私人利益即"私益"为依归。(2) 从调整的社会关系即对象来看，公法调整的是国家与公民之间、政府与社会之间的各种关系，主要体现为政治关系、行政关系及诉讼关系等。私法调整私人之间的民商事关系，即平等主体之间的财产

---

① 参见韩德培：《环境保护法教程》，法律出版社1986年版，第22页。

关系和人身关系。(3) 公法以权力为轴心,严守"权力法定"的定律;私法则以权利为核心,适用"权利推定"的逻辑。(4) 公法奉行"国家或政府干预"的理念,私法遵循"意思自治""私法自治"的原则。(5) 公法以政治国家为作用空间,私法以市民社会为功能范围。

关于环境法的性质,主要有如下几种观点。

(一) 公法说

认为环境法的性质是公法的理由是:环境法保护的利益具有公共性、共同性和普遍性。环境法适用强行(制)性的公法原则而非平等自愿的私法原则。环境法具有行政法的性质,具体表现在:从环境立法的发生来看,环境保护立法之行政权介入具有正当性;从环境保护立法的内容来看,行政法规范的比重最大;从违反环境保护立法的法律责任来看,以行政法律责任为主;环境保护立法注重协调公共利益与个体利益之间的关系。

(二) 私法说

认为环境法的性质是私法的理由是:对环境侵害的私法救济是当代各国民事立法的一个十分重要的问题,各国民法通常将其作为特殊侵权行为规定在侵权法中。"在日本,依靠法律手段处理公害问题及环境问题,是从公害的受害人根据民法的规定对加害企业要求损害赔偿开始的。可以说公害法是以民事上的救济为起点形成和发展起来的。"① 环境侵害是不同于一般民事侵权行为的一种特殊类型的侵权行为,依据传统民法理论和民事诉讼程序,对受害人实施救济是十分困难的。这是因为要证明原因行为的违法性和原因者的故意或过失、确定原因行为与损害发生之间的因果关系、严密地判定不特定的以致多数原因者的责任分担关系等,是极其复杂的,现实当中几乎是不可能的。在这种情况下,要实现对环境侵害受害人的民事救济就必须对传统民法的侵权理论进行修正。于是在环境侵害民事救济领域形成了无过失责任原则、忍受限度论、因果关系的概然性理论、疫学因果关系理论、环境权等学说。近几年在我国,人们在满足了基本生活需求之后,越来越关注自己的生存质量,环境污染损害赔偿案件也越来越多。如何运用民法的民事救济措施来保护公民的合法权益,不但是环境法研究的主要问题,更是民法学领域的新课题。

(三) 社会法说

随着社会的发展,特别是到了垄断资本主义阶段后,自由放任的经济及极端的私法自治引发了贫富悬殊、经济危机等社会现象,人们要求国家"有形之手"介入社会经济生活。这使得本来泾渭分明的公、私法的划分方法受到挑战,其明显表现就是所谓的"私法公法化"和"公法私法化",即公私法的相互融合与渗透。社会法就是伴随着国家力图通过干预私人经济以解决市场化和工业化所带来的社会问题,来满足经济和社会发展的需求,而在私法公法化和公法私法化的进程中逐渐产生和发展起来的第三法域。最广义的社会法,即国家为解决各种社会问题而制定的有公法与私法相融合特点的第三法域,包括劳动法、

---

① [日]原田尚彦著:《环境法》,于敏译,法律出版社1999年版,第21页。

社会保障法、经济法等。狭义的社会法指劳动法和社会保障法,如我国立法机关所设计的法律体系中的"社会法"。社会法的出现克服了单纯依靠公法手段或单纯依靠私法手段解决环境问题而产生的弊端。

因此有的学者认为,"环境法律规范在性质上属于社会法规范,它是典型的以社会公共利益为立法目的的法律部门。"①有学者认为环境法主要调整人们因开发、利用、保护、治理环境资源而发生的各种社会关系和人与自然之间的关系。它自始就以鲜明的社会整体效益的价值取向与民法相区别。同时,保障以市场为基础的国家对经济活动的适度干预也与行政法的直接管制相区别。因此,环境法属于社会法体系。环境法从社会本位出发,实现了政府干预与市场调节的结合,是为保障以市场为基础的国家宏观调控的经济调节机制而出现的新型法律。环境法要求国家政策和政府职能在社会经济生活中发挥作用,承认司法机关、行政机关可以基于保护环境的需要而对生产、消费、自然开发等行为加以干预,并将"社会利益"作为解决个体与社会之间权利冲突的准则。

第五节　环境法律关系

一、环境法律关系概述

(一) 法律关系②

从法学理论发展史来看,法律关系是法学家为解释法律现象特别是法律制定和实施过程中所出现的事物或现象之间的相互关系而形成的一个术语,也是现代法学理论中的一个基本的法律概念。最早由历史法学派的创始人胡果(1764—1844 年)根据罗马法业已阐明的权利主体旨在设定、变更及消灭民事法律关系的各种行为所必备的条件和原则,抽象出"法律关系"这一概念。继历史法学派之后,奥斯丁(Austin)、温德雪德(又译为温迪施切特,Bernhard Windscheid)、塞尔曼德(J.W. Salmond)、霍菲尔德(W.N. Holfeld)等分析法学派对法律关系这一概念的分析作出了贡献。彭夏尔特(Puntschart)于 1885 年发表的《基本的法律关系》对法律关系进行了专门的研究。1913 年,霍菲尔德在其《司法推理中应用的法律概念》一文中,不仅阐明了法律关系的概念,还从逻辑角度对"权利—义务关系""特权—无权关系""权力—责任关系""豁免—无能关系"等复杂的法律关系现象进行了剖析。1927 年,美国西北大学教授 A.考库雷克(又译为科库雷克,Albert Kocoured)出版的《法律关系》(*Jural Relations*)一书分二十个章节系统地探讨了法律关系的一般理论。从此,法律关系成为法理学的专门理论问题之一。真正将法律关系作为重大范畴研究的

---

① 吕忠梅:"论环境法的本质",《法商研究》1997 年第 6 期。
② 参见蔡守秋:"环境法律关系新论——法理视角的分析",《金陵法律评论》2003 年春季卷。

是苏联法学界。十月革命之后的马克思主义法学家一般将法律关系作为法律权利和义务的上位概念,即将权利和义务作为法律关系的组成要素。

1949年以前,中国法学界关于法律关系的定义主要借鉴德国和日本。1949年以后,我国法学界关于法律关系的定义主要来自苏联,主要有法律关系四要素说(认为法律关系由主体、客体、权利、义务组成)、大三要素说(认为法律关系由法律关系主体、法律关系内容和法律关系客体组成)、小三要素说(认为法律关系由主体、权利、义务组成)、二要素说(认为法律关系由权利、义务组成)等。

目前我国法学界形成的较为统一的法律关系概念是:在现实的社会生产和生活中,人与人之间要发生多方面的联系,从而形成各种社会关系。有些社会关系需要法律进行调整并具有法律上的权利与义务的内容,这种社会关系便成为法律关系。不同的法律规范调整的社会关系具有不同的权利、义务内容,从而形成各种不同的法律关系,如民事法律关系、刑事法律关系、行政法律关系等。因此,法律关系是由法律规范规定的,是受制于客观因素(尤其是经济因素)的,并且是法律秩序的存在形态和法律价值的表现和实现的形式。

(二) 环境法律关系的概念

由环境法律规范所调整的人们在利用、保护、改善环境的活动中所产生的社会关系,便是环境法律关系。它是指根据环境保护法律规范产生的,以主体之间权利与义务关系的形式表现出来的一种社会关系。

环境法律关系由主体、内容和客体三个要素构成,它以环境法中某种法律规范的存在为前提,并以某法律事实和法律行为的发生为必要条件。

(三) 环境法律关系的特征

作为法律关系的一种具体类型,环境法律关系具有一般法律关系的共性,但是因其是基于环境的利用、保护和改善而产生的,它不同于一般法律关系,具有特殊性。

1. 环境法律关系是人与人之间的关系,但又通过人与人的关系体现人与自然的关系

在环境法领域,出现了法律关系新论,试图对主流法律关系理论的概念及其法学构架加以反思与补充,对主流法律关系理论进行挑战。①

双方的分歧在于:主流法律关系理论认为,法律关系是法律规范调整社会关系的过程中所形成的人们之间的权利和义务关系。无论是环境法还是其他部门法都只能调整人与人的权利和义务关系。而法律关系新论则认为,客观存在着三种关系,即人与人的关系、物与物的关系、人与物的关系;传统法学或主流法理学仅仅研究人与人的关系,忽略了人与自然的关系,因此应当加入人与自然关系的元素。所以,环境法既调整人与自然的关系,又调整与环境有关的人与人的关系。

法律是调整人的行为的,任何法律关系都直接表现为人与人的关系,是人们之间的社

---

① 参见蔡守秋:"环境法律关系新论——法理视角的分析",《金陵法律评论》2003年春季卷。

会关系在法律上的反映,这是一切法律关系所共同具有的特征,环境法律关系也不例外。不能将环境法律关系客体所指向的对象,即环境要素,同环境法主体相混淆,将环境法律关系视为人与物的关系、人与环境要素的关系或人与自然的关系。就法律关系本身来说,只能是法律关系主体之间的关系,即人与人的关系。

环境法律关系虽然发生在人与人之间,但它并不单纯是一种人与人之间的社会联系,究其发生的根源,是人们在各种同自然环境打交道的过程中,即在利用、保护和改善环境的活动中形成的人与人之间的关系,是人与人之间和人与环境之间相互关系的结合,环境是中介物,离开了人与环境的关系,也就没有了环境法律关系。

调整人与人之间的关系也不是环境法的唯一目的,通过调整人与人的关系来防止人类活动造成对环境的损害,从而协调人同自然的关系,才是环境法的主要目的。比如,为了保护和合理利用环境,对各种从事开发建设、企业生产、交通运输的当事人,在法律上规定各种禁止事项即法律义务;对各种危害环境的违法行为给予民事的、行政的或刑事的制裁,这些看来都是直接调整人的行为,表现为人与人的关系,但其最终目的却是为了保护环境,为了协调人同自然的关系。通过人与人的关系体现人与自然的关系,是环境法律关系不同于其他类型法律关系的重要特征,其他类型的法律关系仅仅表现为人与人之间的关系,如婚姻家庭关系、诉讼法律关系等。环境法律关系主体的构成、权利义务的内容、客体所涉及的对象等都同这一特征有关。

2. 环境法律关系是一种思想社会关系,但决定这种思想关系的除了社会经济基础外,还有自然因素

任何法律关系都是一种人与人之间的非物质关系,即思想社会关系,法律关系的形成和实现体现了国家意志和当事人的意志,属于上层建筑的范畴。但是,不能把这种思想关系理解为是主观的、随意的,归根到底它要受社会物质生产关系即经济关系的制约,就环境法律关系来说,更主要的是还要受人与自然关系的制约,受自然规律的制约。

3. 环境法律关系具有广泛性

环境法律关系具有广泛性的特征。参与环境法律关系的主体既包括国家①、国家机关,也包括各种企事业单位、其他社会组织和公民。

4. 环境法律关系是一种当事人地位平等和不平等相结合的法律关系

环境法律规范是多种多样的,有为环境资源行政管理而规定的,有为保护公民、法人的民事权利而规定的,还有为惩治环境资源犯罪而规定的。根据这种综合性的法律规范而确立的环境法律关系也不尽相同,既有当事人地位平等的环境资源民事法律关系,也有当事人地位不平等的环境资源行政、刑事法律关系。这些性质不同的法律关系,在环境法中便是一种环境法律关系,在其他法律部门中则又属于相应的部门法律关系。

---

① 一般而言,国家仅在国际法律关系中才作为法律关系主体存在;在国内环境法律关系中,国家通常不直接享有权力、承担义务,必要的时候是由特定国家机关代表国家享有权力、履行义务,例如,国务院依法代表国家行使部分自然资源的所有权。

二、环境法律关系的构成要素

(一) 环境法律关系的主体

环境法律关系的主体,是指环境法律关系的参加者,即环境法律关系中权利或权力的享有者和义务的承担者。依照我国环境法的规定,国家机关、法人、公民等都可以是环境法律关系的主体。①

在国家的环境管理活动中,国家机关特别是环境保护的主管机关,经常以主体身份参加环境保护法律关系;与其环境保护管理有关的工业企业或其他组织,也是环境法律关系的主要参加者。公民个人既有享受良好环境的权利,又有保护环境的义务,而且通常没有权利能力的限制,公民也是环境法律关系的广泛参加者。

在一个环境法律关系中,主体人数不能少于两个。环境法律关系的主体的地位不尽相同,享有权利的一方是权利人,承担义务的一方是义务人。通常情况下,环境法律关系的主体既是权利人,又是义务人,在依法享有权利的同时,又应承担义务。

(二) 环境法律关系的内容

环境法律关系的内容是构成环境法律关系的一个必不可少的要素。它是指环境法律关系的主体依法享有的环境权利和承担的环境义务,以及特定国家机关的管理环境职权。

1. 环境权利

环境法所规定的环境权利,通常表现为以下三种形式。

(1) 权利享有人能够依法实施某种行为以满足自己的利益要求,例如取得排污许可证的单位有权依照排污许可证的许可内容排放污染物。

(2) 权利享有人可以依法要求他人作出一定行为或抑制一定行为来实现自己的权利,例如受到环境污染危害的当事人有权要求加害人排除危害。

(3) 当义务人违反法律规定不履行应尽的义务时,权利人有权要求国家机关依据法律运用强制手段来保护和协助实现其权利。

2. 环境义务

环境法所规定的环境义务与环境权利相对应,一般表现为以下三种形式。

(1) 积极的义务形式,指义务人根据法律的规定或权利人的要求,实施某种行为。

(2) 消极的义务形式,指义务人根据法律的规定或权利人的要求,不实施某种行为。

(3) 接受法律制裁的义务形式,指当义务人违反了法律的规定或权利人的要求,造成对权利人利益的侵害时,要受到法律追究,直到承担刑事责任。

环境权利、权力与环境义务、责任处在一个统一体中,它们相互对应,相互依存,密不可分。不论是环境权利人利益的满足,还是环境职权设置目的的实现,都依赖于义务人义务的履行,而正是因为有义务人对义务的承担,才使得环境权利或权力的内容得以实现。

---

① 参见张梓太、吴卫星等编著:《环境与资源法学》,科学出版社 2002 年版,第 42 页。

3. 国家机关管理环境的职权[1]

这是指国家机关特别是环境保护的主管机关依法享有的、为实现国家环境管理职能所必需的、运用各种国家机器及物质设施、使全社会服从其意志的各种方法手段和强制力量的总称。就权力主体而言，职权是权力同时也是职责，不得自由处分。环境保护的管理职权，主要包括以下四种类型。

（1）环境立法权，即根据宪法或法律授权，以法律、法规、规章或其他规范性文件形式规定人们必须遵守的环境行为准则的权力。

（2）环境行政权，即根据环境行政法律规范，具体为参与环境法律关系的主体设定、变更和取消权利义务的权力，以及对违反环境管理规范的主体制裁，对拒绝履行环境法律义务的行为人强制执行的权力。

（3）特别物权，即代表国家行使对特定物的管理权，例如对河流、海域、滩涂、矿藏等国有财产行使管理者职责，实现其环境效益。

（4）环境司法权，即解决围绕环境法律规范的适用而发生的各种纠纷的权力，主要包括检察院、法院的环境司法权和环境行政管理部门调处环境污染纠纷的准司法权。[2]

(三) 环境法律关系的客体

环境法律关系的客体，是指环境保护法律关系主体的权利和义务所指向的对象。环境法律关系客体是构成环境法律关系的又一要素，如果没有客体，环境法律关系的权利或权力和义务就会无法实际落实。

环境法律关系的客体主要包括以下方面。

（1）整体环境、各种环境要素、不同范围的环境综合体和单个的天然环境体及人工环境体。

（2）污染和危害环境的有害物质和机械、设备、设施，防治环境污染和生态破坏的物质技术设施。

（3）环境法律关系主体的行为和活动。

（4）影响环境质量状况的现象和情况。

三、环境法律事实

环境法律事实是指环境法所规定的、能够导致法律后果，即引起环境法律关系产生、变更和消灭的现象，它是环境法律关系产生、变更和消灭的必要条件。

环境法律事实有两个基本的构成要件：一是由环境法规定，二是能够引起法律后果。这也是环境法律事实区别于其他社会现象的两个基本特征。

环境法律事实可分为两大类，即环境法律行为和环境法律事件。

---

[1] 参见吕忠梅主编：《环境法原理》（第二版），复旦大学出版社 2017 年版，第 33—34 页。
[2] 需要特别指出的是，环境行政主管部门对环境污染纠纷的行政调解不具有法律强制力。

1. 环境法律行为

环境法律行为是指能够引起环境法律关系产生、变更和消灭的法律关系主体的行为。按照环境法律行为的方式的不同,它可以分为作为与不作为两种形式;按照行为是否符合法律规范的要求,可以分为合法行为和违法行为两种。

2. 环境法律事件

环境法律事件是指不以人的意志为转移,能够引起环境法律关系的产生、变更和消灭的客观现象和情况,如地震、洪水等。

第六节　环境法的体系

一、环境法体系的概念

环境法同其他法律部门一样,不是各种环境法律规范简单地相加,而是各种环境法律规范按照一定的内在联系结合在一起的有机整体。环境法的体系就是这个有机整体的体现。所谓环境法的体系,是指有关保护和改善环境、防治污染和其他公害的各种法律规范依照内在联系而结合在一起的和谐统一的完整系统。在系统内部,各种法律规范互相联系、互相制约、互相补充。

环境法体系可以按照不同的标准作不同的内部划分,如可以按照法律制定机关的不同,划分为宪法、法律、行政法规、地方性法规、自治条例和单行条例、行政规章、地方规章和行政决定、命令等;可以按照法律所调整的内容和范围不同,划分为综合性环境法规、专门性环境法规、环境标准、环境国际条约等。

二、环境法在法律体系中的地位

(一)环境法是一个独立的法律部门,自成体系

环境法虽是一个新兴的、年轻的法律部门,但它是一个独立的法律部门。在法的体系中,环境法与行政法、民法、刑法、经济法等法律部门一样,具有相对独立性,是法的体系中的一个重要组成部分。环境法能成为独立的法律部门,原因如下。

一是环境法有特定的调整对象,即指为实现人类与自然的和谐和经济社会的可持续发展,调整人们在利用、保护和改善自然环境以及防治污染和其他公害的过程中所产生的各种社会关系。

二是环境法作为独立的法律部门,是社会发展的客观需要。环境法仅有特定的调整对象还不能必然成为独立的法律部门。因保护和改善环境而产生的社会关系很早就出现,但当时并不存在一个独立的环境法律部门,而只是在其他法律部门中零散地存在环境法律规范。此时的环境问题还不很严重,国家没有必要将与保护环境有关的社会关系作

为一种独立的法律调整对象,而只是在行政法、民法、刑法、经济法等法律部门中进行附带的调整。到20世纪五六十年代,随着现代工业的迅猛发展,各种环境问题已变得十分严重,迫切需要加强环境保护。社会发展的客观需要,要求国家加强对环境保护活动的法律调整,因此,国家将因保护和改善环境而产生的各种社会关系作为一类社会关系,制订专门的法律进行调整。环境保护由其他法律部门从附带调整发展到专门部门的法律调整,是社会发展的必然结果。

(二) 环境法与其他法律部门既相互联系,又互相独立

环境法是一门综合性很强的法律部门,与其他法律部门之间存在着紧密的联系,这种联系的主要表现如下。

(1) 环境法的法律规范是由性质不同的法律规范组成的,包括行政法律规范、民事法律规范,刑事法律规范等。如我国《环境保护法》第60条规定:"企业事业单位和其他生产经营者超过污染物排放标准或者超过重点污染物排放总量控制指标排放污染物的,县级以上人民政府环境保护主管部门可以责令其采取限制生产、停产整治等措施;情节严重的,报经有批准权的人民政府批准,责令停业、关闭。"这就是一个行政法律规范。不同性质的法律规范,与它们相对应的法律部门之间存在着紧密的联系。有些法律规范本身就来源于相对应的法律部门,这些法律规范既是环境法的组成部分,也是相对应的法律部门的组成部分。

(2) 在其他法律部门中存在相应的环境保护法律规范。如我国的《民法典》第七编"侵权责任"第七章专章规定了"环境污染和生态破坏责任"。

(3) 环境法的实施需要其他法律部门配套、协助。环境法所涉及的内容十分广泛,它对社会关系的调整不可能面面俱到,也不可能十分具体。在实施环境法时,必须有相应的法律部门作配套,否则很难执行。

(三) 环境法与其他法律部门的区别

环境法与其他法律部门存在联系的同时,也有一定的区别。这些区别如下。

(1) 调整的对象不同。环境法所调整的对象是指在环境保护中发生的各种社会关系,既包括环境保护中的经济关系,又包括环境保护中的政治、文化、人身等其他社会关系。而其他法律部门所调整的对象则各有不同,如民法所调整的对象是平等主体之间的财产关系和人身关系,行政法所调整的对象则是行政主体在行政管理过程中所发生的各种社会关系,包括行政关系和监督行政关系。

(2) 法律关系主体地位不同。在环境法律关系中,法律关系主体的地位存在着不同的情况。因环境管理而发生的法律关系,其主体地位一般是不平等的,是管理与被管理的关系。因环境侵权等发生的法律关系,其主体地位一般是平等的。但在其他法律部门中,法律关系主体的地位往往只存在一种情况,如在民事法律关系中,主体地位是平等的;在行政法律关系中,主体地位是不平等的。

(3) 适用的原则不同。环境法适用的基本原则有:保护优先原则,预防为主、综合治

理原则,公众参与原则,损害担责原则,政府对环境质量负责原则等。其他法律部门也有自己的适用原则,如民法的基本原则有自愿原则、公平原则、等价有偿原则、诚实信用原则等。

三、环境法体系的构成

目前,各国环境法律体系的构成并不完全一致,学者的认识和归纳也不完全一致。例如,日本环境法学家原田尚彦则根据法律的机能将日本公害法的体系分为三个部分:①(1)公害救济法,包括私法性的救济法和行政上的救济法,如作为民法侵权行为法的特别法规定无过失责任的矿业法、原子能损害赔偿法、公害纠纷处理法、公害健康损害补偿法等。(2)公害控制法,具体包括控制公害发生源的大气污染防治法、水质污染防治法等;关于防治二次公害的法律,规定其他事业者的义务的法律,由地方公共团体实施的限制性条例。(3)公害防治事业法,具体包括工厂的适当配置的法律,防治公害事业的法律,都市环境整顿的法律,为保全自然环境的法律,资助、优惠措施的法律。

我国台湾地区学者叶俊荣教授将本地区环境法的体系分为组织、救济、管制和预防四大部分:(1)环境预防法,包括空气污染防治法、噪声管制法、震动管制法、水污染防治法、环境影响评价法和海洋污染防治法等。(2)环境管制法,包括废弃物清理法、饮用水管理条例、毒性化学物质管理法、土壤污染防治法、公共环境卫生法和环境卫生用药管理法等。(3)环境救济法,即指公害纠纷处理法。(4)环境组织法,包括行政方面环境保护署组织条例、行政方面环境保护署环境保护人员训练所组织条例、行政方面环境保护署环境检验所组织条例、行政方面环境保护署环境研究所组织条例、行政方面环境保护署区域环境保护中心组织条例等。②

我国大陆环境法学者一般按照法律效力的不同,将环境法的体系分为宪法性规定、环境法律、环境法规、环境标准、环境规章和国际环境条约、协定。我们认为,可以借鉴日本学者和我国台湾学者的分类方法,从多个角度和层面对环境法律体系展开分析和研究。以下笔者试着从三个角度分析和探讨我国环境法的体系。

(一)以效力等级为标准划分的环境法体系

1. 宪法中有关环境保护的规范

目前大多数国家在宪法中都有保护环境的法律规范,而且这些规范是该国制定其他环境法律规范的立法依据和基本准则。我国《宪法》第9条第二款规定:"国家保障自然资源的合理利用,保护珍贵的动物和植物。禁止任何组织或者个人用任何手段侵占或者破坏自然资源。"第26条规定:"国家保护和改善生活环境和生态环境,防治污染和其他公害。国家组织和鼓励植树造林,保护林木。"2018年《宪法修正案》在宪法序言中将"生态

---

① 参见[日]原田尚彦著:《环境法》,于敏译,法律出版社1999年版,第14—19页。
② 参见叶俊荣:"大量环境立法",载叶俊荣著:《环境政策与法律》,台湾月旦出版公司1993年版,第46—48页。

文明"和"美丽中国"建设纳入"国家的根本任务"之中,在国家机构章节中将领导和管理生态文明建设纳入国务院的职权。生态文明入宪,"标志着宪法将生态文明所具备的规划国家发展目标、实现中华民族永续发展、伟大复兴以及保障人民美好生活的政治整合功能予以了根本法上的确认,标志着生态文明从政治规范走向了法律规范"①。我国《宪法修正案》中的生态文明条款与《宪法》第9条自然资源国家所有和国家保护条款、第26条国家保护和改善环境的环保国策条款以及其他具有环保意义的隐形宪法条款,一同构成了当今中国的"环境宪法"。②

2. 环境法律

环境法律由国家的最高权力机关制定,在我国由全国人大及其常委会制定,它在环境法体系中起着重要作用。环境法律根据规定内容的不同,可分为三种类型。

(1) 环境综合性法律。它主要是规定国家的环境政策,环境保护的方针、原则和措施,基本上是一些原则性的规定,《环境保护法》。环境保护综合性法律是制定其他环境法律、法规的基本依据。

(2) 防治污染和其他公害方面的法律,主要有防治大气污染、水污染、海洋污染、噪声和振动污染、农药、放射性物质污染和热污染的法律,以及其他防治有毒有害物质污染的法律。我国在这一方面已经颁布的法律有《海洋环境保护法》《水污染防治法》《大气污染防治法》《固体废物污染环境防治法》《环境噪声污染防治法》《放射性污染防治法》《土壤污染防治法》等。

(3) 生态保护方面的法律,主要有《水土保持法》《防沙治沙法》《防洪法》《防震减灾法》《生物安全法》以及未来的自然保护地系列立法等。

3. 环境行政法规

环境行政法规一般由国家最高行政机关制定,在我国由中央人民政府即国务院制定。环境行政法规分为防治污染和其他公害、保护和改善环境两部分。其中在防治污染和其他公害方面,我国已经出台的行政法规主要有《淮河流域水污染防治暂行条例》《防止船舶污染海域管理条例》《防止海岸工程建设项目污染损害海洋环境管理条例》《防止拆船污染环境管理条例》《放射性废物安全管理条例》等。在生态保护方面,我国已经出台的行政法规主要有《风景名胜区条例》《自然保护区条例》等。

4. 地方性环境法规

环境法具有区域特殊性的特点,因此它的立法形式在很多情况下表现为地方立法,即各地区根据本地经济技术发展水平和自然环境状况,为解决本地区的环境问题而因地制宜进行立法。《立法法》第72条规定:省、自治区、直辖市的人民代表大会及其常务委员会根据本行政区域的具体情况和实际需要,在不与宪法、法律、行政法规相抵触的前提下

---

① 张震:"中国宪法的环境观及其规范表达",《中国法学》2018年第4期。
② 参见吴卫星:"宪法环境权的可诉性研究",《华东政法大学学报》2019年第6期。

可以制定地方性法规。设区的市的人民代表大会及其常务委员会根据本市的具体情况和实际需要,在不与宪法、法律、行政法规和本省、自治区的地方性法规相抵触的前提下,可以对城乡建设与管理、环境保护、历史文化保护等方面的事项制定地方性法规。设区的市的地方性法规须报省、自治区的人民代表大会常务委员会批准后施行。除省、自治区的人民政府所在地的市,经济特区所在地的市和国务院已经批准的较大的市以外,其他设区的市开始制定地方性法规的具体步骤和时间,由省、自治区的人民代表大会常务委员会综合考虑本省、自治区所辖的设区的市的人口数量、地域面积、经济社会发展情况以及立法需求、立法能力等因素确定,并报全国人民代表大会常务委员会和国务院备案。自治州的人民代表大会及其常务委员会可以依照本条第二款规定行使设区的市制定地方性法规的职权。自治州开始制定地方性法规的具体步骤和时间,依照前款规定确定。地方性环境保护法根据调整的范围和内容可以分为两类:一是综合性的地方性法规,如《上海市环境保护条例》等;二是专门性的地方性法规,如《上海市生活垃圾管理条例》《江苏省长江水污染防治条例》《南京市环境噪声管理条例》等。

5. 环境规章

环境规章也是环境法体系的重要组成部分。根据我国有关法律的规定,环境规章包括部门环境规章和地方环境规章两类。部门环境规章是指国务院各部委,特别是环境保护行政主管部门根据法律和国务院的行政法规、决定、命令,在本部门的权限内按照规定程序所制定的有关环境保护的规定、办法、实施细则等规范性文件的总称。例如,2018年1月环境保护部制定的《排污许可管理办法(试行)》,2017年7月环境保护部和农业部共同制定的《农用地土壤环境管理办法(试行)》等。依据《立法法》第82条的规定,省、自治区、直辖市和设区的市、自治州的人民政府可以根据法律、行政法规和本省、自治区、直辖市的地方性法规制定地方环境规章;设区的市、自治州的人民政府根据本条第一款、第二款也可以制定地方环境规章。除省、自治区的人民政府所在地的市,经济特区所在地的市和国务院已经批准的较大的市以外,其他设区的市、自治州的人民政府开始制定环境规章的时间与本省、自治区人民代表大会常务委员会确定的本市、自治州开始制定地方性法规的时间同步。例如,上海市政府2018年制定的《上海市九段沙湿地国家级自然保护区管理办法》、2015年制定的《上海市放射性污染防治若干规定》《上海港船舶污染防治办法》等。

6. 环境标准

环境标准是环境法体系的一个重要组成部分,是环境法中的技术性规范,它由环境质量标准、污染物排放标准及基础标准和方法标准等共同组成。我国已颁布了大量的环境质量标准和污染物排放标准及基础标准和方法标准,如《环境空气质量标准》(GB 3095-2012)、《地表水环境质量标准》(GB 3828-2002)、《地下水环境质量标准》(GB/T 14848-93)、《声环境质量标准》(GB 3096-2008)、《工业企业厂界噪声排放标准》(GB 12348-2008)、《火电厂大气污染物排放标准》(GB 13223-2011)等。

7. 环境保护国际条约和协定

在环境保护领域的国际合作中,往往签订一些国际条约或双边、多边协定,一旦加入或签订某个国际条约或协定,该条约或协定就成为加入或签订国的环境保护法体系的组成部分。我国1980年加入了《国际油污损害民事责任公约》,1983年加入了《国际防止船舶污染海洋公约》,1989年加入了《维也纳保护臭氧层公约》等;在双边协定方面,1980年我国与美国签订了《环境保护科学技术合作议定书》,1981年我国与日本签订了《保护候鸟及其栖息环境协定》等。

(二) 以法律规范性质为标准划分的环境法律体系

1. 环境宪法

环境宪法主要体现在现行宪法的序言、第9条第二款、第10条第五款、第22条第二款和第26条之中。

2. 环境民法

我国民法中有关环境资源的规定主要有:《民法典》"总则"编第9条规定的"绿色原则",即"民事主体从事民事活动,应当有利于节约资源、保护生态环境"。该原则的具体内容贯彻于"物权"编"合同"编和"侵权责任"编之中。例如"物权"编第294条规定了不动产所有权人的预防污染义务,即"不动产权利人不得违反国家规定弃置固体废物,排放大气污染物、水污染物、土壤污染物、噪声、光辐射、电磁辐射等有害物质"。该编第326条、第346条分别规定了用益物权人行使权利和设立建设用地使用权应当符合保护和节约资源、保护生态环境的要求。"合同"编第509条规定了当事人履行合同时避免浪费资源、污染环境和破坏生态的义务,第558条规定了债权债务终止后当事人的旧物回收义务。"侵权责任"编第七章专章规定了"环境污染与生态破坏责任",共有7个条文。

3. 环境行政法

传统的私法无法克服环境问题,需要国家公权力的介入,当代环境问题主要是借着行政权的干涉和介入而得以部分解决或缓解的。可以说,从狭义环境法的角度来看,环境法基本上是行政法的一个分支;即使是从广义环境法的角度而言,其大部分法律规范都属于行政法的范畴。所以,环境法与行政法有着密切的关系,离开了行政法就无法深入地研究环境法。特别是各个环境资源单行法,如《大气污染防治法》《水污染防治法》等,都需要由某一个或某些行政机关予以贯彻和实施。

4. 环境刑法

鉴于环境问题及其危害的严重性,各国除了采用行政手段以外,也制定刑法采用刑罚手段予以回应。我国现行《刑法》第二编第六章"妨害社会管理秩序罪"第六节规定了"破坏环境资源保护罪",共有9个条文。这些法律条文也属于广义环境法的组成部分。

5. 环境诉讼法

当发生环境资源行政纠纷、民事纠纷或者刑事纠纷,其诉讼程序按照《行政诉讼法》《民事诉讼法》和《刑事诉讼法》的规定进行。

(三) 以规范内容和功能为标准划分的环境法体系

1. 环境组织法或有关环境监督管理体制的法律

《环境保护法》第 10 条规定:"国务院环境保护主管部门,对全国环境保护工作实施统一监督管理;县级以上地方人民政府环境保护主管部门,对本行政区域环境保护工作实施统一监督管理。县级以上人民政府有关部门和军队环境保护部门,依照有关法律的规定对资源保护和污染防治等环境保护工作实施监督管理。"可见我国实行的是统一监督管理与分级、分部门监督管理相结合的体制。如何在这些不同的政府、部门之间配置环境监督管理权,需要有关组织法的具体规定。我国目前这方面的立法还很不完善。

2. 污染防治法

我国有关污染防治的法律主要有:《海洋环境保护法》《水污染防治法》《大气污染防治法》《固体废物污染环境防治法》《环境噪声污染防治法》《放射性污染防治法》和《土壤污染防治法》。

3. 生态保护法

这方面的立法主要有《水土保持法》《风景名胜区条例》《自然保护区条例》《森林公园管理办法》等。

4. 环境纠纷处理法或者环境损害救济法

我国环境资源纠纷处理法或者环境资源救济法,包括《民事诉讼法》《行政诉讼法》等涉及环境诉讼的特别规定以及《环境保护法》和其他环境规范性文件关于环境诉讼的规定。现行关于环境诉讼的特别规定主要有:《行政诉讼法》第 25 条第四款和《民事诉讼法》第 55 条分别规定了(检察)行政公益诉讼和民事公益诉讼,《环境保护法》第 58 条规定了社会组织可以提起环境(民事)公益诉讼,中共中央办公厅和国务院办公厅联合发布的《生态环境损害赔偿制度改革方案》和《最高人民法院关于审理生态环境损害赔偿案件的若干规定(试行)》则规定了生态环境损害赔偿的救济制度。

有的国家制定了环境纠纷处理的特别专项立法。例如,日本为了迅速解决环境法律纠纷,给环境受害人迅速提供法律救济,规定了有关行政救济制度以克服传统民事侵权法在对处环境问题上的困难和缺陷。1969 年,日本制定了《关于因公害引起的健康损害的救济的特别措施法》,并于 1973 年制定了《公害健康受害补偿法》,以取代原先的特别措施法。总的来说,这两部法律对于保障受害人的权利,及时化解纠纷,促进政治社会的稳定,发挥了积极的作用。在我国,针对环境法律纠纷的特征,是否应该制定以及如何制定有关环境纠纷处理或者环境损害救济方面的特别专项法律,这是今后学术研究和立法的一个重要课题。

第二章
中国环境法的发展

第一节 中国环境法的发展阶段

新中国成立初期,我国也有关于环境保护的政策和规范性文件,但不具有体系性。中国环境法的发展与国际环境保护的发展历程是紧密相联的,从时间维度来看,我国当代环境法的发展起步于1973年第一次全国环境保护会议通过的《关于保护和改善环境的若干规定》。从最初至2014年《环境保护法》的全面修订,我国环境法的发展经历了孕育、起步、快速发展、相对完善和体系优化的五个阶段。

一、中国环境法的孕育(1949—1973年)

从新中国成立到1973年全国第一次环境保护会议召开,是我国环境保护事业和环境法的孕育和产生时期。

初期,我国以农业经济为主,环境污染较少。1958年"大跃进运动",倡导炼铁炼钢行动,造成大面积的环境污染和自然资源破坏,经过三年的调整有所恢复。之后由于十年"文化大革命",国民经济濒临崩溃,环境污染和资源破坏也达到了非常严重的程度。这时期的环境立法,较多的是关于自然资源保护尤其是作为农业命脉的各种环境要素保护的立法。

1954年《宪法》第6条第二款规定:"矿藏、水流、由法律规定为国有的森林、荒地和其他资源,都属于全民所有。"

防治环境污染方面,国务院相关各行政主管部门制定和颁布了一批具有现代环境法律功能替代性质的规范性文件,如1956年制定的《工场安全卫生规程》、1959年颁布的《生活饮用水卫生规程》和《放射性工作卫生防护暂行规定》。

在生态保护立法方面,国家较为重视对矿产资源保护、水土保持等方面的行政管理,并制定了若干纲要和条例。例如,1950年颁布了《矿业暂行条例》,1957年颁布了《水土保持暂行纲要》。

二、中国环境法的起步(1973—1978年)

1972年,中国政府派代表参加了联合国人类环境大会。受联合国人类环境会议的影响,1973年国务院召开了第一次全国环境保护会议,将环境保护提上了国家管理的议事日程。会议研究我国的环境污染和生态破坏问题,拟定《关于保护和改善环境的若干规定(试行草案)》,并由此奠定了我国环境保护法的雏形。《关于保护和改善环境的若干规定(试行草案)》规定了"全面规划,合理布局,综合利用,化害为利,依靠群众,大家动手,保护环境,造福人民"的环境保护32字工作方针,并就全面规划、工业合理布局、改善老城市环境、综合利用、土壤和植物保护、水系和海域管理、植树造林、环境监测、环境科学研究和宣传教育、环境保护投资和设备等十个方面的问题作了较为全面的规定。1973年至1978年,我国制定了一系列国家环境保护政策和规划纲要,并且在实践中形成了一些环境污染防治的制度或措施,如"三同时"制度、限期治理制度等。在防治沿海海域污染、放射性防护等方面制定了一些行政法规和规章。以《工业三废排放试行标准》为开端,还制定了有关污染物排放、生活饮用水和食品工业等标准,使国家环境管理有了定量的指标。

三、中国环境法的快速发展(1979—1988年)

自1978年党的十一届三中全会以来,我国的政治经济都发生了重大变化,环境保护事业和法制建设也进入了一个新的时期,并且逐步建立起完整的环境法律体系。自1979年《环境保护法(试行)》颁布到1988年《环境保护法》颁布,这十年是中国环境法快速发展时期。1978年《宪法》第11条第三款专门对环境保护作了如下规定:"国家保护环境和自然资源,防治污染和其他公害。"这是环境保护首次被写入我国的根本大法之中,为制定专门的环境法律奠定了宪法基础。1979年第五届全国人民代表大会常务委员会制定的《环境保护法(试行)》标志我国环境保护工作开始进入法制轨道。作为我国第一部环境保护综合法,1979年《环境保护法(试行)》的颁布,标志着我国环境立法从分散、单一立法开始走向综合立法。1983年底在全国第二次环境保护会议上,环境保护被确立为我国一项基本国策,从而进一步强化了环境法在我国法律体系中的地位。这一阶段制定的环境保护方面的法律、法规主要有:1979年的《环境保护法(试行)》,1981年的《关于在国民经济调整时期加强环境保护工作的决定》《基本建设项目环境保护管理办法》,1982年的《海洋环境保护法》《征收排污费暂行办法》,1983年的《环境保护标准管理办法》《环境监测管理条例》,1984年的《水污染防治法》《国务院关于环境保护工作的决定》《国务院关于加强乡镇街道企业环境管理的决定》,1986年的《民用核设施安全监督管理条例》,1987年的《大气污染防治法》《矿产资源监督暂行办法》《化学危险物品安全管理条例》,1988年的《污染源治理专项基金有偿使用暂行办法》《防止拆船污染环境管理条例》等。①

---

① 张梓太著:《环境与资源法学》,科学出版社2007年版,第32页。

四、中国环境法的相对完善(1989—2014年)

这一阶段是我国环境立法完善、环境法制逐步健全的阶段,是我国环境法发展的黄金时期。这阶段的环境立法具有以下特点:颁布《环境保护法》;修改宪法中有关环境保护的规定,全面展开环境保护单行法律、行政法规和规章的创制,制定、完善一批国家和地方环境标准,积极参加国际环境保护合作。

1989年第七届全国人大常委会制定了具有重大意义的《环境保护法》,分为总则、环境监督管理、保护和改善环境、防治环境污染和其他公害、法律责任以及附则等六章,共47条,同时废止了1979年《环境保护法(试行)》。《环境保护法》在环境法体系中的地位相比于其他单项环境与资源保护法处于最高位阶。它规定了国家的基本环境政策目标、环境法的基本原则和基本制度等,是现行环境法体系的环境综合法,是环境法成为一个独立的法律部门的重要标志。①

1990年国务院《关于进一步加强环境保护工作的决定》提出:"保护和改善生产环境与生态环境、防治污染和其他公害,是中国的一项基本国策。"2005年国务院《关于落实发展观加强环境保护的决定》强调要"按照全面落实科学发展观,构建社会主义和谐社会的要求,坚持环境保护基本国策。"2006年《国民经济和社会发展第十一个五年规划纲要》明确指出:要落实节约资源和保护环境基本国策,建设低收入、高产出、低消耗、少排放、能循环、可持续的国民经济体系和资源节约型、环境友好型社会,确立环境保护作为国家赖以生存发展的基本准则和保障的重要地位。

这一时期,在污染防治、生态保护等方面颁布了一系列单行法律文件。在污染防治法方面,《水污染防治法》1996年修正、2008年修订,《海洋环境保护法》1999年修订、2003年修正,《环境噪声污染防治法》1996年颁布、1997年实施,《环境影响评价法》2002年颁布、2003年实施,《清洁生产促进法》2002年制定、2012年修正,《放射性污染防治法》2003年颁布实施,《循环经济促进法》2008年颁布、2009年实施。在生态保护方面,《水土保持法》1991年制定、2010年修正,《防震减灾法》1997年制定、2008年修改,《防沙治沙法》2001年颁布、2002年实施,《城乡规划法》2007年颁布(取代1989年制定的《城市规划法》)、2008年实施。

这一时期,为了履行国际环境保护公约要求的义务,适应新形势的要求,我国进一步完善环境保护立法,并修改已不适应新形势的原有环境法律。同时,我国还广泛开展环境保护国际交流和合作。1992年《生物多样性公约》等国际公约也成为我国环境法的重要组成部分。

五、中国环境法的体系优化(2014年至今)

环境保护是生态文明建设的重要内容。保护生态环境必须依靠制度、依靠法治。只

---

① 参见王曦、陈维春:"论1989年《环境保护法》之历史功绩与历史局限性",《时代法学》2004年第2期。

有加强制度建设、法治建设，才能为生态文明建设提供可靠保障。伴随着生态文明建设的推进，我国的环境立法也走上了快车道。

2014年4月24日第十二届全人大常委会第八次会议修订了《环境保护法》，标志着中国环境法发展到新阶段。2014年《环境保护法》的修订在以下方面作了改进。

首先，确立了生态文明立法理念。立法理念是任何一部法律的立改废所必须遵循的基本方针，以便确立立法活动及其立法成果的意义、适用范围及其在规范社会生活方面所要发挥的作用。此次《环境保护法》的修订着重解决环境保护领域的共性问题和突出问题，首次将生态文明写入《环境保护法》，将政策性的"宏观指导"与环境保护所特有的"微观治理"相结合。①

其次，确立了与现行单行法的关系。自1979年《环境保护法（试行）》施行以来，我国颁布的单行法律越来越多，法律规范之间的冲突越来越明显，尤其是《环境保护法》与其他单行法之间的冲突。此次修订的《环境保护法》突出特点是确立其基础性、综合性地位。修订案明确《环境保护法》在环境保护领域的指导性地位，主要规定环境保护领域的基本原则和基本制度，解决共性问题。《环境保护法》作为单行法价值判断的基础法律，应该具备基本的价值功能。诸多单行法规相互配合、协调，从而共同构成逻辑结构完整、综合性和互补性较强的环境法律规范整体。由《环境保护法》发挥统领作用，单行环境法律对各部门的职能进行具体规定，以便各部门各司其职，相互配合。

最后，在制度方面也有所创新，如环评制度的完善，环境保险、生态补偿、生态红线制度的设立等。特别需要强调的是，《环境保护法》对《民事诉讼法》所确立的环境民事公益诉讼制度进行了一定程度的具体化，对推动环境民事公益诉讼制度的发展具有重要意义。2012年8月31日修正的《民事诉讼法》第55条对环境民事公益诉讼作出规定，但规定模糊，特别是诉讼主体方面仍旧备受争议。此次《环境保护法》的修订也针对环境民事公益诉讼的原告资格问题做出进一步的规定，最终通过的修订案将三审稿中"依法在国务院民政部门登记"改为"依法在设区的市级以上人民政府民政部门登记"的社会组织，将原告资格扩大到大部分的民间环保组织，也让公众参与环境治理的愿望可以通过社会组织得以实现。

2014年以后，我国环境立法、修法工作的重点开始转向环境法律的体系优化，环境法律法规密集修改。2015年修订《大气污染防治法》，2016年修正《海洋环境保护法》《固体废物污染环境防治法》《环境影响评价法》《防洪法》，2017年修正《水污染防治法》，2018年修正《环境噪声污染防治法》《防沙治沙法》《循环经济促进法》，并再次修正《大气污染防治法》《环境影响评价法》，2019年修正《城乡规划法》，2020年修订《固体废物污染环境防治法》。2020年修订后的《固体废物污染环境防治法》被称为"史上最严固废法"，提出了诸多防治固废污染的新原则和新制度：固体废物污染环境防治要"坚持减量化、资源化、无

---

① 参见罗汉高,李明华:"浅议《环境保护法》修订亮点",2015年全国环境法学研讨会(年会)。

害化的原则""坚持污染担责原则";国家推行生活垃圾分类制度,将农村生活垃圾纳入管理范围;加强治理过度包装、塑料污染;逐步实现固体废物零进口;明确医疗废物按照国家危废名录管理等。

不仅如此,2014年以后,随着环境保护理论与实践的不断推进,以及立法技术的日益成熟和完善,亦有不少新的环境立法相继出台,如2016年的《环境保护税法》、2017年的《核安全法》、2018年的《土壤污染防治法》和2020年的《生物安全法》。《生物安全法》的出台标志着我国环境法体系建设更加全面和优化。

生物安全关涉每个人生活的方方面面,也关系到整个民族的存亡与发展。以基因技术为例,基因技术不断发展,给我们带来诸多帮助的同时,也伴随着很大的风险和伦理诘难。如基因检测可以识别导致癌症的基因,据此选择针对该致癌基因的靶向治疗方案,辅助精准医疗,可节约治疗费用。但是,基因技术也可以制造针对特有基因或缺陷基因的基因武器,威胁某类群体的生命安全和繁衍能力,造成毁灭性的打击结果。基因编辑技术可以敲除致癌基因,但是基因编辑人类胚胎可能会产生难以想象的危害后果。人类基因组计划不断推进,基因编辑技术不断发展,2020年诺贝尔化学奖花落新一代基因编辑技术CRISPR。但基因编辑受医学伦理的制约。2018年基因编辑婴儿事件为我们敲响了警钟,生物安全立法刻不容缓。

2020年10月17日,全国人大常委会审议通过《生物安全法》。此前在2015年,国家科技部就编制并公布了《人类遗传资源采集、收集、买卖、出口、出境审批行政许可服务指南》,规范我国人类遗传资源采集、收集、买卖、出口、出境行为。2020年制定的《生物安全法》进一步明确了生物安全风险防控要求,涉及"防控重大新发突发传染病、动植物疫情""生物技术研究开发与应用安全""人类遗传资源与生物资源安全""防范生物恐怖与生物武器威胁"等多个领域。未来也许会出现更多新的环境问题,可能是自然界自发产生的,也可能是人类活动导致的,为了应对新的环境问题,将会出现更多新的环境立法。

第二节 生态文明建设与环境法的发展

1979年《环境保护法(试行)》翻开了我国改革开放后环境保护的新篇章,40多年来,我国环境法制不断发展完善,已经形成了较为完善的制度体系。但是,长期以来我国的环境问题并未随着环境法制日臻完善而有所缓解,总体上仍呈现不断恶化的趋势,根源在于,我国的经济社会发展并未完全摆脱先污染后治理的老路。生态文明建设是对上述困境的有效回应,也是我国环境法发展进入新阶段的标志。

一、生态文明理念的提出与发展

生态文明的理念在我国有深厚的积淀。如何处理发展与环境保护的关系,一直是我国经济社会发展政策的重点问题。从改革开放到党的十八大召开之前，我国在谋求发展的过程中探索中国特色的环境保护道路，形成了适应中国土壤的环境保护理论体系、政策体系和法律法规体系。建设生态文明是我国在不断探索后提出的适合国情的发展道路。

1972年联合国斯德哥尔摩会议之后，环境问题受到第一代领导集体的关注，周恩来总理提出，社会主义也有环境问题，并在1973年举行了第一次全国环境保护大会。改革开放以后，第二代领导集体中，邓小平强调我国的国情是人多地少，因此我国发展需要用较少的环境资源消耗满足国人的社会福祉，不能盲目学习美国、加拿大、澳大利亚这些人少地多国家的发展模式。1992年"南方讲话"之后，我国改革开放出现新浪潮，同时提出了转变发展方式的问题。第三代领导集体在1996—2000年的九五规划中引入了可持续发展的概念，后来又提出了"两型社会"的概念，即建设资源节约和环境友好型社会。在此基础上，2007年10月，党的十七大报告首次正式提出了"生态文明建设"及其主要任务。

2012年10月，党的十八大提出了美丽中国建设的目标，开启了生态文明建设的新时代。十八大报告指出，我国社会主要矛盾已经从人民群众对物质文化生活的追求和落后的生产力之间的矛盾，转变为人民日益增长的美好生活需求和不平衡不充分的发展之间的矛盾；建设中国特色社会主义，总体布局是五位一体，即全面推进经济建设、政治建设、文化建设、社会建设、生态文明建设，实现以人为本、全面协调可持续的科学发展。五位一体的总体布局使得生态文明建设的战略地位更加明确，有利于把生态文明建设融入经济建设、政治建设、文化建设、社会建设各方面和全过程。2017年10月，党的十九大制定了新时代统筹推进"五位一体"总体布局的战略目标，并作出重要的战略部署；明确提出"加快生态文明体制改革，建设美丽中国"，系统阐述了生态文明的理念、制度框架、道路及目标等内容。

围绕生态文明建设，党中央提出了一系列新理念、新思想、新战略，具体包括：坚持人与自然和谐共生；绿水青山就是金山银山；良好生态环境是最普惠的民生福祉；山水林田湖草是生命共同体；用最严格制度最严密法治保护生态环境等。生态文明理念日益深入人心，污染治理力度之大、制度出台频度之密、监管执法尺度之严、环境质量改善速度之快前所未有，生态环境保护正在发生历史性、转折性、全局性的变化。

通过全面深化改革，中央加快推进生态文明顶层设计和制度体系建设，相继出台《关于加快推进生态文明建设的意见》《生态文明体制改革总体方案》，制定了40多项涉及生态文明建设的改革方案，从总体目标、基本理念、主要原则、重点任务、制度保障等方面对生态文明建设进行全面系统部署安排。生态文明建设目标评价考核、自然资源资产离任审计、生态环境损害责任追究等制度出台实施，主体功能区制度逐步健全，省以下环保机构监测监察执法垂直管理、生态环境监测数据质量管理、排污许可、河（湖）长制、禁止洋垃圾入境等环境治理制度加快推进，绿色金融改革、自然资源资产负债表编制、环境保护税开征、生态保护补偿等环境经济政策制定和实施进展顺利。京津冀大气污染治理、长江经济带生态环境保护取得阶段性成效。我们还制定和修改环境保护法、环境保护税法以及大气、水污染防治法和核安全法等法律。全国人大常委会、最高人民法院、最高人民检察院对环境污染和生态破坏界定入罪标准,加大惩治力度,形成高压态势。①

二、生态文明体制改革与环境法的制度创新

生态文明建设需要依靠法治,中央在推行过程中注重顶层设计,通过"1+6 组合拳"的方式来推动生态文明体制改革。其中,"1"是指 2015 年 7 月中央全面深化改革领导小组审议通过的《生态文明体制改革总体方案》,该方案为生态文明体制改革指明了目标。"6"是指 6 大改革方案,从强化党政领导干部生态环保责任和监管责任、建立环境监测新格局、发挥好审计监督作用、明确各级领导干部责任追究情形、建立健全科学规范的自然资源统计调查制度、开展生态环境损害赔偿制度改革试点等六个方面作出制度性安排。

为完成《生态文明体制改革总体方案》中所确定的重点任务,中共中央办公厅、国务院办公厅联合颁布了《关于设立统一规范的国家生态文明试验区的意见》(2016 年)、《关于省以下环保机构监测监察执法垂直管理制度改革试点工作的指导意见》(2016 年)、《生态文明建设目标评价考核办法》(2016 年)、《关于全面推行河长制的意见》(2016 年)、《关于划定并严守生态保护红线的若干意见》(2017 年)、《关于建立资源环境承载能力监测预警长效机制的若干意见》(2017 年)、《建立国家公园体制总体方案》(2017 年);国务院办公厅出台了《关于健全生态保护补偿机制的意见》(2016 年)、《湿地保护修复制度方案》(2016年)。为落实生态文明体制改革六大配套制度,中共中央办公厅、国务院办公厅制定了《环境保护督察方案(试行)》(2015 年)、《生态环境监测网络建设方案》(2015 年)、《开展领导干部自然资源资产离任审计试点方案》(2015 年)、《党政领导干部生态环境损害责任追究办法(试行)》(2015 年)、《编制自然资源资产负债表试点方案》(2015 年)、《生态环境损害赔偿制度改革试点方案》(2015 年)、《生态环境损害赔偿制度改革方案》(2017 年)。

生态文明体制改革的主要目标需要通过环境法来落实。在上述制度中,河长制、环保督察、生态问责、生态环境损害赔偿、自然资源离任审计以及自然资源资产负债表等制度都属于首次提出并践行,是环境法律制度的重大创新。但是,不同于以往以传统的法学理论和制度框架为基础的内生型制度构建,生态文明体制改革中的上述创新的制度最初是政治决策,是先有政策性的制度设计而后需从法学角度进行构建和阐释,采取的自上而下、由外及内的制度"设计"模式,配套制度的落实即为典型代表。因此,在相应制度的法学表达和构建过程中,如何通过既有的法学理论和制度框架来阐释和落实生态文明体制改革配套制度也成为一大挑战。在相应制度的法学表达中,如何处理以下问题是关键。

第一,如何处理党内责任与环境法律责任间的关系。

生态文明体制改革离不开党的领导。当下,党内法规是理论界关注的重要领域。但

---

① 参见习近平:"推动我国生态文明建设迈上新台阶",《求是》2019 年第 3 期。

在生态文明体制改革中,党内法规比较特殊:一方面,上述政策文件多是以中共中央办公厅和国务院办公厅的名义联合下发,而非单纯的政府政策性文件;另一方面,部分制度的构建和推行中,"党政一体"被着重强调,如生态问责制度、河长制以及环保督察制度等,除了落实政府责任,还强化了党委责任,注重党政一体履职和追责。传统的环境法有"督政"和"督企"两大功能,但对如何落实党员领导干部责任的关注较少。

我国环境法治长期面临多头治理及互相推诿的困境。从我国国情出发,党政一体有助于通过明确关键少数领导人员的责任,切实抓住环保的"牛鼻子"。在这一过程中,党纪责任和法律责任有不同的作用,并不矛盾。制度重点不在于隔离党内法规和环保制度,而在于增强两种责任的可操作性。

第二,如何看待公法与私法的边界。

公法和私法的划分是法学研究的重要基石。一般而言,与公共利益相关的法归属于公法,如宪法和行政法;与私益相关的法属于私法,如民法。利益属性决定法治手段,但是,生态文明体制改革并未完全拘泥于此,而是从实用主义出发,强调制度的有效性和可行性。在生态环境损害赔偿制度中,公法与私法的交融痕迹非常明显,尽管生态环境损害本质上是环境公共利益损害,但其救济却采用了私法手段,打破了传统公私法的边界。

在法学领域,公法与私法的边界早已出现一定交融,"公法私法化"这一概念也被提出。以往,"公法私法化"被限定在少数领域,但生态文明体制改革进一步模糊了公私法的边界。相应地,法学理论需要解释与回应,这将进一步推动环境法理念与制度的革新。

三、生态文明入宪对环境法治的促进

2018年3月,第十三届全国人大第一次会议审议通过《宪法修正案》。修正案中将《宪法》序言第七自然段一处表述修改为:"推动物质文明、政治文明、精神文明、社会文明、生态文明协调发展,把我国建设成为富强民主文明和谐美丽的社会主义现代化强国,实现中华民族伟大复兴。"生态文明写入《宪法》,为我国经济社会健康发展和环境法治建设提供了重要保障。在生态文明入宪之前,我国《宪法》也有关于环境保护的规定,如第9条第二款规定"国家保障自然资源的合理利用,保护珍贵的动物和植物。禁止任何组织或者个人用任何手段侵占或者破坏自然资源";第26条规定"国家保护和改善生活环境和生态环境,防治污染和其他公害。国家组织和鼓励植树造林,保护林木"。

生态文明入宪是对宪法环境条款以及经济社会发展条款的整合和超越。需要注意的是,环境保护是生态文明的重要内容,但不能将生态文明狭隘地理解为环境保护。生态文明的核心是如何处理发展与环境保护之间的关系,其中发展既包括经济发展,也包括政治、文化和社会发展。因而,对环境法治而言,从宪法上确立生态文明,并不仅仅是为环境法提供宪法支撑,更意味着现有的环境法治理念和模式的变革和完善。

生态文明入宪为权衡经济公共利益与环境公共利益提供了指引。公共利益这一概念缺乏确定的边界,公共利益间的权衡是法律上的难题。以往,我国更倾向于经济公共利益

优先。生态文明入宪,从宪法层面为两种公益的冲突提供了原则性的标准,环境公共利益具有了一定的优先性。这意味着在法律层面,除了环境法律,其他法律也应注重环境保护问题,注重环境公共利益的维护。

生态文明入宪对环境法的独立部门法地位形成了挑战。环境法的独立性一直有争议,自生态文明提出后,环境法的独立性愈发受到挑战:一是各部门法的绿化。例如,《民法总则》中规定了绿色原则,《民法典》"侵权责任编"规定了生态环境损害救济问题;《民事诉讼法》和《行政诉讼法》规定了环境公益诉讼问题。二是正在制定的有关经济社会发展的综合性法律中,环境保护成为重要内容。我国目前正制定《乡村振兴促进法》,2020年6月的第十三届全国人大常委会第十九次会议对《乡村振兴促进法(草案)》进行了审议。《长江保护法》也列入立法计划。上述两部法律不是典型的环境保护立法,但都同时处理发展问题和环境保护问题。环境法律边界日益模糊,环境法的独立地位受到挑战。

上述立法转变已经体现了生态文明入宪对环境法独立性的影响。生态文明入宪强化了环境保护的重要性,但是,生态文明入宪也说明,环境问题只能在经济社会发展中解决,而不是单纯的"头疼医头,脚疼医脚"。在法律层面,生态文明入宪意味着各部门法必须打破边界,共同应对环境危机。环境法将从部门法向领域法逐步转变,从为环境保护立法到为发展护航。

第三节 环境法法典化

一、法典和环境法典的概念

与绝大多数法学概念一样,"法典"的内涵在不同时空条件下所指不尽相同。在古代,法典与习惯法的含义较为接近,一般是各类综合性的习惯法或判例的正式汇编,而非任何法律部门规则的完整陈述;但是自15世纪以来,法典一词逐渐开始指特定法律部门相对全面而系统的立法文件。① 在英美法系国家,以美国为例,即使现代意义上的"法典"也仅仅是"局限于一些纯粹技术性的分类、拆解、重新组合等工作"②的综合性法律汇编,而不是创制产生的新法;但是在大陆法系国家,法学家对法典的要求远远高于英美法系,法典"基本上指一种成文的作品,它用于对广泛的法律领域里的最根本的原则和基础规范作权威性的陈述","必须完整、清晰、逻辑严密"。③

---

① 参见[英]戴维·M.沃克:《牛津法律大辞典》,北京社会与科技发展研究所译,光明日报出版社1988年版,第171页;董茂云:《比较法律文化:法典法与判例法》,中国人民公安大学出版社2000年版,前言部分,第1页。
② 封丽霞:《法典编纂论——一个比较法的视角》,清华大学出版社2002年版,第131页。
③ 同上书,第11页。

在当下中国的一般语境中,如果没有特别说明,"法典"通常是指一个部门法的最高立法形式,是与"单行法"相对的一个概念。中国近代百科全书式的大学者梁启超先生曾对法典的由来以及"法典"与"单行法"的关系作过如下表述:

"成文法之初起,不过随时随事,制定为多数之单行法。及单行法发布既多,不得不撮而录之,于是所谓法典者见焉。然法典之编纂,其始毫无组织,不过集录旧文而已。及立法之技量稍进,于是或为类聚体之编纂,或为编年体之编纂,画然成一体裁。及立法理论益进,于是更根据学理以为编纂。凡法律之内容及外形,皆有一定之原理原则以组织之,而完善之法典始见,此法律发达之第三级也。"①

从法律形式演进的一般规律中可知,环境单行法往往是根据一时一事的需要制定的,它是环境立法的初级形式,代表着环境立法发展的初级阶段。随着环境单行法数量的日益庞大及其相互冲突的不断增多,人们必然要求有更为科学、更为理性的高级立法形式对环境单行法加以整合,这种高级立法形式就是环境法典。在此意义上,环境法典是成文法系国家的环境立法沿着单行法的道路发展到一定阶段后的必然产物。

二、环境法法典化的趋势

环境法法典化的趋势根植于"法典"这一立法形式的政治意义和法律意义之中。离开政治目的纯粹为编纂法典而编纂法典的情形是很少见的。"法典编纂是一种革命步骤。尽管所有的法典声称仅仅是表述旧的、已经存在的法律,但多数伟大法典的编纂委员会都曾利用这种机会变革旧的法律。"②通过这种大规模的法律的变革,政治的主张或形象可以得以彰显和确立。

环境法典的编纂较之于环境单行法的"立、改、废"更有利于全面实现环境立法的完善目标。其优势在于,作为现代意义上的部门法法典,环境法典是对环境法所作的完整的书面叙述,它直接以可持续发展为指导思想,将以环境资源的合理开发、利用、保护、改善为目的的绝大部分法律规范都包容于一部立法文件当中。环境法典编纂的过程实际上就是将现行环境法律法规系统化的立法过程,它意味着要对不同时期颁布的既存的环境资源方面的规范性法律文件进行提炼、合并和扬弃,删除过时的法律文件,统一互有抵触的法律规定,消除现有法律条文的歧义,并根据时势的发展辅以必要的补充,最后编纂成为以"可持续发展""人与自然和谐共存"为价值核心的,内部统一、逻辑完整的法典。环境法典一经颁布施行,便代替了以前效力层次混乱的关于环境和资源保护问题的全部法律和法规,并且在较长一段时期保持稳定,不能朝令夕改。

环境法典的编纂特征决定了它比一般的环境单行法具有更大的确定性和系统性。如果说熟练掌握和灵活运用以前不同时期零星颁布的环境单行法,对于专门的法律工作者

---

① 梁启超:《梁启超法学文集》,中国政法大学出版社 2000 年版,第 122 页。
② [英]艾德华·麦克威利:"法典法与普通法的比较",梁慧星译,《法学译丛》1989 年第 5 期。

而言并非易事,那么对于普通民众来说,要了解体现在不同环境单行法中的相关法律内容的变化则更为困难。而环境法典所具有的内容全面系统、结构完整清晰、文字平实简洁、便于搜索查询的特点,既为国家行政机关和司法机关准确执行和适用环境法律法规提供了方便,又使得公民能够直截了当地查找环境法律法规的相关内容,了解自己的权利义务,从而自觉遵守环境法律法规。

环境法是一个新兴的公法法律部门,它所确立的原则和制度往往与传统私法所确立的自由和财产观念相冲突。在一定程度上,环境法是基于社会公共利益而对个人利益进行的限制,是以社会本位、义务本位对个人本位和权利本位发起的挑战,因此,环境法在发展过程中容易受到排斥和忽视。自然资源——几乎同时作为环境要素——在经济价值和生态功能上的相对独立甚至对立,使得环境立法因为缺乏内在的凝聚力而往往被其他部门法所肢解,无法进行统筹规划……环境法所固有的这些特征,使得环境法典的编纂对于环境立法的完善具有特殊的意义。

尽管从总体上看,西方国家的环境立法相对于我国的环境立法更为先进和完善,但有很多问题是共通的。例如,由于体制方面的原因,多是从单个环境要素的视角出发分别进行立法,对跨环境要素之间的污染问题注意不够;再如,有些法律规定得十分烦琐复杂,并且存在法与法之间重叠和冲突的现象,从而给法律实施带来困难,等等。对于这些问题,仅仅创制新的单行法或修改旧法是无法克服的,因此,在环境法律体系的发展问题上,不少国家正在将原来按照环境领域,如空气、淡水和海洋,分散进行的立法,整合为一部综合性的环境法,并且最终向环境立法一体化和法典化的方向发展。①

进入20世纪90年代,环境法应当进行法典化的理论日趋成熟,成为环境法学领域的重要议题,并为许多国家的立法者所重视或接受,对立法活动产生越来越大的影响。一个重要的标志性的表现就是讨论环境法法典化的国际会议于1995年2月21日至22日在比利时根特市召开,各国学者共聚一堂,热烈探讨环境法法典化的重要意义与可能路径。几乎同时,以德国、瑞典、法国、荷兰以及爱沙尼亚为代表的一批欧洲国家开始了环境法典化的行动。② 据学者统计,截至2018年8月,可以检索到的环境法典包括《哥伦比亚可再生自然资源和环境保护国家法典》(1974年)、《菲律宾环境法典》(1977年)、《瑞典环境法典》(1998年)、《法国环境法典》(2000年颁布,2018年修订)、《意大利环境法规》(2006年颁布,2017年修订)、《哈萨克斯坦共和国生态法典》(2007年)、《爱沙尼亚环境法典法总则》(2014年)。已经制定了环境法典草案的国家有德国、俄罗斯、柬埔寨。此外,独联体国家还形成了"独联体生态法典示范法"用以指导各国立法,其总则部分2006年通过,分则部分2007年通过。③

---

① 参见金瑞林、汪劲:《中国环境与自然资源立法若干问题研究》,北京大学出版社1999年版,第16页;曲格平主编:《环境与资源法律读本》,解放军出版社2002年版,导论部分,第24页。
② 参见张梓太、李传轩、陶蕾:《环境法法典化研究》,北京大学出版社2008年版,第117—118页。
③ 参见吕忠梅、窦海阳:"民法典'绿色化'与环境法典的调适",《中外法学》2018年第4期。

三、外国环境法典的编纂

对于外国环境法典的编纂,学者们基于不同的研究视角有着不同的理论概括。吕忠梅教授等学者认为环境法法典化存在两种形式:"一种是以法、德等传统的民法典国家为代表,追求内容更宏大、更全面、更精细的环境法典,将所有与环境保护有关的法律规范都纳入环境法典的内容结构之中,取代单行性法律";"另一种是'适度化'的法典编纂。最典型的是瑞典的《环境法典》"。① 李艳芳教授等学者则认为,基于不同的哲学基础和立法目标,法典编纂模式可以分为实质编纂和形式编纂,前者基于理性主义,旨在通过创制一套互相耦合的规则来系统化地革新法律秩序,而后者则通过对绝对理性主义的祛魅,仅针对现行法进行类型化的重述与汇集。据此,当下主要的环境法典可依此进行学理划分,《德国环境法典(草案)》和《瑞典环境法典》当属实质编纂,而《法国环境法典》与《意大利环境法典》则是形式编纂。② 尽管归类不同,但毋庸置疑的是,在中国环境法法典化的过程中,瑞典、法国和德国的环境法典编纂经验都特别值得深入研究和审慎借鉴。

(一)《瑞典环境法典》的编纂及其特点

从 20 世纪 60 年代末至 1992 年联合国环境与发展大会召开,随着环境污染问题在瑞典的日益恶化,瑞典的环境法体系也从无到有逐渐建立起来。1992 年后,瑞典的环境法开始进入了一个长足发展的法典化新阶段。为可持续发展原则的实施,尽快协调、整合现有环境法律法规中存在的交叉、重复和矛盾,使环境立法系统化、整一化,瑞典的环境保护部门于 1993 年春就提出了一个环境法典草案。③ 1999 年,瑞典整合 15 个不同领域的环保法律,出台了环境法典。为了保证法典有效实施,瑞典设立国家环保最高法庭和 5 个区域性的环保法庭,专门负责审理环保案件,对法典执行情况进行监督。

《瑞典环境法典》共 7 编 33 章近 500 个条文:第一编总则,即第一至六章,分别规定了法典的立法目的、十项一般原则、土地和水域管理、环境质量标准、环评报告和其他决策所需文件等内容;第二编自然保护,包括七八两章,第七章主要规定了特定区域的保护,包括国家公园、自然和文化保护区、天然遗迹、植物和动物保护区、海岸保护区、环境保护区、水保护区等区域保护,第八章是对动植物种保护的特别规定;第三编是关于特定活动的特别规定,即第九章至第十五章,分别对环境危害活动和健康保护、被污染区域、水上作业、开采业和农业及其他活动、基因工程、化学产品和生物技术有机体、废弃物和生产者责任等作出规定;第四编关于案件和争议的审查,即第十六章至第二十五章,规定的内容除审查的一般规定外,还涉及对许可证和被上诉决定的政府审查、由行政机关和市级政府进行审查的事项、坏境法庭的案件及其诉讼程序以及诉讼相关费用等;第五编监督,包括第二十六章至第二十八章,即关于监管体制、监管费用、政府机关及私主体为履行其环保职责而

---

① 参见吕忠梅、窦海阳:"民法典'绿色化'与环境法典的调适",《中外法学》2018 年第 4 期。
② 参见李艳芳、田时雨:"比较法视野中的我国环境法法典化",《中国人民大学学报》2019 年第 2 期。
③ 参见肖剑鸣:《比较环境法》,中国检察出版社 2001 年版,第 54 页。

有权进入不动产等相关设施的规定;第六编处罚规定,包括第二十九章和第三十章,分别规定了刑罚和没收,以及"环境处罚费";第七编补偿与赔偿,包括第三十一至第三十三章,分别规定了补偿与赔偿的适用情形、环境损害赔偿及其他私人请求权主张,以及从事环境危害活动的行为人需支付环境损害保险与环境修复保险的费用。①

从《瑞典环境法典》的基本结构和主要内容看,其明显具有松散性、框架性,并不十分追求法典的逻辑严密、结构紧凑,而更重视环境法内各个相关内容的统一性及协调性。②正因为仅吸纳了环境法的基础性规定,而将更多细则留待政府条例来细化规定,《瑞典环境法典》在实质上达到了既统合又不僵化的环境立法目的,促进了瑞典环境立法的现代化。

(二)《法国环境法典》的编纂及其特点

作为成文法系国家的典型,法国的法典编纂的历史传统使得其在各个法律领域都表现出强烈的法典化倾向。目前,法国已经颁布的法典不仅包括《民法典》《商法典》和《刑法典》,还包括《知识产权法典》《行政法典》《农村和林业法典》《公共卫生法典》和《城市化法典》等,《环境法典》也是一例。

为了使环境法的体系趋于合理和便于实施,符合当代环境法制建设的发展趋势,法国从20世纪90年代初开始编纂法国历史上第一部环境法典。2000年这一浩大的环境法典编纂工作的完成,表明法国环境立法工作已基本稳定,环境法制建设步入了较为完善的阶段。

《法国环境法典》的编纂首先由法典化高级委员会拟定计划,在法典化高级委员会和环境部的委托下组成一个专家委员会,该专家委员会受环境部的委托进行科学研究;然后以科学报告的形式将起草的建议提交给环境部,环境部根据科学研究报告将法典的草案提交给法典化高级委员会和部长委员会;法典化高级委员会经过统一协调,与部长委员会、环境部磋商后,将最终的环境法典草案提交给最高行政法院审查,然后提交给政府,或者法典化高级委员会也可直接提交给政府;最后由政府提交给议会讨论。

《法国环境法典》重在解决环境法的碎片化问题,因此选择了相对便捷的"形式化编纂"③或者说"法规汇编的形式"④。《法国环境法典》几乎包括了过去三十年法国有关环境立法的全部规定,在内容上主要整合了环境法的基本原则和部分环境刑法的规定。法典由法律、行政法规和附录三个部分组成,法律和行政法规部分又各自分为七卷,每卷下设编、章、节、分节、段和具体条文。⑤

自《法国环境法典》2000年出台后,法国每隔一段时间都要继续将新颁布的法律、法规、规章中的条文取出、移转并复制到环境法典中。根据2006年7月版本的《法国环境法

---

① 参见竺效、田时雨:"瑞典环境法典化的特点及启示",《中国人大》2017年第15期。
② 参见张梓太:"论我国环境法典化的基本路径与模式",《现代法学》2008年第4期。
③ 参见邓海峰、俞黎芳:"环境法法典化的内在逻辑基础",《中国人民大学学报》2019年第2期。
④ 参见吕忠梅、窦海阳:"民法典'绿色化'与环境法典的调适",《中外法学》2018年第4期。
⑤ 参见莫菲:"法国环境法典化的历程及启示",《中国人大》2018年第3期。

典》，其法律部分包括总则和分则：第一卷为总则，分别是基本原则编、信息和市民参与编、机构编、环境保护协会编和资金机制编；分则包括6卷，分别是环境要素卷，自然空间卷，动植物卷，污染、风险和妨害的预防卷，新喀里多尼亚、法属波利尼西亚、瓦利斯群岛和富图纳群岛、北极及法属南极、科罗利岛的适用条款卷，以及南极环境保护卷。①《法国环境法典》的法规部分实际上是用来补充和细化环境法律的一系列法规、规章，相对于环境法律来说具有很大的灵活性。

（三）《德国环境法典》的编纂及其面临的困难②

与瑞典、法国相比，德国的环境法典编纂思路和方法与传统法典编纂最为接近，即追求一种实质性的法典化，也就是要使环境法秩序内外高度和谐化与体系化。

德国从20世纪80年代就开始积极准备，研究如何进行环境法的法典化，并由理论界和实务界的有关人员开始采取了一系列分阶段的起草《环境法典》的行动，先后出现了四个相关草案，即1988—1994年教授草案、1992—1997年专家委员会草案、③1999年政府立法草案和2006—2009年环境法典草案。

1988—1994年的"教授草案"主要是由德国环境法学界的有关专家学者受联邦环保部的委托进行拟订，该草案分为总则编和分则编，由两个学术团队分别于1990年和1994年完成。总则草案共196条，不仅整理现行法，还致力于创造性地将环境法继续予以发展，内容包含跨越所有环境领域的普遍性原则、一般性规范和程序规定，涉及设施许可、环境信息、环境责任、公众参与和标准化问题等。分则编共329条，包含自然保育、水污染防治与水资源规划与利用、土壤保护、污染防治、核能和辐射防治、危险物质与固体废物管理及处置等。

1992年，在教授团队起草环境法典分论草案的同时，德国联邦环保部还委托了一个包括环境法律实务部门的专家组成的专家委员会起草环境法典草案。专家委员会同时起草总体草案，包括总则和分则，对两者的法规更大程度予以衔接和协调。较之于"教授草案"，专家委员会草案更进一步，超越众多现行有效规定，发展出新的解决方案，条文数量增加到775条。总则编包括8章，分别对普遍性规定、规划、项目、生产、干涉性措施和监控、企业环境保护、环境信息和跨界环境保护进行了规定。分则编包括9章，针对不同领域的环境保护对象以及特别的危险源，包括生态保护和景观维护、土地保护、水体保护、空气污染防治和能源保障、核能和辐射防治、交通设施和管线设施、基因科技和其他生物技术、危险化学品管理、固体废物管理。

1999年在前两个草案基础上，联邦环保部接手环境法典的编纂工作并完成提议草案。在此过程中，将欧盟环境法方面的条例转化为国内法的问题凸显出来，特别是欧盟

---

① 参见彭峰博士论文：《法国环境法法典化研究》第五章"法国环境法典的编纂"。
② 这部分内容主要参见陈慈阳：《环境法总论》，中国政法大学出版社2003年版，第73—77、166页；沈百鑫："两次受挫中前进的德国环境法典编纂"，《中国人大》2018年第5期。
③ 陈慈阳教授的《环境法总论》将之翻译为"独立委员会"。

1996年《关于综合避免和减少环境污染指令》(2010年修订为《工业排放指令》)在德国的转化适用问题。提议草案在向联邦各部委征求意见中受挫,主要问题是联邦没有足够的立法权限,例如在水法和自然保护法领域,联邦仅有框架性权限,其具体细化的实施都要通过州法予以规定。事实上,联邦环保部内外都有对环境法典立法权和执行权的不同意见,除此之外,还有来自各种行业和经济联盟的大规模抵制,特别是对新的项目许可的抵制。加之,受到20世纪90年代末经济下行和原子能逐渐退出等问题的影响,联邦环保部当即决定,对于环境法典的提案不再继续跟进,并指出只有在修宪基础上,联邦才有可能实现在环境领域全面的立法权限。

2006年德国联邦制改革后,联邦和州的环保部长会议重启了环境法典的编纂工作,决定设立联邦与州共同的环境法典起草工作小组。2007年11月底,一部以综合项目许可为实质核心的环境法典草案讨论稿开始向各部门征求意见,2008年5月草案稿正式送到各州和协会。最终由于来自州层面的阻力,德国环境法典草案计划再次受到抵制。尽管相关的环境保护领域权限在宪法上得到进一步统一,但在法典化工作核心部分的综合性环境理念上依旧未能达成一致,特别是有来自采取相对独立的行政许可手段的传统水事管理方面的阻力。

从德国环境法典的整个立法的历程与背景可以看出,德国环境法法典化不仅仅只是法条的汇整编纂,更是联邦对于整个环境管理体系的彻底的反省和改造,因为触及各种部门和地方的既得利益而受阻,在另一个侧面也说明了环境法典作为公法法典编纂有别于传统私法法典(民法典)编纂的特殊性和困难程度。

四、我国环境法的法典化问题

我国拥有久远的法典编纂史。在近代,我国的法律变革在立法上就是从继受西方法典开始的。当下,法典仍不失为我国学者理想的法律形式。随着我国法制现代化的推进,法律的实质理性必然向形式理性延伸,表现在立法上,就是各主要部门法的法典化。环境法的法典化亦是其中的一部分。

四十多年来,随着环境单行法的大规模创制和修改,沿着单行法的途径来完善我国环境立法的空间已经越来越小,因此,环境法典的编纂对于我国环境立法的完善具有特别重要的意义。然而,作为一个新兴的法律部门,环境法的诸多理念和制度在一定程度上对传统法学理论构成挑战,环境法学内部对于环境法的理论基础也尚未达成共识。这些因素决定了环境法典的编纂较之于其他部门法法典的编纂面临着更多的问题和争议。

(一) 我国环境法法典化问题的提出

进入21世纪,随着我国环境法律体系的初步形成,法律数量的不断增加,环境法典编纂逐渐引起国内环境法学者的关注。

2004年教育部发布人文社会科学重点研究基地重大项目——《环境法法典化基础研究》,并向全国招标,由此涌现出一批环境法典的研究成果,其中包括张梓太教授等人合著的《环境法法典化研究》、夏凌博士的学位论文《环境法的法典化——中国环境立法模式的路径选择》、彭峰博士的学位论文《环境法法典化趋势分析——兼论法国环境法的法典化》等。

2010年前后,环境法学界围绕《环境保护法》的修订展开过我国是否需要环境法法典化的讨论,但最终放弃了法典化。①

2012年党的十八大将生态文明建设纳入中国特色社会主义事业"五位一体"总体布局,提出要把生态文明建设融入经济建设、政治建设、文化建设、社会建设各方面和全过程,使生态文明建设的战略地位更加明确。2015年9月21日,中共中央、国务院印发《生态文明体制改革总体方案》,阐明了我国生态文明体制改革的指导思想、理念、原则、目标、实施保障等重要内容,提出要加快建立系统完整的生态文明制度体系,为我国生态文明领域改革作出顶层设计。2017年党的十九大在全面总结经验、深入分析形势的基础上,从经济、政治、文化、社会、生态文明五个方面,制定了新时代统筹推进"五位一体"总体布局的战略目标。2018年"生态文明"被写入宪法。于此同期,2017年3月,《民法总则》审议通过;2018年8月底,全国人大常委会首次审议《民法典》各分编草案,2020年5月,《民法典》正式颁布。党和国家对"生态文明建设"的日益重视和强调,以及《民法典》编纂成功,再次极大地激发了环境法学者关于环境法典编纂的研究热情。

2017年两会期间,全国人大代表、中国法学会环境资源法学研究会会长吕忠梅教授正式提出了"将环境法典编纂列入十三届全国人大立法计划"的提案。

(二) 我国环境法法典化面临的主要问题和争议

"生态文明"入宪和环保观念的深入人心,以及环境单行法的长足发展,为我国环境法的法典化提供了诸多有利条件,但仍然面临不少问题和争议,主要聚焦于以下三个方面。

1. 环境法是否应当法典化

持肯定意见的观点认为,法典是立法发展的最高形式,法典的编纂能够使法律制度体系统一、逻辑清晰。环境法典的编纂能够解决现有环境立法碎片化带来的诸多问题。②

持反对意见的观点又分为两种:一种是基于对所有法律部门法典化的怀疑或否定而认为环境法不应进行法典化;另一种是不否认诸如民法、刑法等法律部门进行法典化的重要意义,但认为环境法囿于自身特点不适宜进行法典化。前者认为,法典化只是法律制度发展的乌托邦,对于法律制度形式的完美结构以及高度理性的追求无法真正达至,具有煌煌外观的法典往往并不具备相应的功能,环境法典也概莫例外。③后者则认为并非所有的法律部门都适宜走法典化的发展道路,各个法律部门都有自己的不同特点,是否应进行法典化须结合具体情况而定。环境法作为一个新兴的法律部门,其调整领域、调整对象十分分散、复杂和多变,其调整手段相应地也必须灵活多样、具有很强的针对性和易变性;同

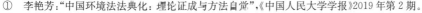

① 李艳芳:"中国环境法法典化:理论证成与方法自觉",《中国人民大学学报》2019年第2期。
② 参见李传轩:"环境法法典化的基本问题研究"《华东政法大学学报》2007年第3期。
③ 参见张梓太、李传轩、陶蕾:《环境法法典化研究》,北京大学出版社2008年版,第118页。

时环境问题具有高度科技背景与决策风险,①有关科学技术的更新进步对相关调整对象和调整手段的影响十分重大。这就必然要求环境法律制度也具有分散性、复杂性、针对性和常新性,企图通过制定一部完备的环境法典来实现对环境领域的法律调整与规制是不可想象的,也是注定要失败的。

2. 我国环境法法典化的时机是否成熟

吕忠梅教授认为我国环境法法典化的时机已经成熟:第一,"编撰环境法典的社会土壤已经形成。""今日中国,围绕生态文明建设、绿色发展转型,共识度正在提升,公约数正在形成。""全社会对生态文明建设的高度重视,正是环境法典编撰最深厚的土壤";第二,"编撰环境法典已经具备较为坚实的立法基础"。我国不仅在立法数量、法律制度构建等方面已经初具规模,而且"有着一支世界上数量最为庞大的环境法学研究队伍。""在很多问题上已经逐步形成共识,能够为环境法典编撰提供学理上的支撑";第三,"编撰环境法典有着比较法上的先例""编撰环境法典不仅是我国的现实需要和内生需求,也是我国在法典编撰领域可能为世界提供先例的一个领域"。②

坚持环境法法典化的时机尚未成熟的观点则认为,环境法还是一个处于急速发展变化中的新兴法律部门,其调整领域尚未完全划定,还有不断扩大的趋势;人们对环境问题的认识还有待加强与深化,环境法的调整对象也处于复杂多变的状态,调整方法也在不断探索、更新和改进。因此,尽管环境法已初步成为一个独立的法律部门,在飞速发展过程中制定了大量的法律法规,这些法律法规之间也确实存在着很多协调性和逻辑性不足的问题;但是,制定法典并不是当务之急,现有这些问题可以通过对各有关法律法规的修改来解决。在条件尚不成熟的情况下制定环境法典,无异于画地为牢、故步自封,限制甚至扼杀环境法的生命力与创新力,十分不利于环境法的进一步发展,更会严重影响对日益严峻的环境危机的科学、及时、有效地对处。③

3. 我国环境法法典化应当如何定位

相较于前两个问题的争议,如何定位是当下我国环境法法典化面临的更为实质性的问题。世界法律发达史告诉人们,"与其说历史是反映社会生活的镜子,不如说它是开向社会生活的推土机。至少在这里我们应注意人的认识的能动性,法典不仅是对社会生活的映照,它还是对社会生活的塑造"。④ "在法典化的进程中,过分强调客观条件的成熟性是不合适的。如果需要等到一切问题都解决及一切条件都具备时再考虑编纂法典,就会大大落后于社会现实。法典化应该是立足于现实,而超越于现实,必须是一种超前性的立法,这样,法典才能真正起到指导法律实践、社会生活和生产活动的作用。"⑤环境法典的

---

① 参见叶俊荣:《环境政策与法律》,中国政法大学出版社2003年版,第23页。
② 吕忠梅:"将环境法典编撰纳入十三届全国人大立法计划",《前进论坛》2017年第4期。
③ 参见张梓太、李传轩、陶蕾:《环境法法典化研究》,北京大学出版社2008年版,第120页。
④ 徐国栋:《民法基本原则解释——成文法局限性之克服》,中国政法大学出版社1992年版,第366页。
⑤ 董茂云:《比较法律文化:法典法与判例法》,中国人民公安大学出版社2000年版,第204页。

编纂亦然。实际上,对环境法典的定位,也直接影响着对前两个问题的判断。

大陆法系传统概念中的法典对形式和内容都有着近乎苛刻的要求,但是,这类法典在当今世界变得越来越罕见,法典化运动正在发生着重大变迁,法典的严苛、完美的标准正不断软化、松解,出现了不同程度的法典化立法运动。① 环境法的法典化也面临完全法典化和适度法典化的不同选择。国内大部分学者都主张环境法的适度法典化。

传统意义上的法典化所要制定的法典是一种包罗万象、事无巨细、形式严谨、逻辑严密的内容与结构完美结合的法典。以这种法典为环境法法典化的目标定位,代表了人们对完美法典的一种理想主义的追求。然而,随着社会变迁的加速进行,瞬息万变、纷繁复杂的社会实践对法典的要求必然是灵活和开放的,环境法完全法典化的理想也许永远也无法实现。即便对于民法、刑法、诉讼法等理论和实践都更为成熟、稳定的传统法律部门,制定这种传统意义上的法典都极为困难、甚至不可能,更遑论仍然处于快速发展和变革中的环境法。因此,相对于环境法的实际情况和发展需求来说,这种定位显然过高;环境法的法典化必须结合自身特点和发展条件,突破传统法典化的概念和法典编纂的固有思维,创新法典化路径。具体来说,就是应当降低传统法典编纂的过于严苛的要求,务实地将其定位为一种系统地、综合地制定、协调和发展法律的手段,一种动态的立法过程。张梓太教授将之称为"适度法典化"。

张梓太教授认为,何为"适度"要根据现实的条件和资源以及当前环境法发展的具体需要来确定,一旦树立起环境法法典化的发展理念,选择法典化的发展模式之后,对"法典化程度"的选择并不会成为一个难以解决的问题,关键还是理念的确立和发展模式的选择。在开始进行一定程度的法典化立法之后,经过不断发展和完善,有关障碍性问题也将随之逐渐破解和消除。此时,环境法将会具备进行更高程度法典化的条件和资源,可以启动环境法典的修改程序,进行更高程度环境法法典化立法,更好地解决环境法发展中的问题,推动环境法向更加完善和更高的阶段发展,及至比较理想的环境法典状态。②

李艳芳教授等人也认为,中国环境法典应当选择适度法典化作为目标定位,并以法典体系效益为纲,从确定性、稳定性与开放性三个维度予以具体展开。确定性维度要求对环境法典的调整范围予以明确;环境法典的稳定性取决于总则的抽象程度与分则的编排逻辑;环境法典还需对外部留存的环境法渊源保持一定的开放性以实现自身的更新与进化,正视与环境单行法的关系以回应和消解法典化的质疑,同时联络其他相关部门法以形成法律合力。③

---

① 参见张梓太、李传轩、陶蕾:《环境法法典化研究》,北京大学出版社2008年版,第137页。
② 参见张梓太:"中国环境立法应适度法典化",《南京大学法律评论》2009年春季卷。
③ 参见李艳芳、田时雨:"比较法视野中的我国环境法法典化",《中国人民大学学报》2019年第2期。

第三章 环境权

环境权是环境法学的核心范畴,是环境法学中最富有特色的基础理论之一。四十多年来,我国学者在环境权领域取得了比较丰硕的研究成果。然而,环境权也是我国环境法学中最富有争议的议题之一,至今肯定者有之,否定者亦有之。从各国宪法文本来看,20世纪70年代尤其是90年代以来,越来越多的国家在宪法中明确承认了环境权。因此,从实证法角度而言,环境权已经成为当今时代重要的宪法基本权利,这是不争的事实。2018年我国《宪法修正案》的通过,标志着"生态文明入宪"新时代的到来。是否要进一步在宪法中明文确认环境权,这是一个值得认真探讨的重要问题。

第一节 环境权理论的提出

一、环境权理论产生的时代背景

环境权理论的产生具有深刻的时代背景,它是生态危机全球化、环境保护运动高涨的产物。从法律和法学发展的角度而言,它是环境保护从法律保护到宪法保护的时代产儿。

环境保护的第一个阶段是法律保护,大致经历了两个时期。第一个时期是民刑法适用的时期,就是用传统的民法和刑法保护环境。① 比如说民法中的侵权法、英美法中的nuisance、trespass等制度,都可以一定程度上起到保护环境的作用。后来发现这个保护力度不够,所以到了第二个时期就是管制立法的时期。管制立法在英国工业革命早期就有一些,尤其是防止煤烟型污染的立法,但是大规模的管制立法要到20世纪的五六十年代以后。例如,1969—1979年美国制定了二十多部环保法律。在这一背景下,环境法作

---

① 参见叶俊荣:"环境问题的制度因应:刑罚与其他因应措施的比较与选择",载叶俊荣著:《环境政策与法律》,台湾月旦出版公司1993年版,第143页。

为一个独立法律部门法或者一个法律学科成长起来了。

但是在大规模管制立法背景下，仍然存在着管制失灵。环境的状况没有改善，20世纪中叶前后发生了震惊世界的八大公害事件。到了20世纪六七十年代，从环境保护的角度来看，有识之士就想到了宪法。宪法具有最高的实证法规范效力，大家希望通过将环境保护条款写入宪法，使得环境保护具有宪法的位阶，环境的价值和地位能够被宪法确认。这是环境从法律保护走向宪法保护的重要背景。

宪法的环境保护主要有两种模式。第一种模式就是将环境保护作为国家的政策或者指导原则，在德国法上称之为国家目标，可以统称为基本国策或者国家目标。最初环境保护入宪就是将它作为国家目标，最早的是1948年的《意大利宪法》，然后在六七十年代很多国家将环境保护作为国家的政策或者国家的职责写进宪法。当然，最受学界关注的是1994年《德国基本法》第20a条规定了一个国家目标条款。

20世纪70年代尤其是21世纪以来，如果一个国家修宪或者制定新宪法，则在环境保护上很有可能采用第二种模式——人权模式。1972年《斯德哥尔摩宣言》原则一指出："人类有权在一种能够过尊严和福利的生活的环境中，享有自由、平等和充足的生活条件的基本权利。"这在国际法上最早体现了人权与环境的联结。当然，原则一是否就是环境权的规定在学术上有争议，但是它清楚地表明了环境保护或者环境的质量与我们人类的福利，与我们人类的基本权利的享受是有着非常密切的关系。

运用人权来保护环境又大致分为两条路径。第一条是绿化现有的人权。利用已有的人权规定将重新解释，这样传统的生命权、健康权等权利甚至表达自由权也能起到一定的环境保护的作用。在比较法上广受关注的是《印度宪法》第21条生命权条款，它在全世界范围内产生了非常广泛的影响，包括在南亚尼泊尔、巴基斯坦，甚至非洲一些国家，在司法裁判中可能会考察、援引印度的司法实践。再比如说1950年的《欧洲人权公约》，在那个年代不可能有环境权的规定。但是，在后来欧洲人权法的司法实践中，尤其是20世纪八九十年代以来，频繁运用《欧洲人权公约》第8条家庭隐私权来保护环境利益，它是该公约机制下保护环境的一条最重要管道。第二条人权路径是一个更加雄心勃勃的提议，就是创设一个独立的新的实体性的环境权。在20世纪六七十年代欧美国家和日本提出了这个实体性的环境权。

二、美国的环境权理论

在20世纪60年代美国开展了一场大讨论：公民要求保护环境，要求在良好环境中生活的宪法根据是什么？在这场讨论中，密歇根大学的萨克斯教授提出了"环境公共信托论"。1970年萨克斯教授在《密歇根法律评论》上发表了《自然资源法中的公共信托原则：有效的司法干预》(The Public Trust Doctrine in Natural Resources Law：Effective Judicial Intervention)这一划时代的论文，并出版了《保卫环境：公民诉讼战略》(Defending the Environment：A Strategy for Citizen Action)一书，系统地提出了"环境公共信托论"，主张将公共信托原则运用于自然资源保护这一领域。萨克斯教授认为:"公共信托思想建立在三个相关的原则基础之上。第一,某些利益——例如空气与海——对全体国民具有如此重大的意义,以至于将这些利益作为私人所有权的客体是很不明智的。其二,这些利益蒙受自然如此巨大的恩惠,而不是某个企业的恩惠,以至于这些利益应该提供给全体国民自由使用,不论国民的经济地位如何。其三,政府的主要目的是增进一般公众的利益,而不是按照从广泛的公共用途到有限的私人收益用途重新分配公共物品。"①

萨克斯教授提出环境公共信托论的首要任务是明确普通公民拥有一种对安全和健康环境的权利,法律体系应当承认这种权利。第二项任务是确保公民完全有资格借助法律体系的权威来强制执行这种权利。第三个目标是建议激发行动的最有效方式是从法院获得一个可予以强制执行的司法命令。② 萨克斯教授的环境公共信托论为美国环境权理论提供了相当坚实的法理基础。

三、日本的环境权理论

日本环境权理论的产生与1970年召开的两次会议密切相关。第一次会议是1970年3月在东京举行的"关于环境破坏的东京公害研讨会",会后发表了《东京宣言》,《东京宣言》第5项提出:"我们请求,把每个人享有的健康和福利等不受侵害的环境权和当代人传给后代的遗产应是一种富有自然美的自然资源的权利,作为一种基本人权,在法律体系中确定下来。"③通过这次会议,环境权作为一项基本人权和法律权利的观念得到了广泛的传播。第二次会议是1970年9月召开的"日本律师联合会第13届人权拥护大会",仁藤一、池尾隆良两位律师在会上作了题为《"环境权"的法理》的报告。他们指出:"为了保护环境不受破坏,我们有支配环境和享受良好环境的权利;基于此项权利,对于那些污染环境、妨害或将要妨害我们的舒适生活的行为,我们享有请求排除妨害以及请求预防此种妨害的权利。"④仁藤一、池尾隆良提出的环境权理论的中心内容包括:(1)环境权不仅是一种基本人权,而且还是与所有权、人格权并驾齐驱的私权。(2)环境是地域居民的共有财产,地域居民有权对污染行为行使侵害排除请求权。(3)环境权是国家、自治体制定公害规制的根据。(4)环境权成为"无过失责任"原则的根据。⑤ 之后,日本大阪地区的律师在大阪律师会中成立了环境权研究会,并于1973年11月将有关环境权的各种论文汇集成册,使之成为日本第一部系统、全面地研究环境权理论的书籍。

环境权理论提出以后在日本引发了极大的争议。作为私权的环境权理论受到了强烈

---

① [美]约瑟夫·L.萨克斯:《保卫环境:公民诉讼战略》,王小钢译,中国政法大学出版社2011年版,第139—140页。
② 同上书,中文版序言,第3页。
③ 转引自陈泉生、张梓太著:《宪法与行政法的生态化》,法律出版社2001年版,第98页。
④ 参见杜钢建:"日本的环境权理论和制度",《中国法学》1994年第6期。
⑤ 参见[日]大阪律师会环境权研究会:《环境权》,日本评论社1973年版,第22—24页。转引自罗丽:"日本环境权理论和实践的新展开",载武汉大学环境法研究所编:《第一届中法环境法学术研讨会会议论文汇编》,2006年,第56页。

的批判,其中以加藤一郎的《"环境权"的概念》等批判性论文较具代表性。然而,环境权以日本权威的宪法学说为根据,作为宪法上一种新的人权已得到宪法学界承认。① 不过,关于环境权的宪法根据,日本环境权论者有三种不同的主张。

第一种主张是从《日本国宪法》第25条的生存权条款中寻找环境权的宪法根据②,认为公民享有健全而舒适的环境是生存权重要的基础性内容。

第二种主张认为环境权产生于《日本国宪法》第13条关于幸福追求权的规定。③ 依日本学界之通说,该条是宪法所保障的"概括性人权"之总称。由此幸福追求权条款可引申出何种权利,日本宪法学界曾主张过包括生命权、名誉权、身体的自由、行政之正当法律程序的保障、隐私权、环境权、和平生存权、自己决定权等。虽然环境权等已为学界大多数学者所承认,但是日本最高法院仅承认过"肖像权"之保障。④

第三种主张是所谓"双重包装论"或"双重根据论",即认为环境权的法的根据不仅仅是宪法第25条的生存权,同时也是第13条所保障的幸福追求权。随着时间的推移,单纯依据生存权或幸福追求权来解释环境权的人越来越少,"双重包装论"或"双重根据论"已成为日本宪法学界大多数学者的共同主张。⑤ 例如,神户大学的浦部法穗教授精辟地指出:"现行宪法虽未就自然环境的保护有直接规定,但宪法第13条与第25条,得作为环境权的根据。亦即,对于未受各个基本权规定所包含,且对人格的生存必要不可欠缺的自由,宪法第13条系概括地以之为幸福追求权加以保障,而环境权亦属一种人格权,故为第13条所保障。不过,由于宪法第13条应系概括的自由权保障规定,故以宪法第13条根据的环境权,系一种对抗生态破坏的防御权。此外,在环境权的请求权方面,亦即在为维持或改善良好的自然环境,而要求国家积极采取措施的请求权方面,则是以宪法第25条为根据。"⑥

第二节　环境权的概念与特点

一、环境权的概念

关于环境权的概念,学界可谓见仁见智,众说纷纭。根据环境权主体和权利内容的范

---

① 参见[日]岩间昭道:"环境保全与〈日本国宪法〉"(代序),载冷罗生著:《日本公害诉讼理论与案例评析》,商务印书馆2005年版,第5—6页。
② 《日本国宪法》第25条规定:"一切国民都享有维持最低限度的健康的和有文化的生活权利。国家必须在生活的一切方面努力提高和增进社会福利、社会保障以及公共卫生事业。"
③ 《日本国宪法》第13条规定:"一切国民都作为个人受到尊重。对于国民谋求生存、自由以及幸福的权利,只要不违反公共福祉,在立法及其他国政上都必须予以最大尊重。"
④ 参见萧淑芬:"我国与日本宪法'概括性人权'保障规范之初探"《经社法制论丛》第31期。
⑤ 参见[日]大须贺明:《生存权论》,林浩译,法律出版社2001年版,第195—197页;杜钢建:"日本的环境权理论和制度",《中国法学》1994年第6期。
⑥ [日]阿部照哉等:《宪法》(下),周宗宪译,台湾元照出版公司2001年版,第210页。

围大小,可以将其类型化为以下四种。

(一) 最广义环境权说

最广义环境权说的代表学者是蔡守秋教授与陈泉生教授。根据最广义环境权说,环境权的主体和内容十分宽泛。蔡守秋教授在《环境权初探》一文中提出,环境权的主体包括国家、法人和公民。在《论环境权》中,他又指出,环境权的主体有逐渐扩大的趋势,目前已形成个人环境权、单位法人环境权、国家环境权和人类环境权等概念;环境权的内容日益完美,目前已包括合理开发利用环境资源、享受适宜的环境条件、保护和改善环境等内容。① 陈泉生教授认为,环境权的权利主体不仅包括公民、法人及其他组织、国家乃至全人类,还包括尚未出生的后代人。环境权的内容包括生态性权利和经济性权利。生态性权利体现为环境法主体对一定质量水平环境的享有并于其中生活、生存繁衍,其具体化为生命权、健康权、日照权、通风权、安宁权、清洁空气权、清洁水权、观赏权等。经济性权利表现为环境法主体对环境资源的开发和利用,其具体化为环境资源权、环境使用权、环境处理权等。②

(二) 广义环境权说

相对最广义环境权说,广义环境权说在环境权的主体和内容方面有所限缩,代表学者是吕忠梅教授和周训芳教授。吕忠梅教授认为,环境权是公民享有的在不被污染和破坏的环境中生存及利用环境资源的权利,其主体包括当代人和后代人,内容包括环境使用权、知情权、参与权和请求权。其中,环境使用权包括日照权、清洁空气权、清洁水权等,参与权包括参与国家环境管理的预测和决策过程、参与开发利用的环境管理过程以及环境保护制度实施过程、参与环境纠纷的调解等,请求权包括对行政行为的司法审查、行政复议和国家赔偿的请求权,对他人侵犯公民环境权的损害赔偿请求权等。③ 周训芳教授认为,环境权包括国际法上的人类环境权与国内法上的公民环境权,其内容包括良好环境权与环境资源开发利用权。所谓良好环境权是生态性、精神性权利,指当代和未来世代的人类个体和整体生活在一个适合于人类健康和福利的环境中的权利,具体包括清洁空气权、清洁水权、安宁权、环境观赏权等;环境资源开发利用权主要是当代的个体的人基于生存目的而对自然资源的财产权利以及从事与自然资源有关的财产性活动的权利,包括土地资源开发利用权、渔业资源捕捞权、狩猎权、探矿权、采矿权等。④

(三) 本能性环境利用权说

与狭义环境权说实质内容类似的是汪劲教授提倡的本能性环境权说。汪劲教授在《环境法学》一书中提出,人类的环境利用行为可以分为"本能利用行为"和"开发利用行

---

① 参见蔡守秋:"环境权初探",《中国社会科学》1982 年第 3 期;蔡守秋:"论环境权",《金陵法律评论》2002 年春季卷。
② 参见陈泉生:"环境权之辨析",《中国法学》1997 年第 2 期;陈泉生、张梓太著:《宪法与行政法的生态化》,法律出版社 2001 年版,第 117 页。
③ 吕忠梅:"再论公民环境权",《法学研究》2000 年第 6 期。
④ 参见周训芳著:《环境权论》,法律出版社 2003 年版,第 169 页。

为"两大类,前者是人类为了生存繁衍或为了谋求高质量的物质、精神与文化生活而能动地(主动或被动)利用环境的行为,后者是指行为人以牟取自然的经济利益为目的,利用环境排放或者处理废弃物质与能量、开发自然资源等利用环境的行为。① 但是,汪劲教授在该书中并未明确指出"本能环境利用行为"与环境权的关系。在随后的《环境法学》(第二版)中,他明确主张,本能利用行为是自然人对于自然产品与环境效益的利用,具有基本人权的属性,以本能利用行为为中心的"环境权"概念应运而生。② 实际上,汪劲教授基本上是将"本能环境利用权"等同于实体性的公民环境权,不过在最近的学术论文中,他采用了"环境享有权"这一概念,似乎有以此取代"本能环境利用权"概念之意。③

(四) 狭义环境权说

按照狭义环境权说的观点,环境权在权利主体和内容两方面同时有大幅度限缩,代表学者为吴卫星教授。他认为,环境权的主体应仅限于自然人,国家、法人或其他组织、自然体、后代人都不是法律意义上的主体。环境权是一种对一定环境品质的享受权,是实体性的权利,不包括经济性权利和程序性权利。作为一种实体性的权利,环境权不同于传统的物权及其他权利,其客体虽然是以物质形态存在的环境及其构成要素,但内容却是物质的客体中呈现出来的生态的、文化的、精神的或审美的利益。④ 所谓环境权,是指公民在良好环境中享受一定环境品质的基本权利。这个定义包含了以下含义:

第一,环境权的主体是公民,不包括不具有自然生命的法人、组织或国家,也不包括动植物或其他自然体。在一国境内的外国人或无国籍人作为自然人也应有享受良好环境的权利。因此,更确切地说,环境权的主体是自然人。

第二,环境权的客体是能够对人类生产或生活产生直接或间接影响的环境及其构成要素,不包括国家的行为。

第三,环境权的内容是具有生态性的、审美的、精神的、文化的利益,是对于良好品质的享受,这种良好品质可以通过环境质量标准等予以具体化和量化。

第四,环境权在性质上是一种宪法基本权利,具有宪法位阶。环境权作为宪法基本权利的一种得以确认,是当代宪法对社会现实生活的积极回应,是宪法人性尊严和人权保障之理念在当今环保时代的具体体现。

第五,环境权所指向的义务人是国家,环境权对国家的立法权、行政权和司法权具有拘束力。这种拘束力既体现了环境权的防御权功能,即免于国家的侵犯,当国家自身侵犯公民环境权时,公民可以请求排除侵害。同时,这种拘束力还体现在环境权的给付请求权功能方面,这体现了环境权的社会权性质。环境权的享有、环境质量的提高,有赖于国家

---

① 参见汪劲著:《环境法学》,北京大学出版社2006年版,第71—74页。
② 参见汪劲著:《环境法学》(第二版),北京大学出版社2011年版,第52—55页。
③ 汪劲:"论环境享有权作为环境法上权利的核心构造",《政法论丛》2010年第5期;汪劲:"进化中的环境法上的权利类型探析——以环境享有权的核心构造为中心",《上海大学学报(社会科学版)》2017年第2期。
④ 参见吴卫星:"环境权内容之辨析",《法学评论》2005年第2期;吴卫星著:《环境权研究——公法学的视角》,法律出版社2007年版,第73—101页。

积极的干预经济,并且应该积极地进行环境基础设施的建造和维护。因此,环境权虽是一种新兴的社会权,但与其他社会权一样,同时存在自由权性质与社会权性质的两重侧面。

二、环境权的特点

(一) 环境权具有集体共享性

传统的权利可以为权利主体独占性地享有,例如财产所有权人可以对其财产行使占有、使用、收益和处分的权利,即可以对其财产行使独占性的排他性的权利。环境权虽然是一种个人人权,但是,地球环境具有整体性,因此,它具有集体共享的特征,即某一区域的所有人共同享有一定环境质量的环境权,环境质量无法为个人独占性地享有。由于环境权的这种集体共享或者社会连带的特征,有许多学者认为环境权属于"第三代人权"。

联合国人权与和平委员会前主任卡莱尔·瓦萨克(Karel Vaska)首先提出了三代人权理论。他将三代人权分别对应于法国大革命所提出的"自由、平等、博爱"。他认为,第一代人权是产生于美、法大革命之后的公民权利和政治权利,它是一种免于政府干预的自由;第二代人权是产生于19世纪末、20世纪初社会主义运动之后的经济、社会和文化的权利,它是一种要求国家积极干预的权利;第三代人权的产生则与第二次世界大战后反对殖民主义压迫的民族解放运动有密切关系,它是集体人权或者社会连带性权利(solidarity rights),包括环境权、发展权、和平权、人类共同继承遗产权、交流和人道主义援助权。瓦萨克在1979年7月人权国际协会第十届研究会议的开幕讲演中说:第三代的新人权"新就新在它们表示了新的渴望;新在从人权的观点来看,它们把人类的范畴输入到它经常被忽视的领域、过去留给国家或国家间的领域……新在它们既可以用来反对国家,又可以要求从国家那里得到权利。但首要的是(这里包含着它们的基本特点),只有通过这个社会舞台上个人、国家、公共的和私人的团体以及国际社会等所有角色的共同努力,这些权利才能实现"①。三代人权理论比较准确地反映了人权内容的历史发展以及各代人权的差异性,但是不能将环境权简单地归类为集体人权。虽然环境权具有集体共享的特征,但是其权利的享有和行使者仍然可以、也应当是个人。从实证法角度而言,除了1981年《非洲人权和民族权宪章》第24条规定环境权的享有者是"一切民族"外,各国宪法一般都确认环境权的主体是每个人(everyone, every person, everybody)、每个公民(each citizen),或者所有公民、所有人(all citizens, all persons, all)。

(二) 环境权是具有生态性的、审美的、精神的、文化的利益

环境权实质上是一种对一定环境品质的享受权,是实体性的权利。各国法律往往将其称为清洁环境权(right to a clean environment)、健康环境权(right to a healthy environment)或良好环境权(right to a good environment)。例如,1980年第8次修改的

---

① [美]斯蒂芬·P.马克斯:"正在出现的人权:八十年代的新一代人权?",赵红野译,《法学译丛》1982年第2期。

《韩国宪法》第33条规定:"国民有生活于清洁环境之权利,国家及国民,均负有环境保全之义务。"1993年通过的《俄罗斯联邦宪法》第42条规定:"人人有权享有良好环境及有关环境状况之可靠资讯,也有权要求因违反环保法律所造成对其健康或财产损害之赔偿。"1995年通过的《芬兰宪法修正案》第14a条规定:"每个人都对自然及其生态多样性、环境和文化遗产负有责任;政府部门应当确保公民享有健康环境权,并且有机会影响与其生活环境有关的决策。"

环境权的直接客体是环境以及各种环境要素,其中包括土地、水、森林、草原等各种自然资源。此种环境资源的价值具有多元性。罗尔斯顿指出,自然的价值包括经济价值、生命支撑价值、消遣价值、科学价值、审美价值、生命价值、多样性与统一性价值、稳定性与自发性价值、辩证的(矛盾斗争的)价值、宗教象征价值。① 他对环境价值的分类虽然烦琐,但道出了环境价值的多样性。而环境保护心理学为我们了解环境价值提供了另外一个向度。② 环境保护心理学家以及生态心理学家认为,在环境价值中包含着重要的心理成分或心理学价值。以威尔逊在其《生命的未来》中和美国心理学会在《心理学导引》中所强调的"荒野"的环境价值为例,心理学意义表现在三个方面:(1)身心的治疗与治愈。人的身心疾病有源自环境失调的起因,包括居住和构建环境、自然环境以及社会环境因素。和谐自然的环境具有对人类身心疾病的医治和疗愈的作用。(2)心理的满足与和谐。环境价值中包含着对人类心灵的慰藉。"原野、森林、草场、河流、蓝天"这些象征人与自然和谐的意象实际上也是人的内在和谐不可或缺的重要元素。(3)心性的需要与发展。环境价值与传统的伦理价值和社会价值同样重要,并且将人的道德思考提升到生态和自然的层面,这是人类心性的一种新的境界,这本身便意味着人类心性的发展。③

在环境价值多元性的背景下,经济法、物权法注重的是对资源的开发,对其经济价值的利用,而环境法则是从自然资源的生态价值出发,侧重于对资源的保护。环境权本质上是对环境资源的质量或品质的享受,是对其非经济价值的利用和享受。而对于环境资源经济价值的利用和享受则是物权的内容。环境权虽是一种实体性的权利,但它不同于传统的物权及其他权利,其客体虽是以物质形态存在的环境及其构成要素,但其内容却是从物质的客体中呈现出来的生态的、文化的、精神的或审美的利益。④ 例如,联合国1994年《人权与环境原则草案》第13条指出:"任何人皆享有基于文化、生态、教育、健康、生活、娱乐、精神或其他之目的,而公平享受因自然资源之保护及永续利用所生利益之权利。其包

---

① 参见[美]罗尔斯顿著:《哲学走向荒野》,刘耳、叶平译,吉林人民出版社2000年版,第119—150页。
② 环境保护心理学(environmental conservation psychology)是21世纪的一个新兴学科,2003年《人类生态观察》(Human Ecology Review)第2期是"环境保护心理学"的专辑,这可视为环境保护心理学家面对全球生态危机的宣言。2005年7月7日,美国心理学会的《心理学导引》(Monitor on Psychology)刊登专稿,介绍"环境保护心理学",题目为"荒野的呼唤"(The Call of the Wild),环保心理学呈现出一种新学科的发展趋势,引起了国际学术界的关注。参见徐锋、申荷永:"环境保护心理学:环保行为与环境价值",《学术研究》2005年第12期。
③ 徐锋、申荷永:"环境保护心理学:环保行为与环境价值",《学术研究》2005年第12期。
④ 吕忠梅教授在关于"环境权的公共信托理论分析"中明确指出,公共信托显然不是为环境资源的经济功能而设定的,作为公共信托的环境权实际上是对环境资源的生态价值和文化美学等价值的肯定。参见吕忠梅著:《沟通与协调之途——论公民环境权的民法保护》,中国人民大学出版社2005年版,第83—84页。

括生态上平等接近自然之权利。任何人皆享有保存独特遗址之权利,而与生活于该区域人民或族群之基本权利相合致。"①此点正是环境权作为新兴的权利所表现出来的特质,区别于传统权利。

(三) 环境权的类型多样

环境权是一个权利束,包括了众多的子权利,这些子权利大致又可以分为两类:"免于污染的权利"和"环境享有权",前者包括清洁空气权、清洁水权、安宁权等,后者包括达滨权、景观权、历史环境权等。其中,某些环境权(例如景观权、清洁水权)已经在某种程度上获得法律的肯认。

例如,一向在司法实践中否定环境权诉讼主张的日本,在近年的判例中出现了新动向,承认了景观利益是受法律保护的利益。日本最高法院 2006 年 3 月 30 日在"国立景观诉讼"的判决中认为,与良好的景观相邻接的地域内居住的、日常享受该景观惠泽之人,就良好的景观所具有的客观价值受到侵害而言,应该说是有密切的利害关系之人,这些人所具有的享受良好景观的惠泽的利益应该是值得法律保护的利益。② 该判例将景观利益视为受法律保护的个人利益,虽然景观利益尚不能等同于环境权或景观权,但至少向环境权或景观权的法律确认迈进了一大步。

联合国经济、社会和文化权利委员会 2002 年 11 月 26 日发布的关于水人权的第 15 号一般性意见明确宣告:"水人权赋予人人能为个人和家庭生活得到充足、安全、可接受、便于汲取、价格上负担得起的水的权利。"③虽然该一般性意见将《经济、生活与文化权利国际公约》第 11 条"充足生活水准权"和第 12 条"健康权"作为水人权的主要法律渊源,并未提及环境权(因为环境权本身在全球性国际人权公约中没有得到明确承认),但是从学理上而言,清洁的水人权可视为环境权的类型之一,这一点已被一些国家的司法实践所认可。例如,在阿根廷,清洁的饮用水的权利被视为宪法上的健康环境权的基本组成部分。法院屡次命令政府提供饮用水,建造饮用水处理设施,医治因受污染饮用水而受到损害的个人,以及实施其他环境补救措施。在 2005 年一个针对印度尼西亚水资源法的合宪性的判决中,印度尼西亚宪法法院认为,水权是 2000 年宪法所保障的环境权的一个重要部分。④

第三节 环境权入宪的比较分析

自 20 世纪 70 年代开始,环境权被载入宪法。为了更清晰地呈现环境权入宪的图景,

---

① 李建良:"论环境保护与人权保障之关系",《东吴大学法律学报》2000 年第 2 期。
② 吉村良一:"景観保護と不法行為法",《立命館法学》2006 年 6 号。
③ Committee on Economic, Social and Cultural Rights, General Comment No. 15: The Right to Water (arts.11 and 12 of the International Covenant on Economic, social and Cultural Rights), UN Doc. E/C.12/2002/11.para.2.
④ See David R. Boyd, *The Environmental Rights Revolution: A Global Study of Constitutions, Human Rights, and the Environment*, The University of British Columbia Press, 2012, p.129, 174.

我们可以从以下三个方面对各国环境权入宪进行比较。

一、环境权入宪之时间比较

表2　环境权入宪之时间比较①

时　　间	国　　家	数　量
1970—1979年	南斯拉夫联邦、葡萄牙、西班牙、秘鲁	4
1980—1989年	智利、土耳其、厄瓜多尔、萨尔瓦多、尼加拉瓜、菲律宾、韩国、巴西、匈牙利	9
1990—1999年	贝宁、莫桑比克、克罗地亚、圣多美和普林西比、几内亚、哥伦比亚、马其顿、布基纳法索、斯洛文尼亚、捷克、保加利亚、加蓬、蒙古、安哥拉、多哥、佛得角、刚果共和国、马里、挪威、斯洛伐克、巴拉圭、南斯拉夫联盟、吉尔吉斯、南非、塞舌尔、俄罗斯、摩尔多瓦、比利时、哥斯达黎加、阿根廷、白俄罗斯、阿塞拜疆、格鲁吉亚、埃塞俄比亚、乌干达、芬兰、喀麦隆、乍得、乌克兰、拉脱维亚、尼日尔、委内瑞拉、墨西哥	43
2000—2009年	印度尼西亚、塞内加尔、东帝汶、希腊、巴勒斯坦、卢旺达、圭亚那、罗马尼亚、中非共和国、法国、刚果民主共和国、伊拉克、苏丹、南苏丹、亚美尼亚、塞尔维亚、尼泊尔、黑山、土库曼斯坦、马尔代夫、玻利维亚	21
2010年至今	肯尼亚、多米尼加、牙买加、摩洛哥、索马里、埃及、毛里塔尼亚、越南、津巴布韦、斐济、突尼斯	11

20世纪90年代被称为环境权入宪的"黄金十年",其原因有二:

第一,20世纪90年代是可持续发展理论迅速发展和普及的年代,可持续发展理论促使各国更加重视环境保护,也唤醒了人们的环境权利意识。1987年联合国环境与发展委员会发布了重要报告——《我们共同的未来》,第一次系统地阐述了可持续发展理论。《我们共同的未来》的附录一《世界环境与发展委员会环境法专家组通过的关于环境保护和可持续发展法律原则建议摘要》第1条即开宗明义宣布:"全人类对能满足其健康和福利的环境拥有基本的权利",②明确地将环境权提升至基本人权地位。1992年里约会议虽然没有明确地提及环境权,但通过的一系列公约和文件均充分地体现了可持续发展的思想,里约会议极大地推动了可持续发展思想的传播和发展。

第二,20世纪90年代初苏联和东欧原社会主义国家体制转轨,纷纷通过制定新宪法确认了环境权。这些国家包括南斯拉夫联盟、俄罗斯、克罗地亚、马其顿、斯洛文尼亚、捷克、保加利亚、斯洛伐克、吉尔吉斯、摩尔多瓦、阿塞拜疆、格鲁吉亚、乌克兰和拉脱维亚,共有14个国家之多,约占该时期环境权入宪国家数量的三分之一。

---

① 需要说明的是:(1)有的国家在前后几部宪法中都有环境权的规定,则该国环境权入宪的时间以第一次入宪为准,例如南非1993年《临时宪法》和1996年《宪法》都有环境权的规定,则其环境权入宪的时间确定为1993年。(2)表格中列举的南斯拉夫联邦和南斯拉夫联盟均已解体。另外,1990年《克罗地亚宪法》第69条规定"共和国保障公民们有健康环境的权利",但是2010年修订的新宪法删除了环境权的明文规定。故现今在宪法中明确规定环境权的国家有80个。

② 参见世界环境与发展委员会:《我们共同的未来》,王之佳等译,吉林人民出版社1997年版,第454页。

二、环境权入宪之地域比较

地理学上将地球大陆分为亚洲、欧洲、非洲、北美洲、南美洲、大洋洲和南极洲,合称七大洲。但南极洲无人居住,南美洲和北美洲合称美洲,因此又有五大洲的说法。可以发现,环境权条款分布于五大洲国家宪法之中,环境权的普遍性或者普世性特征越来越明显。从各洲情况来看,环境权入宪的国家数量在非洲是最多的,而在大洋洲是最少的,亚洲、欧洲和美洲则介于两者之间(见表3)。值得注意的是,大洋洲长期以来是宪法环境权的"不毛之地",但是2013年斐济新宪法首开先例,第40条第一款明确规定"每个人都有权拥有清洁、健康的环境"。

表3 环境权入宪之地域比较

地 域	国 家	数 量
亚 洲	土耳其、菲律宾、韩国、蒙古、吉尔吉斯、阿塞拜疆、格鲁吉亚、东帝汶、伊拉克、尼泊尔、土库曼斯坦、马尔代夫、越南、亚美尼亚、巴勒斯坦、印度尼西亚	16
欧 洲	葡萄牙、西班牙、匈牙利、马其顿、斯洛文尼亚、捷克、保加利亚、挪威、斯洛伐克、俄罗斯、摩尔多瓦、比利时、芬兰、白俄罗斯、乌克兰、拉脱维亚、希腊、罗马尼亚、法国、塞尔维亚、黑山	21
非 洲	贝宁、莫桑比克、圣多美和普林西比、几内亚、布基纳法索、加蓬、安哥拉、多哥、佛得角、刚果(布)、马里、南非、塞舌尔、埃塞俄比亚、乌干达、喀麦隆、乍得、尼日尔、科特迪瓦、塞内加尔、卢旺达、中非共和国、刚果(金)、苏丹、南苏丹、肯尼亚、索马里、埃及、毛里塔尼亚、津巴布韦、突尼斯、摩洛哥、科摩罗	32
美 洲	智利、厄瓜多尔、尼加拉瓜、巴西、哥伦比亚、巴拉圭、秘鲁、哥斯达黎加、阿根廷、委内瑞拉、墨西哥、圭亚那、玻利维亚、多米尼加、牙买加	15
大洋洲	斐济	1

可见,环境权入宪的主力军是亚非拉的广大发展中国家或者最不发达国家,欧洲国家中主要是前社会主义性质的中东欧国家。之所以环境权入宪的非洲国家最多,一方面是非洲国家的数量本身在五大洲中是最多的,另一方面更主要的原因还是非洲所面临的更为严峻的环境问题。另外,1981年通过的《非洲人权和民族权宪章》率先在区域性人权公约中规定了环境权,该宪章对于很多非洲国家在20世纪90年代以来增加宪法环境权条款发挥了重要作用。可以对照的是,在美洲国家中,作为富裕的发达国家的美国和加拿大均未在联邦宪法中承认环境权,在宪法中确认环境权的都是一些发展中的拉丁美洲国家。凡此种种,说明环境权并非是一件奢侈品。"更为经常的情形是,环保对于穷人具有极为重要的意义,他们比富人更依赖初级产品和自然资源。渔夫、樵夫、农民、猎人和采集者——与那些富有者相比更不可能逃避环境恶化;而且,他们比富有者更能利用以自然为基础的劳动密集型机会。穷人与环保的利害关系是根本性的。"① 事实上,对于穷人尤其

---

① [英]蒂姆·海沃德:《宪法环境权》,周尚君、杨天江译,法律出版社2014年版,第152页。

是土著民族来说，他们与环境有着更为密切的关系，他们更加依赖于环境，不仅是物质上的、资源上、生计上的依赖，同时也包括宗教、精神、文化等层面的依赖。

三、环境权入宪条款类型比较

（一）宪法环境保护条款的类型

从大的方面来看，宪法环境保护条款大致可以分为两大类型：一是环境基本权利条款，二是环境基本国策条款。① 如果再做仔细地观察，宪法环境保护条款有四种类型：除了前述的环境人权和基本国策条款之外，还包括公民环保义务条款以及环境知情权、参与权或者救济权等环境程序性权利的规定。在宪法确认环境权的国家中，一般不会仅仅规定一个孤零零的环境权条款，也就是说，往往有多种环境保护条款并存于宪法文本之中。有的国家宪法同时规定了环境权、环境程序性权利、个人环保义务和国家责任四类条款。四类条款形成了五种组合模式（见表4）。

表4 宪法环境保护条款的组合模式②

组合模式	公民环境权 环境基本国策	公民环境权 环境基本国策 程序性权利	公民环境权 环境基本国策 公民环保义务	公民环境权 环境基本国策 程序性权利 公民环保义务
国家	安哥拉、比利时、秘鲁、巴拉圭、巴勒斯坦、多哥、斐济、菲律宾、加蓬、几内亚、吉尔吉斯、津巴布韦、墨西哥、摩洛哥、毛里塔尼亚、南非、尼加拉瓜、塞内加尔、土库曼斯坦、匈牙利、希腊、印尼、尼泊尔、伊拉克、中非	哥斯达黎加、拉脱维亚、挪威、突尼斯、智利	埃及、保加利亚、贝宁、东帝汶、芬兰、佛得角、刚果（布）、刚果（金）、圭亚那、韩国、喀麦隆、科特迪瓦、罗马尼亚、卢旺达、马其顿、马里、蒙古、莫桑比克、马尔代夫、尼日尔、南苏丹、葡萄牙、斯洛文尼亚、塞舌尔、索马里、苏丹、圣多美和普林西比、土耳其、乌干达、西班牙、牙买加、越南、亚美尼亚、乍得	阿塞拜疆、阿根廷、埃塞俄比亚、巴西、白俄罗斯、玻利维亚、布基纳法索、多米尼加、俄罗斯、厄瓜多尔、法国、哥伦比亚、格鲁吉亚、黑山、捷克、肯尼亚、摩尔多瓦、斯洛伐克、塞尔维亚、乌克兰、委内瑞拉

（二）环境基本国策

1. 基本国策的含义

在宪法环境保护条款的五种类型中，环境基本国策与环境权联系密切，它们都课以国家环境保护之义务，部分功能是相似的，不过两者还是具有较大的差别。故此，需要对环境基本国策作一详细阐述，并将它与环境权进行比较。所谓基本国策，有的国家称之为"指导原则""国家目标"，它是指规范国家整体发展的基本方向与原则。传统宪法以规定

---

① Ernst Brandl, Hartwin Bungert, Constitutional Entrenchment of Environmental Protection：a Comparative Analysis of Experiences Abroad, 16 *Harv.Envtl.L.Rev.*1（1992）；吴卫星："生态危机的宪法回应"，《法商研究》2006年第5期。

② 除表中的四种组合模式以外，还有科摩罗的"公民环境权＋公民环保义务"的组合模式。

各种公民基本权利以及国家机关的权限为主要内容,基本国策规定国家发展的目标,使所有国家权力均有遵循之义务,成为宪法规范内容的全新领域,故成为权利法案与国家组织之外的"第三种结构"。① 基本国策条款在德国被称为"国家目标条款",一般具有如下重要特征:(1)国家目标条款的性质是具有法拘束力的宪法规范,拘束所有国家公权力;(2)国家目标条款的内容是具体化的公共利益,指出所有国家行为应当遵循的方向;(3)国家目标条款的实践主要仰赖立法者的形成,立法者在此享有高度自由;(4)国家目标条款的效果并未赋予人民主观公权利。②

2. 环境基本国策的宪法化

在宪法环境保护条款的五种类型中,环境基本国策是最早出现的一种类型。当时的宪法环境条款大多与自然景观和自然资源有关。例如1948年意大利宪法、1964年马耳他宪法、1965年危地马拉宪法、1974年圣马力诺宪法都有类似的条款,要求国家保护自然景观以及国家的历史、艺术遗产。1962年科威特宪法、1971年阿联酋宪法、1973年巴哈林宪法要求国家保护和合理利用自然资源。在20世纪70年代一些国家宪法条款从单纯的自然保护扩展到整个的环境保护,例如1971年瑞士宪法、1972年巴拿马宪法、1975年希腊宪法、1975年巴布亚新几内亚宪法、1976年印度宪法。③

20世纪90年代以来,在宪法中仅仅将环境保护作为国家政策目标条款而未确认公民环境权的国家并不多见,典型的国家有德国、尼日利亚、阿富汗、缅甸和叙利亚。1994年通过的《德国基本法》第20a条规定:"国家有义务在宪法制定的范围内通过法律和符合法律的司法权和执行权保护后代生命的自然基础。"该条属于德国宪法学上所谓的"国家目标条款"(Staatszielbestimmung),《德国基本法》第20a条既没有规定环境基本权利,也没有通过其他方式创设具体的、可诉的防御权或者授益权"。④ 1999年《尼日利亚宪法》第二章"国家政策的根本目标和指导原则"第20条规定:"国家应当保护和改善环境,保护尼日利亚国内的水资源、空气和土地、森林和野生动物。"2004年《阿富汗宪法》第一章"国家"第15条规定:"国家采取必要的措施保护森林和环境。"2008年《缅甸宪法》第一章"国家基本原则"第45条规定:"国家保护自然环境。"2012年《叙利亚宪法》第一编"基本原则"第三章"社会原则"第27条规定:"环境保护应当是国家、社会以及每个公民的责任和义务。"

3. 环境基本国策与环境权之区别

将环保问题纳入一部宪法需要考虑一个问题:是宣布一项可以强制执行的、基本的环境权,还是包含一种公共政策的宣言。尽管公共政策的宣言对所要达到的目的来说是有约束力的,但具体的实施手段通常留待国家立法机关进一步决定。因此,在宪法诉讼之中,一项公共政策的宣言与一项基本权利的效果不同。虽然公共政策的宣言是必须考虑

---

① 许育典著:《宪法》,元照出版公司2008年版,第401页。
② 同上书,第406页。
③ David R. Boyd, *The Environmental Rights Revolution: A Global Study of Constitutions, Human Rights, and the Environment*, The University of British Columbia Press, 2012, p.47.
④ [德]罗尔夫·施托贝尔:《经济宪法与经济行政法》,谢立斌译,商务印书馆2008年版,第330页。

的因素,但只有依据基本人权,个人才能获得宪法诉讼的法律救济。一项政策宣言可以被视为权利的"背面",它指示了与该项权利相对的国家职责的方向。政策宣言与权利并非互相排斥,在制定环保相关的宪法条款时,二者都是必备的。①

总之,环境权与环境基本国策的共同之处在于课以国家环境保护的义务。环境权的可诉性在许多国家逐步得到承认,可以获得司法救济;而环境基本国策主要是对环境立法的授权,不具有司法强制性。例如,2005年《苏丹临时宪法》第一部分"国家、宪法与指导原则"第二章"指导原则和指令"第 22 条规定:"除非本宪法其他规定或者正式的制定法保障本章中列举的权利和自由,本章包含的条款自身不得通过法院予以强制执行;但是其中所规定的原则是治理之基础,国家有义务受其指导,尤其是在制定政策和法律时。"

第四节 环境权的中国生成与入宪路径

一、我国现行法律规范中的环境权

我国最早规定环境权的立法是 1980 年颁布的《化学工业环境保护管理暂行条例》,其第 39 条规定:"企业职工和家属享有在清洁环境中生活和劳动的权利,也有保护环境和国家资源的义务,对于污染环境破坏资源综合利用的单位和个人,有权进行监督、制止和检举。"之后,1981 年《轻工业环境保护工作暂行条例》第 34 条第一款规定:"职工有在清洁适宜的环境中生活和劳动的权利,有积极保护环境的义务。对于严重污染环境和破坏自然资源的单位和个人,职工有权提出意见,直至向上级主管部门反映情况,检举揭发。各级领导有保护检举人的责任,不得打击报复。"1982 年《城市市容环境卫生管理条例(试行)》第 4 条规定:"城市所有单位和个人,都有享受良好卫生环境的权利,同时也有维护和改善市容环境卫生的义务。"2005 年 12 月 14 日发布的《国务院关于落实科学发展观加强环境保护的决定》指出:"积极推进经济结构调整和经济增长方式的根本性转变,……建设资源节约型和环境友好型社会,努力让人民群众喝上干净的水、呼吸清洁的空气、吃上放心的食物,在良好的环境中生产生活。"2009 年《中国人民解放军环境保护条例》第 6 条规定:"军队所有单位和人员都有保护和改善环境的义务,都有在符合规定标准的环境中工作和生活的权利、对环境质量知情的权利以及获得环境损害补偿的权利,并有权对污染和破坏环境的行为进行监督、检举和控告。"国务院新闻办公室发布的《国家人权行动计划(2009—2010 年)》明确将"环境权利"列为经济、社会与文化权利之一种,《国家人权行动计划(2012—2015 年)》亦是如此。

但是在我国狭义的法律层面,环境权尚未获得明确的、正式的、普遍性的承认。2002

---

① 参见[英]蒂姆·海沃德:《宪法环境权》,周尚君、杨天江译,法律出版社 2014 年版,第 53—57 页。

年通过的《环境影响评价法》第一次提出了"公众环境权益"这一概念,该法第11条第一款规定:"专项规划的编制机关对可能造成不良环境影响并直接涉及公众环境权益的规划,应当在该规划草案报送审批前,举行论证会、听证会,或者采取其他形式……"但是何谓"公众环境权益",包括哪些具体的权利或者利益,该法并未明确规定。汪劲教授认为,公众环境权益既是公民基本权利中与享受优美环境相关的、非独占性的权利和利益的集合,也是公民对其正常生活和工作环境享有的不受他人干扰和侵害的权利与利益。① 从此概念的外延来看,公众环境权益当然包含环境权。但是,《环境影响评价法》只是规定在规划编制过程中将公众环境权益作为应当考虑的因素,并未从正面的角度确认一般性的公众环境权益,这是其局限性之所在。在《环境保护法》修订过程中,蔡守秋教授主张在新《环境保护法》中确立环境权,建议明确规定"一切单位和个人都有享用清洁、健康的环境的权利,也有保护环境的义务"。② 但是,环境权否定论者认为环境权的概念过于抽象笼统,环境权应当是一些具体的权益而不是某种抽象的权利,保护公民环境权应当主要通过保护其与环境有关的具体权益加以实现。③ 最终,新《环境保护法》没有规定一个一般性的实体性环境权,只是在第五章"信息公开和公众参与"规定了获取环境信息、参与和监督环境保护的权利(第53条)、举报的权利(第57条)、环保组织的公益诉权(第58条)。

虽然全国人大及其常委会的环境立法迄今没有从正面的角度确认一般性的环境权,但是一些地方立法作出了积极的回应。1987年颁布的《吉林市环境保护条例》第8条规定:"公民有享受良好环境的权利和保护环境的义务。"21世纪以来,很多地方环境立法明确规定了环境权,2015年1月13日修订通过的《广东省环境保护条例》是一个最新的立法例,该条例第5条第一款规定:"公民、法人和其他组织依法有享受良好环境、知悉环境信息、参与及监督环境保护的权利,有权对污染环境和破坏生态的行为进行举报,有保护和改善环境的义务。"各地环境保护条例除了规定一个实体性的环境权之外,大多同时规定了获取信息、检举、控告、损害赔偿请求权等权利。

二、司法裁判中的环境权

随着我国环境权理论研究和人们环境权利意识的发展以及环境权在一些立法中得以确认,在我国的司法实践中出现了保护环境权的诉求。但是,环境权的诉求在我国行政诉讼中大多没有得到法院的支持。例如,在"青岛市民诉青岛市规划局环境行政许可案"中,青岛市市南区人民法院认为,此案争议的焦点之一是被告规划局的规划许可行为是否侵害了原告的优美环境权。目前我国虽然有了环境立法,但公民环境权作为一项具体权利,尚没有以立法的形式予以明确承认,难以得到保护,法院最终驳回了原告的诉讼请求。④

---

① 汪劲:《环境法学(第三版)》,北京大学出版社2014年版,第64页。
② 蔡守秋:"确认环境权,夯实环境法治基础",《环境保护》2013年第16期。
③ 全国人大常委会法制工作委员会行政法室:《环境保护法解读》,中国法制出版社2014年版,第187页。
④ 参见姜培永:"市民状告青岛规划局行政许可案",《山东审判》2002年第1期。

在"百旺家苑业主诉北京市规划委员会建设工程规划许可上诉案"中,法院认为,一审原告主张被诉行政行为侵犯了其相邻环境权的问题,缺乏相应事实和法律依据,不予支持,判决驳回上诉,维持一审裁定。① 在"楚德升诉郑州市环境保护局环保行政审批案"中,法院认为,原告主张被诉行政行为侵犯了相邻环境权的问题,缺乏实体法律规范的依托,判决驳回诉讼请求。②

与行政诉讼不同,民事诉讼中有不少法院的裁判承认和支持了环境权或者"安宁权""观景权"等与环境权相关的权利诉求。在"陈加汉诉南京荣程物业管理有限公司环境污染责任纠纷案"中,法院认为,因餐饮经营者油烟与污水排放的行为致使陈加汉正常的居住生活环境发生改变,此种侵害他人环境权益的行为会给环境受害者造成心理上痛苦,且环境侵权行为本质上是改变环境的行为,环境受害者对保持其良好生活环境的期待是对延续其健康和生命的期待,是健康权和生命权的内在要求,具有人格利益,侵害此期待利益,便侵害了环境受害者的人格利益。③ 因此,法院实际上是从生命权和健康权中推导、引申出环境权益。在"吕秀蓉诉裕德电气(厦门)有限公司噪声污染损害赔偿纠纷案"中,法院认为,被告超标排放噪声,侵害了原告享受安宁的办公和生活环境的权利,对原告的正常工作、休息造成严重影响,并由此造成原告精神上的痛苦,因此原告要求判令被告停止噪声侵害的请求应予以支持,被告并支付原告精神损害赔偿金3 000元。④ 在"张兴国诉临澧县富达养殖业农民专业合作社环境污染责任纠纷案"中,法院认为,环境污染的损害包括两个方面,一是受害人因接触被污染的环境而受到的人身损害、死亡以及财产损失等后果;二是环境权利的损害。富达养殖业农民专业合作社的污染行为导致周边空气质量、水源质量降低,构成了对环境公权即清洁水权、清洁空气权的损害。⑤ 在"李庚等人诉石河子市华益商贸有限公司等相邻关系纠纷案"中,法院认为,观景权虽然不在我国法律明确规定的相邻权利范围内,……但在房屋内观看窗外景色也是利用房屋的一种方式,故观景权也应当作为相邻权的一种,受到法律的保护。⑥

三、环境权的宪法化及其路径分析

(一) 1982年《宪法》与环境权

我国现行《宪法》没有环境权的明文规定,《宪法》中与环境保护直接相关的是第1章"总纲"中的三个条款:一是第9条第二款"国家保障自然资源的合理利用,保护珍贵的动物和植物。禁止任何组织或者个人用任何手段侵占或者破坏自然资源"。二是第22条第二款"国家保护名胜古迹、珍贵文物和其他重要历史文化遗产"。三是第26条"国家保护

---

① 参见北京市第一中级人民法院(2005)一中行终字第717号行政裁定书。
② 参见河南省郑州市中原区人民法院(2011)中行初字第82号行政判决书。
③ 参见江苏省南京市中级人民法院(2013)宁环终字第1号民事判决书。
④ 参见福建省厦门市海沧区人民法院(2003)海民初字第253号民事判决书。
⑤ 参见湖南省临澧县人民法院(2012)临民一初字第517号民事判决书。
⑥ 参见新疆维吾尔自治区石河子市中级人民法院(2014)石民初字第3817号民事判决书。

和改善生活环境和生态环境,防治污染和其他公害。国家组织和鼓励植树造林,保护林木"。从法律规范的性质来看,这三条应归类为"环境基本国策"或"国家目标条款",即将环境保护视为国家的一项宪法任务、一项基本职责,而非赋予公民宪法性的环境权。

在我国 2004 年《宪法修正案》(第四修正案)制定和通过前后,有不少学者建议增加环境权条款。例如,徐显明教授建议在现行《宪法》第四次修改的时候明确载入十项人权,包括隐私权、知情权、财产权、生存权、发展权、环境权、迁徙自由、平等权、正当程序权、接受公正审判的权利。他认为:"环境权的成立,可改造目前我国的环境管理体制。如果环境保护行政主管部门在行使权力过程中不是以满足公民对净水、净气、稳静及永久资源的要求,而是在征收排污费过程中首先获得部门利益,那么环保的目标恰好可能是侵害公民环境权的。"① 在 2018 年我国《宪法第五修正案》通过前,也有学者主张环境权入宪。例如,周叶中教授认为,应当在《宪法》第 26 条确认国家环保义务的基础上增加一条"公民有享有良好环境的权利和保护环境的义务"②。吕忠梅教授建议在现行《宪法》第 47 条后增加一条即第 48 条"公民有在良好环境中生活的权利和保护环境的义务。环境权的内容和行使由法律规定"③。

2018 年 3 月 11 日第十三届全国人民代表大会第一次会议通过的宪法修正案没有确认环境权,但是仍然对于环境保护和生态文明建设作了必要的回应,与环境保护相关的核心要点是"生态文明入宪",具体内容包括:(1) 将《宪法》序言第七自然段中"推动物质文明、政治文明和精神文明协调发展,把我国建设成为富强、民主、文明的社会主义国家"修改为"推动物质文明、政治文明、精神文明、社会文明、生态文明协调发展,把我国建设成为富强民主文明和谐美丽的社会主义现代化强国,实现中华民族伟大复兴"(《宪法修正案》第 32 条);(2)《宪法》第 89 条"国务院行使下列职权"中第六项"(六) 领导和管理经济工作和城乡建设"修改为"(六) 领导和管理经济工作和城乡建设、生态文明建设"(《宪法修正案》第 46 条)。

生态文明入宪是我国环境宪法的新发展,环境保护作为基本国策或者国家目标得以强化,有助于其进一步被纳入国家立法和决策主流之中。但是,生态文明入宪并非是我国环境宪法发展的终极目标,它并不能替代环境权入宪,当然,生态文明入宪可以成为环境权入宪的铺路石,环境权入宪是值得我们期待和努力的方向。

(二) 宪法环境权中国生成的路径分析

环境权具有宪法位阶,那么宪法环境权如何在中国生成? 大致可以分为宪法解释和宪法修改两条路径。

1. 宪法解释路径

如前所述,我国《宪法》没有环境权的明文规定,但有三个涉及环境与资源保护的条

---

① 参见徐显明:"人权建设三愿"(代序),载徐显明主编:《人权研究》第 2 卷,山东人民出版社 2002 年版,第 5 页。
② 参见周叶中:"关于适时修改我国现行宪法的七点建议",《法学》2014 年第 6 期。
③ 参见吕忠梅:"环境权入宪的理路与设想",《法学杂志》2018 年第 1 期。

款：一是《宪法》第9条第二款"自然资源保护"条款，二是第22条第二款"历史文化遗产保护"条款，三是第26条"环境保护"条款。这三个条款均位于我国《宪法》第一章"总纲"之中，从规范性质来看，应当属于"环境基本国策"或者"环境政策"条款，只是课以国家环境与资源保护之义务，而非赋予公民环境权利。① 但是，如果采取非原旨主义的宪法解释方法，亦可从"环境政策"条款推导出公民环境权。② 在比较法上也有可资借鉴的先例，例如在1997年的一个案件中，罗马尼亚最高法院基于政府环境保护的宪法义务引申出健康环境的宪法权利。③ 1975年希腊《宪法》第24条第一款规定"保护自然环境和文化环境是国家的职责"，并未明确确认一项宪法权利。但是，希腊的多数法律学者和最高行政法院均认为，《宪法》第24条将环境保护不仅视为国家义务，而且也视为一项个人权利和社会权利。④

我国《宪法》第2章"权利与义务"没有环境权的明文规定，但有两个人权条款可能成为环境权的"寄居条款"：一是第33条第三款"国家尊重和保障人权"，二是第38条"公民的人格尊严不受侵犯。禁止用任何方法对公民进行侮辱、诽谤和诬告陷害"。有学者主张，我国《宪法》第33条第三款（人权条款）规定是类似于美国《联邦宪法》第9修正案的宪法未列举权利条款或者人权概括条款，可以为环境权等新兴宪法权利的保护提供规范支持。⑤ 而如果我们将《宪法》第38条所谓的"人格尊严"解释为类似德国宪法上的"一般人格权"（作为人格权的一般规定、概括性规定），则环境权作为一项个别性的宪法人格权就可以融入该条款之中。⑥ 美国、德国也曾有学者主张，将美国《联邦宪法》第9修正案（宪法未列举权利条款）和《德国基本法》第1条人性尊严的保障以及第2条第2项自由发展人格之权，作为引申出环境权的宪法渊源，但这一主张在实践中尚未得到司法判例的肯定和承认。

2. 宪法修改路径

虽然通过宪法解释可以为宪法环境权的中国生成找到"落脚点"，但是此种路径选择具有环境权保护的"碎片化"和不周延以及宪法解释的不稳定的局限，例如，此种路径很大程度上依赖于法院对宪法条文进行扩张解释，一般要求法院具有相当的司法能动性和权威性，⑦而我国法院的司法权威和司法素养恐怕难以承担这项"使命"。在大力推进生态文明建设的背景下，通过宪法修改路径确认环境权成为不少学者、人大代表和政协委员的共识。通过宪法修改路径增设一个明确的、独立的环境权条款是一个较优的选择。它能够更好地发挥环境权入宪的宣示功能、警示功能、教育功能和促进立法功能。当然，鉴于

---

① 参见陈海嵩："国家环境保护义务的溯源与展开"，《法学研究》2014年第3期。
② 参见吴卫星："我国环境权理论研究三十年之回顾、反思与前瞻"，《法学评论》2014年第5期。
③ David R. Boyd, *The Environmental Rights Revolution: A Global Study of Constitutions, Human Rights, and the Environment*, The University of British Columbia Press, 2012, pp.200-201.
④ Jonas Ebbesson(ed.), *Access to Justice in Environmental Matters in the EU*, Kluwer Law International, 2002, p.261.
⑤ 参见张薇薇："'人权条款'：宪法未列举权利的'安身之所'"，《法学评论》2011年第1期。
⑥ 关于《宪法》第38条的学理解释，请参见林来梵："人的尊严与人格尊严——兼论中国宪法第38条的解释方案"，《浙江社会科学》2008年第3期。
⑦ 参见吴卫星："派生性环境权宪法渊源的比较研究——兼论中国环境权宪法化的路径选择"，《南京大学法律评论》2016年第1期。

我国的实际状况,环境权入宪的人权保障功能和安全网功能尚不能完全发挥,只能随着我国法治的发展而逐步显现。虽然我国法院无权以独立的宪法环境权条款作为审查法律是否合宪的依据,甚至暂时也不大可能以环境权直接作为裁判的依据,但是这并不代表宪法环境权条款就不能被司法适用,至少宪法环境权可以作为裁判的理由,可以作为法院对法律进行合宪性解释的依据。①

综上所述,鉴于环境权入宪在我国生态文明建设中的重要功能,通过修改宪法确认公民环境权是一种较好的路径选择,借鉴国内外经验,可以考虑在我国现行《宪法》第二章"公民的基本权利和义务"增加一个环境权条款:

第×条 公民有在清洁、健康、生态平衡的环境中生活的权利,有依法及时获取环境信息、参与环境决策以及通过诉讼保护环境的权利。

国家有义务通过适当的立法和其他措施保护和改善环境,防治污染和其他公害。

该条共分两款,第一款规定公民的权利,其中前半句规定的是公民环境权,后半句规定的是知情权、参与权和诉诸司法权,以便借由这些程序性权利来进一步保障环境权。草案中的环境权用"清洁、健康、生态平衡"加以修饰,同时兼顾了人类的利益和环境本身的利益,是人类中心主义和生态中心主义的调和。而第一款后半句的程序性权利,实乃对于各国环境权入宪的借鉴。第二款与第一款相对应,规定的是国家环境政策或者国家环保义务,是将《宪法》第一章"总纲"第26条加以修改后合并而成。

---

① 有学者认为,我国人民法院固然无权审查法律是否合宪,也无权审查立法者的行为是否侵犯了公民基本权利,但保护公民基本权利不受侵犯仍然是法院不可推卸的宪法义务。我国法院应当在不同情境下通过三种情形履行保护公民基本权利的宪法义务:一是适用作为基本权利条款之具体化的立法,二是对抽象立法进行合宪性解释,三是在具体和抽象立法均缺位但存在基本权利的情况下直接适用有关的基本权利条款。参见谢立斌:《宪法解释》,中国政法大学出版社 2014 年版,第 155—175 页。

第四章
环境法的基本原则

第一节 环境法基本原则概述

"原则"一词来源于拉丁语(principum),意为"开始、起源、基础"。布莱克法律词典中,"法律原则"有三层含义:其一,法律的基础性真理或原理;其二,作为其他法律规则的基础、本源的综合性规则或原理;其三,法律行为、法律程序和法律裁决的决定性规则。[①]贝勒斯认为:"原则表达了详细的法律规则和具体的法律制度的基本目的,因为,人们把原则看作这些基本目的始终如一、紧密一致、深入人心、从而使其完全理性化的东西。因此,法律原则正是规则和价值的交汇点。"[②]法律原则作为法律的基本要素之一,表达了法律的基本价值、基本内容和基本理念。虽然法以法律规则为主体,但是在整个法律体系中法律原则不可或缺,它具有保证法律规则连续性、稳定性与协调性的作用。

不同部门法学以及同一部门法学的立法、司法、守法和法律监督都离不开对法律原则的探究。环境法基本原则是环境法学理论研究的基本内容,它反映环境法的根本价值和基本原理,在环境法律体系中发挥着不可替代的作用。环境法基本原则指导环境法的制定、执行、遵守,贯穿于环境立法、环境执法、环境司法的全过程,是环境法的灵魂。

随着我国生态文明建设不断推进,环境法律规范密集修订,环境法基本原则对于环境法自身内部规范体系之间的统一协调发展有着重要意义。

环境法基本原则具体包括哪几大原则本无定论,1989年《环境保护法》亦无太多明确规定,仅在第5条确定了协调发展原则,另外几项基本原则主要由学者依据相关理论、法律的间接规定总结归纳而成。2014年《环境保护法》明确规定环境法的基本原则,但确立

[①] Black's Dictionary, West Publishing Co. 1983, p.1074.
[②] [美]贝勒斯著:《法律的原则——一个规范的分析》,张文显译,中国大百科全书出版社1996年版,第315页。

过程一波三折。《环境保护法》一审稿并没有关于环境法基本原则的专门规定,这与后来修改环境法作为环境保护综合法的定位不符。《环境保护法》的定位是基础性、综合性法律,对环境保护领域的共性问题作出规定,包括确立环境法的基本原则。《环境保护法》的基本原则主要体现在第 4 条、第 5 条,其中第 4 条将原协调发展原则修改为"国家采取有利于节约和循环利用资源、保护和改善环境、促进人与自然和谐的经济、技术政策和措施,使经济社会发展与环境保护相协调"。第 5 条规定:"环境保护坚持保护优先、预防为主、综合治理、公众参与、损害担责的原则。"

结合当前我国环境问题的特质、环境法的相关理念和《环境保护法》第 4 条、第 5 条的规定,我们将环境法的基本原则概况为:(1)保护优先原则;(2)预防为主、综合治理原则;(3)公众参与原则;(4)损害担责原则;(5)政府对环境质量负责原则。

需要注意的是,虽然环境法基本原则在环境法理论与实践中均具有十分重要的意义,但它不是一成不变的,往往体现了不同时期环境问题的特点与时代背景。我们已经进入风险社会,环境风险是一种新型的环境问题,环境法基本原则应该体现这种新型环境问题特征要求。面对环境风险,环境法基本原则既要体现原有原则的合理性内涵又要作出理性调整,有必要进行重构。比如,应对风险社会中环境风险的不确定性与可能性,拓展预防原则为谨慎预防原则;①应对风险社会中环境风险转化后果的严重性与灾难性,将协调发展原则上升为保护优先原则;应对风险社会中环境风险防范存在的有组织的不负责任行为,重新构建公众参与原则。

第二节 保护优先原则

一、保护优先原则的涵义

保护优先原则,是指将环境保护工作放置在较经济社会发展更优先的位置。换言之,当经济社会发展与环境保护工作相冲突时,应以环境保护工作的顺畅进行为优先选择。党的十九大报告中明确指出,加快生态文明体制改革需要"坚持节约优先、保护优先、自然恢复为主的方针"。因此,环境保护优先原则既是环境法的基本原则,也是生态文明体制改革的基本原则。

保护优先原则体现在《环境保护法》第 4 条和第 5 条,原来第 4 条被称为"协调发展原则"或"环境保护与经济建设和社会发展协调发展原则"。协调发展原则,是指为了实现社会、经济的可持续发展,必须在各类发展决策中将环境、经济、社会三方面协调一致。该原则主要用于处理环境保护与经济发展之间的关系问题,是环境法基本原则的核心内容。

① 参见张梓太、王岚:"论风险社会语境下的环境法预防原则",《社会科学》2012 年第 6 期。

但是在不同的历史时期,对经济发展与环境保护之间关系有不同的解读,所以协调发展原则的内涵也随之改变。

1989年《环境保护法》第4条规定:"国家制定的环境保护规划必须纳入国民经济和社会发展计划,国家采取有利于环境保护的经济、技术政策和措施,使环境保护工作同经济建设和社会发展相协调。"该法制定时国家还是以经济建设为中心,面临的主要矛盾是"人民群众日益增长的物质文化需求同落后的社会生产之间的矛盾。"当时《环境保护法》的指导思想仍是环境立法不能太严格,不能给经济增长增加负担,因此虽然确立了协调发展原则,但其内涵与1967年日本《公害对策基本法》中的协调原则相似,在立法上解释为环境保护必须与经济健全发展相协调,但在实践中,当环境保护与经济发展发生矛盾时,以经济发展优先,将环境保护置于经济建设和社会发展的下一位阶。而我国经过三十多年的快速发展,已经进入了工业化、城镇化相对成熟的时期,现在环境问题成了制约经济社会发展的原因,社会的主要矛盾也转变为"人民日益增长的美好生活需求同不平衡不充分发展之间的矛盾"。基于新的发展理念,环境法协调发展原则的内涵有所改变。2014年修订的《环境保护法》除了第4条规定国家要"使经济社会发展与环境保护相协调"之外,第5条还规定"环境保护坚持保护优先、预防为主、综合治理、公众参与、损害担责的原则"。显然,新环保法中的协调发展原则强调环境保护优先,在协调发展的思路上作了重大调整,要求在环境保护与社会经济发展发生冲突时优先考虑环境目标,强调的重点顺序发生了变化。因此,我们将保护优先确立为一项新的环境法基本原则。

具体而言,保护优先原则要求彻底改变过去以牺牲环境、破坏资源为代价的粗放型经济增长模式,努力实现绿色的、生态友好的产业升级。该原则有利于增强全社会的环保意识,形成绿色发展方式和生活方式,开拓生产发展、生活富裕、生态良好的文明发展道路。

二、保护优先原则的主要内容

需要明确的是,"保护优先原则"并不等同于"环境保护优位于经济发展"的思想,而是在环境保护优先的同时也不偏废经济社会发展。

保护优先原则作为环境法的基本原则至少包含以下内容:(1) 环境优先。环境优先,是指在经济社会发展与环境利益发生矛盾时,不得以牺牲环境利益为代价,而是优先考虑保护环境利益。但是环境优先并非意味任何情况下只考虑环境利益,不顾社会经济的发展需求,而是尽量在两者之间找到最佳平衡点。(2) 合理规划、协调发展。各类规划的制订过程中要考虑环境保护,特别是各级国民经济社会发展规划要优先考虑环境保护,尽量确保环境少受或不受社会经济发展的不利影响,要合理定位环境保护和经济社会发展目标。(3) 当前我国社会要落实"保护优先",主要依赖各项环境法律制度的实施,包括环境规划制度、环境评价制度等。

第三节　预防为主、综合治理原则

一、预防为主、综合治理原则的涵义

预防原则是国际社会公认的一项环境法基本原则，预防为主、综合治理是在预防原则基础上发展而来。预防为主，是指在环境污染和破坏之前，采取政治、法律、经济和行政等多种预防性手段和措施，防止环境问题的发生或阻止环境问题的恶化，把环境污染和生态破坏控制在能够维持生态平衡、保护人体健康，同时保证社会物质财富持续稳定地增长的限度之内。①

环境保护工作坚持"预防为主"的原因，主要有以下几个方面：

第一，环境污染和破坏的后果往往比较严重。例如，切尔诺贝利核泄漏事件中840万人受到辐射影响，15.5万平方公里的土地被污染，40万人被迫离开故土。1991年至2015年间，在白俄罗斯、乌克兰全境以及俄罗斯四个受污染最严重的州，约有2万例甲状腺癌病例，其中四分之一的病例可能是辐射导致的，近年来，白俄罗斯每年用于消除核事故影响的支出占国家财政预算的3%。② 2016年联合国大会通过决议将每年的4月26日设立为"国际切尔诺贝利灾难纪念日"。

第二，环境受到污染后要消除危害、恢复受损的生态环境，十分困难，甚至有的难以修复。

第三，从经济损益情况看，环境遭污染和破坏后再进行治理，往往要付出高昂的代价，与所获得的经济利益相比，往往得不偿失。据世界银行、中科院和原环保总局2007年的测算，我国每年因环境污染造成的损失约占GDP的10%左右。

第四，环境问题具有难以预见性和不确定性。由于科学发展的局限性，人类对一些环境问题的认识往往需要一个很长的过程。在这个过程中，人类必须采取相应的措施防止环境问题的发生和发展。若等到科学对环境问题作出全面解释后再采取措施，可能为时已晚。

二、预防为主、综合治理原则的主要内容

1980年联合国环境规划署等起草的《世界自然资源保护大纲》率先提出了"预期环境政策"。80年代，各国受其影响均开始调整自己的环境政策和法律。我国也是这一时期参与调整的国家之一。我国在1978年就将"防治污染和其他公害"写入《宪法》。我国《宪

---

① 张梓太主编：《环境与资源法学》，科学出版社2005年版，第65页。
② 张立：《噩梦般的记忆：切尔诺贝利核事故灾难纪念日反思》，联合国新闻网，https://news.un.org/zh/story/2018/04/1007312，最后浏览日期：2020年12月19日。

法》第11条规定:"国家保护环境和自然资源,防治污染和其他公害。"1979年制定的《环境保护法(试行)》也将"防治污染和其他公害"原则作为基本原则,并延伸出了诸如环境影响评价、"三同时"等一系列制度。

2014年修订的《环境保护法》在一定程度上体现了风险预防原则,该法第39条规定:"国家建立、健全环境与健康监测、调查和风险评估制度;鼓励和组织开展环境质量和公众健康的研究,采取措施预防和控制与环境污染有关的疾病。"第5条直接规定了"预防为主、综合治理原则"。预防原则是国际上公认的环境法原则,预防为主、综合治理原则是在此基础上结合我国的实际情况、环境问题的特点、环境法的发展阶段所作的归纳。

预防原则可以进一步细分为损害预防原则(preventive principle)和风险预防原则(precautionary principle)。所谓"损害预防原则",是指当现代科学技术对某一环境问题已经全面了解时,为了防止环境危害的发生,率先采取防范措施。所谓"风险预防原则",是指当现代科学技术对某一环境问题的认识还未尽充分或者还存在分歧意见时,如果存在可能对环境造成严重或者不可逆转损害的威胁,为了降低环境风险的发生可能性即风险损害程度,科学上的不确定不能成为延迟或者拒绝采取预防措施的理由。①

损害预防原则与风险预防原则的区别在于:首先,损害预防原则针对的是科学上已经确定的环境风险,而风险预防原则针对的是科学上不确定的环境风险。其次,损害预防原则旨在防止环境风险的发生,风险预防原则旨在降低环境风险发生的可能性。正如一些学者所言,区分损害预防原则与风险预防原则是因为预防为主原则在传统上仅仅强调损害预防,在科学不确定面前持的是观望的态度。换言之,传统的预防为主原则认为科学上的不确定即意味着不存在或者不太可能存在环境风险。然而,人类的认识无论从哲学上还是技术上都是有限的。不仅如此,现代社会层出不穷、原因各异的环境问题也从侧面反映了不能仅凭科学上的不确定就否定存在环境风险的可能。因此,将预防为主原则拓展为损害预防原则和风险预防原则具有合理性。

预防为主,是指事前预防要与事中、事后治理相结合,并优先采用防患于未然的措施。预防为主不是说不要治理了,治理还是非常重要,特别是面对已经存在的水污染、空气污染、土壤污染问题,如何治理非常关键。综合治理,是指对各项环境要素的污染防治思路、目标与方法等,统筹考虑、综合运用、协调一致和联防联治。

贯彻落实预防为主、综合治理原则主要依靠以下环境制度的实施:(1)环境规划制度。环境规划通过合理布局经济建设和环境保护,预防新的环境问题;(2)环境标准制度。环境污染被称为投入性损害。人类在工业生产、生活活动等过程中将大量的污染物质以及未能完全利用的能源(能量)排放到环境中,致使环境质量发生不利变化,因此控制和减少向环境中排放污染物,是减轻和消除环境危害最重要、最有效的手段。减少污染排放的典型手段就是实施环境标准制度。(3)环境影响评价制度。在我国,环境影响评价

---

① 唐双娥著:《环境法风险防范原则研究》,高等教育出版社2004年版,第135页。

主要是指对规划和建设项目实施后可能造成的环境影响进行分析、预测和评估,提出预防或者减轻不良环境影响的对策和措施,进行跟踪监测的方法与制度。环境影响评价制度的目的是为决策提供科学依据。

第四节　公众参与原则

一、公众参与原则的涵义

(一) 公众参与原则的概念

公众参与原则,是指公众有权参与解决生态环境问题的决策过程,[①]各项环境问题的解决有必要依靠公众的广泛参与,环境法也通过各种法定的形式和途径鼓励公民积极参与环境保护事业,保障他们对污染环境的行为进行监督的权利。

公众参与是合作治理的核心,是合作治理中程序正义的具体体现。现代环境管制中,合作治理并不是新的概念,这种合作精神体现在诸多环境管制的制度中,比如德国环境法中规定的环境保护委托人。[②] 这是一种针对企业单位内部监控环境保护事项而设立的法定制度,企业就事业内部事项设置环境保护相关的部门,促使企业为环保行为,达到环保要求。又如我国台湾地区、日本、德国现行法中都有"环境保护协议"制度:居民同企业或者企业同政府之间基于双方的合意,约定双方以作为或者不作为的方式保护环境,防止污染等公害的发生。合作原则标志着现代环境行政管理理念的转变。行政机关或是由于组织机构的繁杂,或是由于环境行政机构的预算经费有限,在管理排污企业时无法做到面面俱到,在此背景下,环境行政管理理念逐渐由强制转向合作和激励。

政府在作出环境政策决定之时应当鼓励相关利害关系人参与其中。公众参与政府的环境管制决策不但有助于多元意见的整合,更可消除公众对国家环境管制行为的疑虑,让公众在政府作出环境管制决策之前表达观点。如此,政府可以尽早调整决策,吸收了公众意见的决策在执行上往往更加具有效率。公众参与政府环境决策有浓厚的协商合作意味,是政府执政理念从强硬对抗向合作协商转变的体现。[③]

公众参与原则在各国环境立法中都有体现。美国1970年的《国家环境政策法》确认了公众参与原则,并应用在环境影响评价制度上。国际社会对环境决策中公众参与的讨论最早可追溯到1987年的《布伦特兰报告:我们共同的未来》(The Brundtl and Report, Our Common Future)。[④] 发展到今日,国际社会已经形成有关环境决策程序公众参与的

---

① 韩德培主编:《环境保护法教程》,法律出版社2018年版,第61页。
② 陈慈阳:《环境法总论》,中国政法大学出版社2003年版,第288—291页。
③ 叶俊荣:《环境政策与法律》,中国政法大学出版社2003年版,第140页。
④ The Brundtland Report, Our Common Future,联合国可持续发展网, https://sustainabledevelopment.un.org/content/documents/5987our-common-future.pdf,最后浏览日期:2019年8月11日。

国际公约，即《奥胡斯公约》(Aarhus Convention)。该公约于1998年通过，2001年正式生效，当中许多规定至今仍属前卫理念，并足以作为各个国家相关法制建构仿效的对象。

在国际或国外的环境政策和法制中，一直都有通过公私部门协力（Public-Private Partnerships，简称PPPs）的方式提升国家环境保护任务执行效率的规定。就以国际环境政策为例，《布伦特兰报告：我们共同的未来》就明确提出，将政策决定程序中的公众参与视为实现可持续发展的重要前提。

1992年在巴西里约热内卢举行的地球峰会（Earth Summit）上发表的《里约宣言》(Rio Declaration)第十项原则以公众参与（public participation）为规范标题，并赋予公众参与原则具体内涵。该原则规定："环境问题最好在所有有关公民在有关一级的参加下加以处理。在国家层面，公众应有适当的途径获得有关公共机构所掌握的环境议题之信息，其中包括有关民众所在社区内有害物质和活动的信息，而且公众应有机会参加决策过程。各国应广泛地提供政府环境决策之信息，从而促进和鼓励公众了解和参与环境决策，各国亦应提供公众获得司法和行政程序的有效途径，其中包括赔偿和补救措施。"①

该原则阐述了"信息公开-公众参与-权利救济"三者的关联性。《里约宣言》并未对该原则的意旨进一步深入阐述，且由于其属于软法（soft law），同时并未提出具体可供执行的配套制度，故而导致其内涵本身存在着一定程度的模糊性。然而，从字面意义来看，环境决策程序中的公众参与似乎从纯粹的辅助环境行政决策发展到兼具有主观权利化的地位。遗憾的是，《里约宣言》只是软法，公众参与的权利化趋势也仅仅停留在宣示性阶段。

公众参与权利化在联合国《奥胡斯公约》(Aarhus Convention)②制定和通过后发展到成熟阶段。首先，公约的完整名称是《有关环境事务行政决定程序中之信息请求权与公众参与以及司法请求权公约》(Convention on Access to Information, Public Participation in Decision-making and Access to Justice in Environmental Matters)，从名称和内容可以清楚得知，在环境事务决定程序中，信息请求权、公众参与以及司法请求权是不可分割的，这三个议题的相关规范是该公约的三大支柱。公众参与的部分规定在公约第6条至第8条。

与《布伦特兰报告：我们共同的未来》《里约宣言》相比，《奥胡思公约》中有关公众参与的规定在内容上已经制度化，对参与主体、参与时机和参与事项的范围都有详细规定。此外，《奥胡思公约》前言的立法理由也有意将公众参与权利化。例如，它明确规定，公众为了维护在健康与舒适环境中生存的权利以及履行保护环境的义务，应当享有环境信息

---

① 原文为：Environmental issues are best handled with participation of all concerned citizens, at the relevant level. At the national level, each individual shall have appropriate access to information concerning the environment that is held by public authorities, including information on hazardous materials and activities in their communities, and the opportunity to participate in decision-making processes. States shall facilitate and encourage public awareness and participation by making information widely available. Effective access to judicial and administrative proceedings, including redress and remedy, shall be provided.

② Convention on Access to Information, Public Participation in Decision-making and Access to Justice in Environmental Matters, at Aarhus, Denmark, on 25 June 1998.

请求权、环境决策程序参与权以及针对环境事务的司法请求权。① 该公约第9条进一步规定：当人民对公权力部门在环境事务领域内的决定、作为或不作为所涉及的实体法或程序法的合法性存在疑虑时，缔约国必须确保人民可以向司法机关请求审查。

除了《奥胡思公约》中规定了权利化的公众参与，其他国际条约对公众参与环境事务也有所着墨。1972年《人类环境宣言》及其后许多国际环境法文件也都强调公众参与在环境议题中的重要作用。1980年发表的《世界自然资源保护大纲》称公众参与环境决策是"必要的行动"。② 1982年的《内罗毕宣言》第9条规定："应通过宣传、教育和训练，提高公众和政界人士对环境重要性的认识。在促进环境保护的工作中，必须每个人负起责任并参与工作。"进入21世纪之后，公众参与原则在《二十一世纪议程》中也有重要体现，是可持续发展概念的基础。《二十一世纪议程》指出，不同的群体，包括妇女、儿童和青年、土著居民、非政府组织、地方当局、工人和工会、商业和工业、科学家和技术专家以及农民等，都是关于许多环境问题的成因和解决方法的最好的知识来源。公众参与能动员和充分利用这些知识、技能和资源，提高政府行动的有效性。③ 另外，《二十一世纪议程》指出，要发挥非政府组织的公众参与作用。

国内法层面，我国《宪法》第2条第三款规定："人民依照法律规定，通过各种途径和形式，管理国家事务，管理经济和文化事业，管理社会事务。"这是我国公众参与环境事务的宪法依据。1994年编制的《中国21世纪议程》规定："公众、团体和组织的参与方式和参与程度，将决定可持续发展目标的进程。"2002年的《环境影响评价法》第5条规定："国家鼓励有关单位、专家和公众以适当方式参与环境影响评价。"这是我国公众参与原则首次在立法上得到正式规定和表述。2012年修订的《民事诉讼法》第55条规定："对污染环境、侵害众多消费者合法权益等损害社会公共利益的行为，法律规定的机关和有关组织可以向人民法院提起诉讼。"它进一步确认了公众参与管理环境事务和从事环境保护的诉讼权利。2014年修订后的《环境保护法》将公众参与的重要性推向新高度，增设第五章"环境信息公开和公众参与"，系统地规定了公众的知情权、参与权、表达权、司法救济权等公众参与环境保护的权利。

（二）公众参与原则的目的与功能

公众参与到环境事务管理中可以协助主管机关充分获取信息，提高决策正确性和接受度，这是公众参与的客观功能。这里提到的"公众"不限于利害关系人，只要有助于决策机关获取更充分的相关信息，或是能充当开发单位、决策机关与社会大众之间的沟通对象，利于风险沟通的达成者，都可作为参与主体。

---

① 原文为：to be able to assert this right（to live in an environment adequate to his or her health and well-being) and observe this duty, citizens must have access to information, be entitled to participate in decision-making and have access to justice in environmental matters …

② The World Conservation Strategy，世界自然保护同盟网站，https://portals.iucn.org/library/sites/library/files/documents/WCS-004.pdf，最后浏览日期：2019年8月16日。

③ 参见《二十一世纪议程》第八章，联合国网站，https://www.un.org/chinese/events/wssd/chap8.htm，最后浏览日期：2019年8月18日。

此外,《奥胡思公约》的立法理由明确指出了环境保护与个人权利保护之间的关联性:适当的环境保护对于人类福利与基本人权的实现(包括生命权)是不可或缺的,[①]每个人享有在一个有利于健康和福利的环境中生活的权利,[②]为确保公众享有这些权利,公众应当享有环境信息请求权,参与环境决策程序的权利,以及针对环境事务的司法请求权。不过,公众如果基于权利保护的目的而主张程序参与,一般必须以相关环境决策可能造成其权利或利益损害为前提,且参与的目的主要是避免或减少受害,或寻求利益损害的补偿或替代。因此,这种类型的公众参与的主体范围较小,而且参与目的相对主观。这种带有主观目的的公众参与未必能实现协助主管机关获取充分信息或提高决策正确性的目的。

二、公众参与原则的主要内容

(一)环境知情权

环境知情权,即公民、法人和其他组织依法享有获取环境信息、参与和监督环境保护的权利。我国《环境保护法》第53条规定:"公民、法人和其他组织依法享有获取环境信息、参与和监督环境保护的权利。"公民对环境状况、政府决策、工程项目等信息享有知情权,有权就相关问题向政府咨询并及时得到答复。

(二)鼓励和保护公民举报环境违法

我国《环境保护法》第57条规定:"公民、法人和其他组织发现任何单位和个人有污染环境和破坏生态行为的,有权向环境保护主管部门或者其他负有环境保护监督管理职责的部门举报。公民、法人和其他组织发现地方各级人民政府、县级以上人民政府环境保护主管部门和其他负有环境保护监督管理职责的部门不依法履行职责的,有权向其上级机关或者监察机关举报。接受举报的机关应当对举报人的相关信息予以保密,保护举报人的合法权益。"

(三)环境听证权利

环境听证权利也是公众参与原则的一种体现。我国《环境影响评价法》第11条规定:"专项规划的编制机关对可能造成不良环境影响并直接涉及公众环境利益的规划,应当在该规划草案报送审批前,举行论证会、听证会,或者采取其他形式,征求有关单位、专家和公众对环境影响报告书草案的意见。"第21条规定:"除国家规定需要保密的情形外,对环境可能造成重大影响、应当编制环境影响报告书的建设项目,建设单位应当在报批建设项目环境影响评价报告书前,举行论证会、听证会,或者采取其他形式,征求有关单位、专家和公众的意见。"

(四)诉讼权利

这里的诉讼权利主要是指环境公益诉讼权利。符合《环境保护法》第58条规定条件的社会组织提起环境民事公益诉讼,人民法院应当依法受理。各级人民政府环境保护主

---

① 原文为:Adequate protection of the environment is essential to human well-being and the enjoyment of basic human rights, including the right to life itself.
② 原文为:Every person has the right to live in an environment adequate to his or her health and well being.

管部门和其他负有环境保护监督管理职责的部门应当依法为公民、法人和其他组织参与和监督环境保护提供便利。

（五）实现公众参与的配套机制——信息公开

有效的公众参与必须以充分信息提供作为前提，在程序参与的机会遭受侵害时，公众甚至可以向法院请求救济。公众只有在获得充分信息的情况下，才能在环境事务管理中以"成熟公民"的姿态参与相关决策。环境信息的广泛提供有助于改善公众的信息不对等地位。政府给公众提供获取相关环境决策信息的途径，提升公众参与环保事务时的质疑和讨论能力。因此，通过法制构建提供公众参与环保决策程序的机会固然重要，但是如果没有配套的信息公开机制，所谓公众参与将变得空洞，不具实际意义。

我国不少法律都对政府环保信息公开作出具体规定，各级政府、环境保护行政主管部门必须公开环境信息，及时发布环境违法企业名单。《环境保护法》第54条规定："国务院环境保护主管部门统一发布国家环境质量、重点污染源监测信息及其他重大环境信息。省级以上人民政府环境保护主管部门定期发布环境状况公报。县级以上人民政府环境保护主管部门和其他负有环境保护监督管理职责的部门，应当依法公开环境质量、环境监测、突发环境事件以及环境行政许可、行政处罚、排污费的征收和使用情况等信息。县级以上地方人民政府环境保护主管部门和其他负有环境保护监督管理职责的部门，应当将企业事业单位和其他生产经营者的环境违法信息记入社会诚信档案，及时向社会公布违法者名单。"政府信息公开是公民享有环境知情权的关键，需要建立健全政府信息公开机制，明确信息公开的机关、信息的内容、公开度、公开的时间、公民查询的方式、就相关问题进行咨询的途径等。同时，排污单位必须公开自身环境信息，环评报告书应全文公开。《环境保护法》第55条规定："重点排污单位应当如实向社会公开其主要污染物的名称、排放方式、排放浓度和总量、超标排放情况，以及防治污染设施的建设和运行情况，接受社会监督。"第56条规定："对依法应当编制环境影响报告书的建设项目，建设单位应当在编制时向可能受影响的公众说明情况，充分征求意见。负责审批建设项目环境影响评价文件的部门在收到建设项目环境影响报告书后，除涉及国家秘密和商业秘密的事项外，应当全文公开；发现建设项目未充分征求公众意见的，应当责成建设单位征求公众意见。"

第五节　损害担责原则

一、损害担责原则的涵义

损害担责原则源自"开发者养护、污染者治理原则"。① 从学理上解读，该原则是污染

---

① 　金瑞林主编：《环境法学》，北京大学出版社2016年版，第43页。

者付费原则(Polluters Pay Principle)的进一步发展。① 污染者付费原则最初是在1972年由西方24国组成的国际经济合作和发展组织环境委员会提出来的,目的是针对过去污染者将外部不经济性施加给社会承担的不合理现象,通过由污染者承担消除污染的费用,使外部不经济性内部化。后来,这一原则得到世界诸多国家的承认,并被一些国家作为一项基本原则规定在环境保护法之中。

但是污染者并非只承担给付金钱的责任,其也承担预防污染、污染后修复等责任。因此,2014年我国《环境保护法》修改之后在第5条明确提出环境保护要坚持损害担责的原则。损害担责原则,是指对环境造成任何不利影响的行为人,包括因利用环境造成环境自身自然恢复能力之退化的行为人,应承担恢复环境、修复生态或支付恢复环境和修复生态的费用的法定义务或法律责任。

损害担责原则主要解决因环境污染造成的损害应由谁修复,以及治理污染所支付的费用应由谁来承担的问题。按照损害担责原则,环境污染造成损害的赔偿以及治理污染所支付的费用均应由污染者或者加害方支付,而不应当由全社会共担。这一原则符合"环境问题的治理成本或者负外部性应当由造成环境污染的一方来承担"的逻辑。值得一提的是,对于不少环境污染所造成的损害,由于个人和企业均难以修复,以金钱的方式将其所承担的责任物质化,并交给政府或者专业的环境修复机构处理,也是符合损害担责原则要旨的。

二、损害担责原则的主要内容

损害担责的责任,包括预防性责任和结果性责任两类。预期可能造成环境损害的主体为了防止环境损害的发生需要承担一定的预防性责任,而损害主体的行为已经对生态环境产生不利影响的,则需要承担一定的结果性责任。

预防性责任与前文所提的预防为主原则相通。预防性责任要求责任人不是在对环境产生具体危险时对具体危险立即反应,而是如有危害出现之可能或根本无危害出现时,事先且预防性地对"人"加以保护或对生态环境加以保护,使其免于因人为原因而遭到损害。例如,责任人除了要降低污染源排放的浓度,在产品生产阶段就应当以低污染或无污染的方式作业。损害者承担的结果性责任主要是指,损害者应当对其所造成的负面环境影响承担消除污染、修复生态的责任或支付代履行费用,生态环境无法修复的,还要承担损害赔偿责任。

中共中央办公厅、国务院办公厅于2017年12月17日印发《生态环境损害赔偿制度改革方案》(以下简称《改革方案》),明确将"环境有价,损害担责"作为生态环境损害赔偿的工作原则之一。② 《改革方案》明确提出"环境有价,损害担责"的原则,促使赔偿义务人

---

① 竺效主编:《环境法入门笔记》,法律出版社2018年版,第11页。
② 中共中央办公厅、国务院办公厅印发《生态环境损害赔偿制度改革方案》,国务院网站,http://www.gov.cn/zhengce/2017-12/17/content_5247952.htm,最后浏览日期:2019年8月12日。

对受损的生态环境进行修复。生态环境损害无法修复的，实施货币赔偿，用于替代修复。值得注意的是，赔偿义务人因同一生态环境损害行为需承担行政责任或刑事责任的，不影响其依法承担生态环境损害赔偿责任。《改革方案》明确了三种应当依法追究生态环境损害赔偿责任的情形，包括发生较大及以上突发环境事件的；在国家和省级主体功能区规划中划定的重点生态功能区、禁止开发区发生环境污染、生态破坏事件的；发生其他严重影响生态环境后果的。另外，该方案还授权各地区根据实际情况，综合考虑造成的环境污染、生态破坏程度以及社会影响等因素，明确生态环境损害赔偿的具体情形。

生态损害赔偿的范围包括清除污染费用（含应急处置费用、环境监测费用）、生态环境修复费用、生态环境修复期间服务功能的损失、生态环境功能永久性损害造成的损失以及生态环境损害赔偿调查、鉴定评估等合理费用。违反法律法规，造成生态环境损害的单位或个人作为赔偿义务人应当承担生态环境损害赔偿责任，做到应赔尽赔。

第六节 政府对环境质量负责原则

一、政府对环境质量负责原则的涵义

政府对环境质量负责原则是指，人民政府必须把环境保护纳入政府管理工作之中，加强对环境的监督管理，逐步改善和提高本辖区的环境质量。我国《宪法》第26条第一款规定："国家保护和改善生活环境和生态环境，防治污染和其他公害。"它是政府对环境质量负责的宪法基础。《环境保护法》第6条规定："地方各级人民政府应当对本行政区域的环境质量负责。"第8、9、10和11条分别从政府的财政投入、环保宣传、统一监督管理和对改善环境显著的单位和个人奖励等四个方面进行了规定。这些规定都体现了政府对环境质量负责原则的精神。

要求政府对环境质量负责的原因可以归结为以下几点：第一，环境保护是我国的一项长期基本国策，与国家命运、人民群众的利益紧密相联。正因如此，也只有人民政府才能担负环境保护工作的责任。第二，环境保护工作涉及社会生活的方方面面，从行政管理角度看，它不只是环境保护行政主管部门的职责，公安、交通、卫生等诸多行政管理部门也有与环境保护相关的职责。要协调好这些部门在环境保护工作中的关系，动员和组织全社会的力量，共同保护环境，只有各级政府才能承担起这项职责。第三，随着我国机构改革的深入和市场经济体制的建立，政府管理工作的重心将逐步转移到社会事务上来，环境保护作为一项综合性的、社会性的工作必将成为政府的重要管理职责之一。

二、政府对环境质量负责原则的主要内容

现阶段，我国落实政府对环境质量负责原则的主要措施如下。

（1）实行环境保护目标责任制。《环境保护法》第 28 条规定："地方各级人民政府应当根据环境保护目标和治理任务，采取有效措施，改善环境质量。未达到国家环境质量标准的重点区域、流域的有关地方人民政府，应当制定限期达标规划，并采取措施按期达标。"可见，法律规定各级人民政府设定环境保护目标，并强制要求其承担如期达标的责任。不仅如此，环境保护目标达成与否被纳入党政领导干部的政绩考察范畴，落实政府环境保护目标责任制。

（2）将环境保护纳入县级以上人民政府制订的国民经济和社会发展计划中，采取有利于环境保护的各种经济和技术政策及措施，促进环境保护工作的开展。《环境保护法》第 13 条第一款规定："县级以上人民政府应当将环境保护工作纳入国民经济和社会发展规划。"第二款规定："国务院环境保护主管部门会同有关部门，根据国民经济和社会发展规划编制国家环境保护规划，报国务院批准并公布实施。"而对环境保护规划的内容，法律要求"应当包括生态保护和污染防治的目标、任务、保障措施等，并与主体功能区规划、土地利用总体规划和城乡规划等相衔接。"

（3）强化政府的执法职能，依法进行环境管理。《环境保护法》及其他有关法律赋予各级政府在环境保护工作中以一定的职权，包括监督管理权、地方标准制定权、行政处罚权等。政府运用这些职权，开展环境保护工作，加强环境法制建设，依法纠正各种行政违法行为。

（4）政府在制定本区域重大决策或有关政策时，必须充分考虑到本区域的环境保护工作。《环境保护法》第 14 条规定："国务院有关部门和省、自治区、直辖市人民政府组织制定经济、技术政策，应当充分考虑对环境的影响，听取有关方面和专家的意见。"

第五章
环境法的基本制度(上)

第一节 环境法的基本制度概述

一、环境法的基本制度的概念

环境法的基本制度是指为了实现环境法的目的和任务,根据环境法的基本原理和基本原则所制定的,调整特定环境社会关系的一系列法律规范的总称。它是环境管理制度的法律化和规范化,是具有自身特征的一类环境法律规范,主要具有以下特征。

(1) 环境法的基本制度具有特定性。环境法的基本制度不像环境法基本原则那样具有适用的广泛性,一般只涉及环境管理的特定部分或某一方面,专门调整利用、保护和改善环境过程中发生的特定社会关系。因此环境法的基本制度适用的对象、范围、程度以及所采取的措施、法律后果都是特定的,在一定程度上避免了适用法律的随意性。

(2) 环境法的基本制度具有系统性和相对完整性。环境法的基本制度通常不是由某一个法律条文或某一个法律规范所组成,而是由一系列的法律规范所组成。这些规范之间相互关联、相互补充、相互配合,共同构成一个相对完整的系统。如果把整个环境法的基本制度体系作为一个大系统的话,那么每一个环境法的基本制度都可以构成一个小的子系统。这一点是区别环境法的基本制度与环境法律原则和措施的主要标志。正因为环境法的基本制度有系统性的特征,所以环境法的基本制度的健全与完善对于促进环境法律规范的系统化、条理化以及环境法体系的完善都有着重要的意义。同时,环境法的基本制度的健全和完善也可以为规范化的环境管理提供法律保障。

(3) 环境法的基本制度具有较强的可操作性。环境法的基本制度具有特定的适用对象和具体而完整的规则系统,具有较强的可操作性,容易得到有效的贯彻实施。

(4) 环境法的基本制度在执行中具有较强的约束性。环境法的基本制度规范多属于强制性规范,而且环境法的基本制度对环境法律关系主体的权利义务和法律后果规定得很明确,因而具有较强的约束性。

自 1979 年《环境保护法(试行)》规定了环境影响评价制度、征收排污费制度和"三同时"制度以来,经过几十年的发展,我国的环境法的基本制度日益丰富和完善。特别是 1992 年巴西里约热内卢联合国环境与发展大会召开以来,我国的环境法的基本制度建设取得了巨大的成绩。比较成熟的环境法的基本制度主要有环境影响评价制度、环境规划制度、"三同时"制度、环境事故报告和应急措施制度、环境监测制度、排污申报登记制度、排污许可制度、环境标准制度、环境保护设备正常运转制度、落后设备与工艺的淘汰制度、污染物的总量与浓度控制相结合的制度、环境保护目标责任制度、清洁生产制度等。目前,结合市场经济体制的建立和环境保护的实践,正在建立、健全和发展中的环境法的基本制度主要有环境与发展综合决策制度、生态保护红线制度、环境标志制度、环境保护税制度、排污权交易制度、生态保护补偿制度、生态环境损害赔偿制度、环境督察制度等。这些具体的环境法的基本制度虽然已逐渐组合成体系比较完备,结构比较严密,内外比较衔接的环境法的基本制度体系,但随着我国政治经济体制的不断改革和环保实践的不断推进,我国环境法的基本制度仍需进一步完善。

二、环境法的基本制度的分类

环境法的基本制度体系是由多项制度组成的,每一种制度的功能、性质和适用阶段也不同,从不同角度可以对环境法的基本制度进行如下分类。

(1) 根据制度的功能不同,可分为预防性制度、基础性制度、治理性制度等。预防性制度主要包括环境规划制度、环境影响评价制度、"三同时"制度、排污许可制度、生态环境破坏事故防范与预警制度等;基础性制度主要包括环境监测制度、现场检查制度、环境监察制度等;治理性制度主要包括限制生产、停产整治制度等。

(2) 根据制度的性质不同,可分为经济性制度、技术性制度、行政性制度、社会性制度等。经济性制度主要包括环境税收制度、环境奖励制度等;技术性制度主要包括环境监测制度、环境标准制度、清洁生产制度等;行政性制度主要包括排污许可制度、现场检查制度等;社会性制度主要包括环境保护公众参与制度等。

(3) 根据制度的适用阶段不同,可分为行为前适用制度、行为过程中适用制度、行为后适用制度、全过程适用制度等。行为前适用制度主要包括环境规划制度、环境影响评价制度、"三同时"制度等;行为过程中适用制度主要包括环境监测制度、环境保护税制度等;行为后适用制度主要包括环境事故报告和应急处置制度、生态环境损害修复和赔偿制度等;全过程适用制度主要包括清洁生产制度等。

第二节 环境规划制度

一、环境规划制度概述

(一) 环境规划制度的概念

环境规划,是指国家或地方人民政府在对环境及其中的自然资源的状况进行调查和评价的基础上,所拟订的关于环境保护的具体内容和步骤,是对"一定时期内环境保护目标和措施所作出的规定,是对环境保护工作的总体部署和行动方案"。① 环境规划制度,是调整国家机关、单位、个人在编制、审批、执行、监督、检查环境保护计划和规划过程中发生的社会关系的一系列法律规范的总称。因此,环境规划制度包括环境规划编制、审批、执行、监督、检查等具体的制度。

狭义的环境规划,仅指各级环境保护部门编制而由同级人民政府批准的环境保护规划。广义的环境规划,除包括狭义环境规划外,还包括水、渔业、土地、森林、矿产等自然资源规划,污染防治或生态保护专项规划,以及主体功能区规划、国民经济和社会发展规划、城乡规划等综合性规划中的环境保护内容。②

(二) 环境规划制度的意义

建立和实施环境规划制度的意义在于:可以克服经济发展的片面性,克服市场失灵的缺陷,保证环境保护作为国民经济和社会发展计划的重要组成部分,发挥规划和计划的指导作用和宏观调控作用;作为环境管理的重要手段,可以为环境法律制度的实施提供物质方面的法律保障;能够促进国家和地方领导人环境意识的提高,推动污染防治和生态保护工作,改善环境质量,促进环境与国民经济和社会的协调发展。由于我国的规划很多,因此要协调环境保护规划与国土空间规划、城乡规划及其他有关规划的关系,切实地把环境保护规划纳入国民经济和社会发展规划之中。

(三) 环境规划的分类

1. 环境保护规划

环境保护规划包括国家环境保护规划和地方各级环境保护规划。国家环境保护规划是国家层面环境保护工作的指导思想、基本原则、主要目标和措施的阶段性计划,对全国的环境保护工作具有指导意义。国家环境保护规划的规划期间为五年,是对国民经济与社会发展规划纲要中环境保护篇章的细化。地方层面,省、市、县均需根据上级环境保护规划和自身实际情况编制自己的环境保护规划。

---

① 蔡守秋主编:《环境法教程》,法律出版社 1995 年版,第 96 页。
② 金瑞林主编:《环境法学》,北京大学出版社 2016 年版,第 82 页。

环境保护规划是环境保护的综合性规划,但相对于国民经济与社会发展规划、主体功能区规划、土地利用总体规划、城乡规划等规划而言,却是专项规划,因此应当与上述规划进行有效衔接,在上述规划的约束之下制定环境保护的内容。

2014年修订的《环境保护法》第13条规定:"县级以上人民政府应当将环境保护工作纳入国民经济和社会发展规划。国务院环境保护主管部门会同有关部门,根据国民经济和社会发展规划编制国家环境保护规划,报国务院批准并公布实施。县级以上地方人民政府环境保护主管部门会同有关部门,根据国家环境保护规划的要求,编制本行政区域的环境保护规划,报同级人民政府批准并公布实施。环境保护规划的内容应当包括生态保护和污染防治的目标、任务、保障措施等,并与主体功能区规划、土地利用总体规划和城乡规划等相衔接。"

2. 自然资源规划

自然资源规划是根据国家或特定地区自然资源本身的特点以及国民经济和社会发展的要求,在一定规划期内对管辖区域内各类自然资源的开发、利用、保护、修复和管理所作的总体安排。我国现行各自然资源单行法基本都有关于自然资源规划的规定,如《土地管理法》规定了土地利用总体规划。土地是国土空间基本载体,因此土地利用总体规划不仅是自然资源规划,而且是与国民经济和社会发展规划、城乡规划等类似的基础性、综合性规划。《水法》规定了水资源规划,包括流域规划和区域规划,二者又分别包括综合规划和专项规划。此外,《森林法》规定了林业规划,《草原法》规定了草原规划,《渔业法》规定了渔业规划,《矿产资源法》规定了矿产资源规划。

3. 污染防治或生态保护专项规划

环境保护行政主管部门经常针对特定区域或事项,制定污染防治或生态保护的专项规划,针对性地解决某地或某项环境问题,如《"一带一路"生态环境保护合作规划》《国家环境保护标准"十三五"发展规划》《国家环境保护"十三五"环境与健康工作规划》《全国生态保护"十三五"规划纲要》等。

除了环境保护主管部门,国务院和根据法律规定享有环境保护职权的其他部门也可以单独或联合发布各种专项规划。如国务院批准、国家发改委公布的《国家应对气候变化规划(2014—2020年)》,原环境保护部、国家发改委、水利部联合印发的《长江经济带生态环境保护规划》和《重点流域水污染防治规划(2016—2020年)》等。

4. 与环境保护相关的其他规划

国土空间规划是根据环境与资源承载能力、现有开发密度和发展潜力等,对国家未来人口分布、经济布局、国土利用和城市化格局所作的统筹考虑和总体安排。我国的《全国主体功能区规划》于2011年正式公开发布,规划期到2020年,是我国第一部国土空间开发规划,是国土空间开发的战略性、基础性和约束性规划。该规划根据我国国土空间的自然状况、综合评价、突出问题和面临趋势,将国土空间按开发方式分为优化开发区域、重点开发区域、限制开发区域和禁止开发区域;按开发内容分为城市化地区、农产品主产区和重点生态功能区;按开发层级分为国家和省级两个层面。国土空间规划是战略性和基础性规划,其他环境规划均要遵循该规划的要求,地方环境规划还要遵循所属省级主体功能区规划的要求。

海洋主体功能区规划适用《全国海洋主体功能区规划》的有关规定。海洋主体功能区规划是海洋空间开发的基础性和约束性规划,该规划是《全国主体功能区规划》的重要组成部分。《全国海洋主体功能区规划》的规划范围包括我国内水和领海、专属经济区和大陆架及其他管辖海域(不包括港澳台地区)。其中,内水和领海主体功能区按开发强度分为优化开发区域、重点开发区域、限制开发区域和禁止开发区域,按开发内容分为产业与城镇建设区域、农渔业生产区和生态环境服务区域。

国民经济和社会发展规划纲要中,专门设环境保护篇章,这是环境保护规划的编制基础,也是其他专项规划的编制依据。

城乡规划是一个城市、乡镇或村庄的产业、交通、生活区、公共设施的空间布局的全面规划。① 规划中的河道、水库、水源地、自然保护区、防汛通道、消防通道、核电站、垃圾填埋场及焚烧厂、污水处理厂等设施均与环境保护息息相关,是环境保护规划的重要参考,也影响到环境保护规划的制定。城乡规划应当符合环境保护法律的要求。《城乡规划法》第4条规定:"制定和实施城乡规划,应当……改善生态环境,促进资源、能源节约和综合利用,保护耕地等自然资源……防止污染和其他公害……"城乡规划应当依据《环境影响评价法》和《规划环境影响评价条例》的要求进行环评。

(四) 环境规划的改革试点

2014年,国家发改委、国土部、环保部和住建部四部委联合发布《关于开展市县"多规合一"试点工作的通知》(发改规划〔2014〕1971号),推动国民经济社会发展规划、城乡规划、土地利用规划、生态环境保护规划"多规合一",探索整合空间管制分区,划定城市开发边界、永久基本农田红线和生态保护红线,形成合理的城镇、农业、生态空间布局,探索完善经济社会、资源环境政策和空间管控措施;秉持"一个市县一本规划、一张蓝图"的原则,解决市县规划自成体系、内容冲突、缺乏衔接协调等突出问题,保障市县规划有效实施。

2017年中共中央办公厅、国务院办公厅联合印发《省级空间规划试点方案》,提出以主体功能区规划为基础,全面摸清并分析国土空间本底条件,划定城镇、农业、生态空间以及生态保护红线、永久基本农田、城镇开发边界,注重开发强度管控和主要控制线落地,统筹各类空间性规划,编制统一的省级空间规划。

2018年11月和2019年5月中共中央、国务院发布的《关于统一规划体系更好发挥国家发展规划战略导向作用的意见》《关于建立国土空间规划体系并监督实施的若干意见》进一步明确了资源环境对国土空间规划的约束,提出国土空间规划编制前应当开展资源

① 依据《城乡规划法》第1条的规定,城乡规划是以促进城乡经济社会全面协调可持续发展为根本任务、促进土地科学使用为基础、促进人居环境根本改善为目的,涵盖城乡居民点的空间布局规划。

环境承载能力和国土空间开发适宜性"双评价",将"依法开展环境影响评价"作为提高规划科学性的重要方面。

规划环评与环境规划全过程、多层次的融合共生能够满足国土空间"多规合一"的战略决策要求,实现生态文明建设提出的海绵城市、低碳城市和新型城镇化的理想图景。①

二、环境规划制度的内容

(一) 环境规划的制定原则

制定环境规划应当遵循一定的原则。

1. 合法性原则

环境规划的合法性原则是制定环境规划应当遵循的首要原则,它要求制定环境规划时必须依法而为,于法有据。具体包括:主体合法,即编制和审批环境规划的主体必须是法律规定或授权的有权机关;内容合法,即规划的内容必须符合相关实体法的规定;程序合法,即规划从起草到最终公布必须遵循法定的程序。

2. 公众参与原则

环境规划的公众参与原则要求制定规划时应当听取广大公众对规划的意见,吸收公众的合理诉求。公众参与原则是民主原则在行政规划中的具体表现,环境规划对未来一定时期内的环境事务作出规划,在很大程度上会直接或间接影响到不特定多数人的环境利益和其他权利,因而应当在制定规划时听取规划关系人的意见和诉求。当前环境规划的制定具有强烈的单方性,即政府部门单方制定,没有听取规划关系人的意见和诉求,这是环境规划面临的问题之一。

3. 科学性原则

环境规划的科学性原则要求制定环境规划时应当遵循自然规律、经济规律和社会发展规律,实事求是地解决问题。一方面,环境规划规制的对象有相当一部分是自然环境,应对自然环境问题自然要尊重自然规律,以科学的原理和方法解决环境问题。另一方面,环境与经济、社会发展息息相关,环境保护不能脱离经济、社会条件的约束,因而环境规划应当遵循经济规律和社会发展规律。

4. 统筹协调原则

环境规划的统筹协调原则要求制定环境规划时应当注意与国民经济和社会发展规划、城乡规划等其他规划进行协调,有效衔接,尽量避免相互冲突。环境规划属于经济社会综合性规划的组成部分,应当受到其他部分的约束,同时环境规划中的约束性指标也影响到综合性规划中其他部分的制定。

(二) 环境规划的编制与审批

环境规划没有统一的制定程序,通常遵循规划准备→草案编制→意见征求→修

---

① 席悦,包存宽:"基于'自觉——响应'的城乡规划环评创新路径研究",《城乡规划》2019年第2期。

改→审议或批准的流程。规划的审议或批准机关包括人民代表大会、人民政府和主管部门。国民经济和社会发展规划纲要由各级人民代表大会审议通过;经济社会综合性规划由国务院或省级人民政府及授权部门批准,如城乡规划和土地利用总体规划中,省级行政区和重要城市的规划由国务院批准,其他地区规划由省级人民政府或其授权部门批准;环境保护规划由国务院或同级人民政府批准;重要的自然资源规划由国务院或本级人民政府或授权部门批准,如国家确定的重要江河、湖泊的流域综合规划由国务院批准,省级行政区内的江河、湖泊的流域综合规划和区域综合规划由本级人民政府或者其授权的部门批准。污染防治或生态保护专项规划由相关主管部门制定并发布。

(三)环境规划的执行监督

环境规划的功能是指引环境行政管理实践,如果缺乏有效的规划执行考核和监督制度,环境规划就难以在环境行政管理实践中发挥实际效用。为此,我国制定并发布了不少规划执行考核和监督规则。例如,《国家环境保护"十一五"规划》提到要对规划执行情况进行中期评估和终期考核。在此基础上陆续出台了《重点流域水污染防治专项规划实施情况考核暂行办法》《关于开展〈国家环境保护"十二五"规划〉终期评估与考核工作的通知》《关于开展全国水土保持规划实施情况考核评估工作的通知》等。除行政机关自行发起的规划评估考核以外,外部监督也是督促执行部门的有效方法,包括人大监督、公众监督等。但是,目前的环境规划执行监督只是在个别时间对个别事项进行评估,没有形成常设性、一般性的规划评估考核制度,这是有待进一步改善的。

第三节 国土空间规划制度及其相关制度

一、我国国土空间规划制度概述

国土空间是指国家主权与主权权利管辖下的地域空间,是国民生存的场所和环境,包括陆地、陆上水域、内水、领海、领空等。依提供产品的类别,国土空间可以分为城市空间、农村空间、生态空间和其他空间。①

城市空间包括城市建设空间和工矿建设空间;农村空间包括农业生产空间和农村生活空间;生态空间包括绿色生态空间和其他生态空间;其他空间是指除以上三类空间以外的其他国土空间(见表5)。

---

① 《国务院关于印发全国主体功能区规划的通知》(国发〔2010〕46号),http://www.gov.cn/zwgk/2011-06/08/content_1879180.htm。

表 5　我国国土空间的分类

国土空间	城市空间	城市建设空间：包括城市和建制镇居民点空间
		工矿建设空间：城镇居民点以外的独立工矿空间
	农村空间	农业生产空间：包括耕地、改良草地、人工草地、园地、其他农用地(包括农业设施和农村道路)空间
		农村生活空间：农村居民点空间
	生态空间	绿色生态空间：包括天然草地、林地、湿地、水库水面、河流水面、湖泊水面
		其他生态空间：包括荒草地、沙地、盐碱地、高原荒漠等
	其他空间	除以上三类空间以外的其他国土空间,包括交通设施空间、水利设施空间、特殊用地空间。交通设施空间包括铁路、公路、民用机场、港口码头、管道运输等占用的空间。水利设施空间即水利工程建设占用的空间。特殊用地空间包括居民点以外的国防、宗教等占用的空间

国土空间规划是对一定区域国土空间开发保护在空间和时间上的安排。国土空间规划是国家空间发展的指南、可持续发展的空间蓝图,是各类开发保护建设活动的基本依据。国土空间规划的类型包括总体规划、详细规划和相关专项规划。总体规划是国土空间开发保护的宏观规划。详细规划是对具体地块用途和开发建设强度等作出的实施性安排,是开展国土空间开发保护活动、实施国土空间用途管制、核发城乡建设项目规划许可、进行各项建设等的法定依据。相关专项规划是指在特定区域(流域)、特定领域,为体现特定功能,对空间开发保护利用作出的专门安排,是涉及空间利用的专项规划。

国土空间规划具有指导性,它是详细规划和相关专项规划的依据和基础。国土空间规划具有综合性,它融合了主体功能区规划、土地利用总体规划、城乡规划等多种空间规划,即"多规合一"。国土空间规划制度的目的是构建国土空间规划体系,从而全面提升国土空间治理体系和治理能力的现代化水平,最终形成生产空间集约高效、生活空间宜居适度、生态空间山清水秀,安全和谐、富有竞争力和可持续发展的国土空间格局。

2019 年 6 月发布的《自然资源部关于全面开展国土空间规划工作的通知》提出,各地不再新编和报批主体功能区规划、土地利用总体规划、城镇体系规划、城市(镇)总体规划、海洋功能区划等。已批准的规划期至 2020 年后的省级国土规划、城镇体系规划、主体功能区规划、城市(镇)总体规划,以及原省级空间规划试点和市县"多规合一"试点,要按照新的规划编制要求将既有规划融入新编制的同级国土空间规划中。主体功能区规划、土地利用总体规划、城乡规划、海洋功能区划等统称为"国土空间规划"。

二、国土空间规划制度的内容

(一)国土空间规划的主管机构

自然资源部国土空间规划局是国土空间规划的主管部门。国土空间规划局是自然资源部的内设机构,负责拟订国土空间规划相关政策,承担建立空间规划体系工作并监督实施;

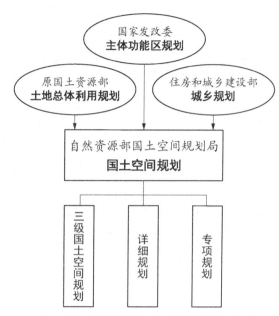

图 1 国土空间规划主管机构及其职责变更

组织编制全国国土空间规划和相关专项规划并监督实施;承担报国务院审批的地方国土空间规划的审核、报批工作,指导和审核涉及国土空间开发利用的国家重大专项规划;开展国土空间开发适宜性评价,建立国土空间规划实施监测、评估和预警体系。

自然资源部组建后,生态文明建设要求的"三个统一行使"中的两个"统一行使"由自然资源部承担,即"统一行使全民所有自然资源资产所有者职责"和"统一行使所有国土空间用途管制和生态保护修复职责"。国土空间规划局是在保留了原国土资源部规划职责的基础上,整合了国家发改委的组织编制主体功能区规划职责以及住房和城乡建设部的城乡规划管理职责建立的。整合多部门职责的目的在于建立"多规合一"的空间规划体系。

(二)国土空间规划的编制

国土空间规划体系主要包括国土空间规划、详细规划和专项规划三类,并实行"分级分类"管理。

国土空间规划分为全国、省级和市县乡镇三级。全国国土空间规划是对全国国土空间作出的全局安排,是全国国土空间保护、开发、利用、修复的政策和总纲,侧重战略性,由自然资源部会同相关部门组织编制,由党中央、国务院审定后印发。省级国土空间规划是对全国国土空间规划的落实,指导市县国土空间规划编制,侧重协调性,由省级政府组织编制,经同级人大常委会审议后报国务院审批。市县乡镇的国土空间规划是对上级国土空间规划要求的细化落实,是对本行政区域开发保护作出的具体安排,侧重实施性。需报国务院审批的城市国土空间总体规划由市政府组织编制,经同级人大常委会审议后,由省级政府报国务院审批;其他市县及乡镇国土空间规划由省级政府根据当地实际,明确规划编制审批内容和程序要求。各地可因地制宜,将市县与乡镇国土空间规划合并编制,也可以几个乡镇为单元编制乡镇级国土空间规划。①

---

① 省级国土空间规划审查要点包括:(1)国土空间开发保护目标;(2)国土空间开发强度、建设用地规模,生态保护红线控制面积、自然岸线保有率,耕地保有量及永久基本农田保护面积,用水总量和强度控制等指标的分解下达;(3)主体功能区划分,城镇开发边界、生态保护红线、永久基本农田的协调落实情况;(4)城镇体系布局,城市群、都市圈等区域协调重点地区的空间结构;(5)生态屏障、生态廊道和生态系统保护格局,重大基础设施网络布局,城乡公共服务设施配置要求;(6)体现地方特色的自然保护地体系和历史文化保护体系;(7)乡村空间布局,促进乡村振兴的原则和要求;(8)保障规划实施的政策措施;(9)对市县级规划的指导和约束要求等。

国务院审批的市级国土空间总体规划审查要点,除对省级国土空间规划审查要点的深化细化外,还包括:(1)市域国土空间规划分区和用途管制规则;(2)重大交通枢纽、重要线性工程网络、城市安全与综合防灾体系、(转下页)

市县及以下需要编制详细规划。详细规划是对具体地块用途和开发建设强度等作出的实施性安排,是开展国土空间开发保护活动、实施国土空间用途管制、核发城乡建设项目规划许可、进行各项建设等的法定依据。在城镇开发边界内的详细规划由市县自然资源主管部门组织编制,报同级政府审批;在城镇开发边界外的乡村地区以一个或几个行政村为单元,由乡镇政府组织编制"多规合一"的实用性村庄规划,作为详细规划,报上一级政府审批。

特定领域需要编制专项计划。海岸带、自然保护地等专项规划由所在区域或上一级自然资源主管部门牵头组织编制,报同级政府审批;涉及空间利用的某一领域专项规划,如交通、能源、水利、农业、信息、市政等基础设施,公共服务设施,军事设施,以及生态环境保护、文物保护、林业草原等专项规划,由相关主管部门组织编制。相关专项规划可在国家、省和市县层级编制,不同层级、不同地区的专项规划可结合实际选择编制的类型和精度。专项规划受国土空间规划指导和约束。

三、国土空间规划的相关制度

(一) 国土空间用途管制制度

1. 国土空间用途管制制度的概念

国土空间用途管制是对不同国土空间的用途及利用限度进行安排。国土空间用途管制制度源于土地用途管制,①后扩大到林地、草地、河流、湖泊、湿地等自然要素,目的是将土地用途管制的理念、方法和制度扩大到所有自然生态空间,严禁任意改变国土空间的用途,防止不合理开发建设活动对生态空间的破坏和扰动。国土空间用途管制的依据是相关国土空间规划。

山水林田湖草是一个生命共同体,应当由一个部门承担所有国土空间的用途管制职责,因此国土空间用途管制职能由自然资源部国土空间用途管制司统一行使。统一行使所有国土空间用途管制职责,有助于统筹考虑自然生态各要素、山上山下、地上地下、陆地海洋等,实现对山水林田湖草的整体保护、系统修复和综合治理。

2. 国土空间用途管制制度改革

当前,我国正在进行国土空间用途管制改革和试点。2017年3月,原国土资源部发布了《自然生态空间用途管制办法(试行)》,并制定了《自然生态空间用途管制试点方案》。国土空间用途管制改革内容主要包括三部分:一是完善用途管制理念方法,改革现行土地用途管制制度;二是将土地用途管制扩展到所有国土空间,构建覆盖全域全类型国土空

(接上页)地下空间、邻避设施等设施布局,城镇政策性住房和教育、卫生、养老、文化体育等城乡公共服务设施布局原则和标准;(3) 城镇开发边界内,城市结构性绿地、水体等开敞空间的控制范围和均衡分布要求,各类历史文化遗存的保护范围和要求,通风廊道的格局和控制要求;城镇开发强度分区及容积率、密度等控制指标,高度、风貌等空间形态控制要求;(4) 中心城区城市功能布局和用地结构等。

① 为确保国家粮食安全,我国实行了最严格的耕地保护制度和最严格的节约集约用地制度,这是现行土地用途管制的基础。1997年中共中央、国务院联合下发《关于进一步加强土地管理切实保护耕地的通知》,首次提出"用途管制"的概念。1998年修订的《土地管理法》将这一概念上升为基本制度。

间用途管制制度;三是丰富用途管制手段和工具,推进用途管制从平面向立体转变。下一步将开展试点成果的验收和总结,修订《自然生态空间用途管制办法(试行)》,并起草《国土空间开发保护法》,明确国土空间用途管制的原则、内容、程序等。

(二)主体功能区制度

1. 主体功能区制度的概念

主体功能区制度是指根据不同区域的资源环境承载能力、现有开发强度和发展潜力,统筹谋划人口分布、经济布局、国土利用和城镇化格局,确定不同区域的主体功能,并据此明确开发方向,完善开发政策,控制开发强度,规范开发秩序,逐步形成人口、经济、资源环境相协调的国土空间开发格局。① 依据提供产品的类型、资源环境承载力和开发的适宜性,国土空间的开发方式、开发内容和开发层级都不相同。

2. 主体功能区的分类

(1) 依据开发方式划分

依据开发方式不同我国国土空间分为以下主体功能区:① 优化开发区域;② 重点开发区域;③ 限制开发区域;④ 禁止开发区域。优化开发区域、重点开发区域、限制开发区域和禁止开发区域,是基于不同区域的资源环境承载能力、现有开发强度和未来发展潜力,以及是否适宜或如何进行大规模高强度工业化城镇化开发为基准划分的。优化开发、重点开发和限制开发区域原则上以县级行政区为基本单元;禁止开发区域以自然或法定边界为基本单元,分布在其他类型主体功能区域之中。

优化开发区域,指经济比较发达、人口比较密集、开发强度较高、资源环境问题突出,从而应该优化进行工业化城镇化开发的城市化地区。

重点开发区域,指有一定经济基础、资源环境承载能力较强、发展潜力较大、集聚人口和经济的条件较好,从而应该重点进行工业化城镇化开发的城市化地区。优化开发和重点开发区域都属于城市化地区,开发内容总体上相同,开发强度和开发方式不同。

限制开发区域分为两类:一类是农产品主产区,即耕地较多、农业发展条件较好,尽管也适宜工业化城镇化开发,但从保障国家农产品安全以及中华民族永续发展的需要出发,必须把增强农业综合生产能力作为发展的首要任务,从而应该限制进行大规模高强度工业化城镇化开发的地区;另一类是重点生态功能区,即生态系统脆弱或生态功能重要,资源环境承载能力较低,不具备大规模高强度工业化城镇化开发的条件,必须把增强生态产品生产能力作为首要任务,从而应该限制进行大规模高强度工业化城镇化开发的地区。

禁止开发区域,指依法设立的各级各类自然文化资源保护区域,以及其他禁止进行工业化城镇化开发、需要特殊保护的重点生态功能区。国家层面禁止开发区域,包括国家级自然保护区、世界文化自然遗产、国家级风景名胜区、国家森林公园和国家地质公园。省

---

① 党的十七大要求到2020年基本形成主体功能区布局。国家"十一五"规划纲要要求编制全国主体功能区规划,明确主体功能区的范围、功能定位、发展方向和区域政策。《国务院关于编制全国主体功能区规划的意见》(国发〔2007〕21号)对编制规划提出了具体要求。

级层面的禁止开发区域,包括省级及以下各级各类自然文化资源保护区域、重要水源地以及其他省级人民政府根据需要确定的禁止开发区域。

(2) 依据开发内容划分

依据提供主体产品的类型不同,我国国土空间分为以下主体功能区:① 城市化地区;② 农产品主产区;③ 重点生态功能区。

城市化地区,指以提供工业品和服务产品为主体功能的地区,也提供农产品和生态产品。农产品主产区,指以提供农产品为主体功能的地区,也提供生态产品、服务产品和部分工业品。重点生态功能区,指以提供生态产品为主体功能的地区,也提供一定的农产品、服务产品和工业品。各类主体功能区,国家支持重点不同。对城市化地区主要支持其集聚人口和经济,对农产品主产区主要支持其增强农业综合生产能力,对重点生态功能区主要支持其保护和修复生态环境。

(3) 依据开发层级划分

依据开发层级不同,我国国土空间主体功能区可以分为国家级和省级两大类。

值得注意的是,优化开发、重点开发、限制开发、禁止开发中的"开发",特指大规模高强度的工业化城镇化开发,并不是指所有开发活动。将一些区域确定为限制开发区域,并不是限制发展,而是为了更好地保护这类区域的农业生产力和生态产品生产力,实现科学发展。

(三) 国土空间规划、国土空间用途管制与自然资源监管制度的关系

国土空间是自然资源的载体,通过国土空间规划构建科学的国土空间结构,是合理利用自然资源的前提条件。国土空间用途管制实际上是自然资源载体的用途管制,国土空间规划是国土空间用途管制的依据。因此我们可以说,国土空间是载体,国土空间规划是依据,国土空间用途管制是手段,自然资源的合理利用才是目的。

第四节 生态保护红线制度

一、我国生态保护红线概述

(一) 生态保护红线的概念

2011年,国务院发布《关于加强环境保护重点工作的意见》,明确提出:"国家编制环境功能区划,在重要生态功能区、陆地和海洋生态环境敏感区、脆弱区等区域划定生态红线,对各类主体功能区分别制定相应的环境标准和环境政策。"这是中央层面首次提出划定"生态红线",此后又陆续出台一系列文件,在生态红线的基础上又提出"生态保护红线"的概念,其内涵也不断拓展。与此同时,还出现了"生态保护红线体系"的概念,其内容由"受到严格保护的生态空间"(即"生态功能基线"),扩展到包含"生态功能基线""环境质量底线""资源利用上限"的综合性控制线,也就是通常所说的生态保护要严守的"三条红线"

(详见表6)。由于三条红线的构成和管理制度不同,不宜一概而论。

表6 生态保护红线概念演进一览表

时 间	法律名称	颁布机关	具 体 条 文
2011年10月	《关于加强环境保护重点工作的意见》	国务院	(十一)加大生态保护力度。国家编制环境功能区划,在重要生态功能区、陆地和海洋生态环境敏感区、脆弱区等区域划定生态红线,对各类主体功能区分别制定相应的环境标准和环境政策
2013年11月	《中共中央关于全面深化改革若干重大问题的决定》	中共中央	十四、加快生态文明制度建设 (52)划定生态保护红线。坚定不移实施主体功能区制度,建立国土空间开发保护制度,严格按照主体功能区定位推动发展,建立国家公园体制。建立资源环境承载能力监测预警机制,对水土资源、环境容量和海洋资源超载区域实行限制性措施
2014年1月	《国家生态保护红线——生态功能基线划定技术指南(试行)》	原环保部	国家生态保护红线体系是实现生态功能提升、环境质量改善、资源永续利用的根本保障,具体包括生态功能保障基线、环境质量安全底线和自然资源利用上线(简称为生态功能红线,环境质量红线和资源利用红线) 生态保护红线:是指对维护国家和区域生态安全及经济社会可持续发展,保障人民群众健康具有关键作用,在提升生态功能、改善环境质量、促进资源高效利用等方面必须严格保护的最小空间范围与最高或最低数量限值 生态功能红线:指对维护自然生态系统服务,保障国家和区域生态安全具有关键作用,在重要生态功能区、生态敏感区、脆弱区等区域划定的最小生态保护空间
2015年4月	《中共中央 国务院关于加快推进生态文明建设的意见》	中共中央办公厅、国务院办公厅	(二十一)严守资源环境生态保护红线。树立底线思维,设定并严守资源消耗上限、环境质量底线、生态保护红线,将各类开发活动限制在资源环境承载能力之内。合理设定资源消耗"天花板",加强能源、水、土地等战略性资源管控,强化能源消耗强度控制,做好能源消费总量管理。继续实施水资源开发利用控制、用水效率控制、水功能区限制纳污三条红线管理。划定永久基本农田,严格实施永久保护,对新增建设用地占用耕地规模实行总量控制,落实耕地占补平衡,确保耕地数量不下降、质量不降低。严守环境质量底线,将大气、水、土壤等环境质量"只能更好、不能变坏"作为地方各级政府环保责任红线,相应确定污染物排放总量限值和环境风险防控措施。在重点生态功能区、生态环境敏感区和脆弱区等区域划定生态红线,确保生态功能不降低、面积不减少、性质不改变;科学划定森林、草原、湿地、海洋等领域生态红线,严格自然生态空间征(占)用管理,有效遏制生态系统退化的趋势。探索建立资源环境承载能力监测预警机制,对资源消耗和环境容量接近或超过承载能力的地区,及时采取区域限批等限制性措施

续表

时 间	法律名称	颁布机关	具 体 条 文
2015年5月	《生态保护红线划定技术指南》	原环保部	生态保护红线是指依法在重点生态功能区、生态环境敏感区和脆弱区等区域划定的严格管控边界,是国家和区域生态安全的底线。生态保护红线所包围的区域为生态保护红线区,对于维护生态安全格局、保障生态系统功能、支撑经济社会可持续发展具有重要作用
2017年2月	《关于划定并严守生态保护红线的若干意见》	中共中央办公厅、国务院办公厅	生态保护红线是指在生态空间范围内具有特殊重要生态功能、必须强制性严格保护的区域,是保障和维护国家生态安全的底线和生命线,通常包括具有重要水源涵养、生物多样性维护、水土保持、防风固沙、海岸生态稳定等功能的生态功能重要区域,以及水土流失、土地沙化、石漠化、盐渍化等生态环境敏感脆弱区域

本节仅讨论狭义的生态保护红线,即影响国土生态安全,应当予以强制性严格保护的最小生态空间,通常包括具有重要水源涵养、生物多样性维护、水土保持、防风固沙、海岸生态稳定等功能的生态功能重要区域,以及水土流失、土地沙化、石漠化、盐渍化等生态环境敏感脆弱区域。

在法律和政策文件中,有关生态红线含义的表述不断提升。从中央层面首次提出"生态红线"概念到2013年11月《中共中央关于全面深化改革若干重大问题的决定》公布前,多使用"生态红线"的表述,而且总是与重点生态功能区、生态环境敏感区、脆弱区等表达生态保护空间的概念一并出现,通常位于相关文件的生态保护部分,加上前后文并未提到环境质量和资源利用,从文义解释和体系解释的角度来看,应是狭义概念。从《中共中央关于全面深化改革若干重大问题的决定》到2014年4月新环保法修订前,多使用"生态保护红线"的表述,而且直接对概念作出了广义的规定。从2014年新环保法修订以来,多使用"生态保护红线"的表述,且多在狭义上使用该表述,《关于划定并严守生态保护红线的若干意见》(以下简称《意见》)更是直接作狭义界定。少数使用"生态红线"的条文也是在狭义上使用该概念,而表达广义的术语变为"资源环境生态红线"。综上,"生态保护红线"的含义经历了从狭义到广义再到狭义的转变,目前应理解为"受到严格保护的生态空间"。①

(二)生态保护红线的定位与功能

生态保护红线是保障和维护国家生态安全的底线和生命线,是国家环境保护顶层设计的重要内容。划定并严守生态保护红线是贯彻落实主体功能区制度、实施生态空间用途管制的重要举措,是提高生态产品供给能力和生态系统服务功能、构建国家生态安全格

---

① 环境质量底线,是指居民生活于其中可以保持健康的最低限度的环境质量;资源利用上限,是指为了资源长期可持续开发,在当前一定时期内资源开发利用的上限。生态保护红线,主要是空间概念,环境质量底线和资源利用上限是数值概念。虽然三者同属于红线,却是三种不同的制度,不宜一概而论,作统一的制度规定。

局的有效手段,是健全生态文明制度体系、推动绿色发展的有力保障。

除了规范行政相对人的环境开发利用行为,生态保护红线制度的重要作用还在于限制政府权力。① 我国环境问题产生的重要原因之一是一些地方政府重经济发展,轻环境保护,批准了一批严重污染环境或破坏生态的项目。生态保护红线内的区域要按照禁止开发区域的规定进行管理,这不仅限制了行政相对人资源开发的行为,也限制了行政机关的审批权力,保护生态安全的底线不被短期利益绑架,保障国家生态安全。

二、生态保护红线的划定及管理

(一) 生态保护红线的划定及其原则

1. 生态保护红线的划定范围

《关于划定并严守生态保护红线的若干意见》(以下简称《意见》)规定,生态保护红线包括具有重要水源涵养、生物多样性维护、水土保持、防风固沙、海岸生态稳定等功能的生态功能重要区域,以及水土流失、土地沙化、石漠化、盐渍化等生态环境敏感脆弱区域,并涵盖所有国家级、省级禁止开发区域,以及有必要严格保护的其他各类自然保护地。重点生态功能区是指承担水源涵养、水土保持、防风固沙和生物多样性维护等重要生态功能,关系全国或较大范围区域的生态安全,需要在国土空间开发中限制进行大规模高强度工业化城镇化开发,以保持并提高生态产品供给能力的区域,属于主体功能区规划中限制开发的区域。截至2016年9月,我国国家重点生态功能区的县市区数量为676个,占国土面积的比例为53%。生态环境敏感区是对人类活动较为敏感,容易受到不利影响的区域,分布面积广泛。② 生态脆弱区是指两种不同类型生态系统交界过渡区域,具有系统抗干扰能力弱、时空波动性强、边缘效应显著、环境异质性高等特征,在21个省(自治区、直辖市)均有分布。③ 环境敏感区和生态脆弱区都是生态保护的重点区域。禁止开发区域是指禁止进行工业化城镇化开发的区域,包括自然保护区、世界自然文化遗产、风景名胜区、森林公园、地质公园等具有明确边界并予以特殊保护的区域。值得注意的是,生态保护红线并非这三类区域的简单叠加,而是从三类区域中根据一定的技术方法选择最具有生态重要性的区域,明确边界,统一进行特殊保护。这三类区域内的生态空间并非全部具有生态重要性,也并非都实行特殊保护,而且面积巨大,不可能全部划为生态保护红线。

2. 生态保护红线的划定原则

(1) 科学性原则

科学性原则要求以构建国家生态安全格局为目标,采取定量评估与定性判定相结合的方法划定生态保护红线。在资源环境承载能力和国土空间开发适宜性评价的基础上,

---

① 参见肖峰、贾倩倩:"论我国生态保护红线制度的应然功能及其实现",《中国地质大学学报(社会科学版)》2016年第6期。
② 《全国生态功能区划》(2015年修编版),环境保护部、中国科学院公告2015年第61号。
③ 《全国生态脆弱区保护规划纲要》,环发〔2008〕92号。

按生态系统服务功能重要性、生态环境敏感性来划定生态保护红线范围,并落实到国土空间,确保生态保护红线布局合理、落地准确、边界清晰。

(2) 整体性原则

整体性原则要求统筹考虑自然生态整体性和系统性,结合山脉、河流、地貌单元、植被等自然边界以及生态廊道的连通性,合理划定生态保护红线,应划尽划,避免生态环境破碎化,加强跨区域间生态保护红线的有序衔接。

(3) 协调性原则

协调性原则要求建立协调有序的生态保护红线划定工作机制,强化部门联动;生态红线的划定充分与主体功能区规划、生态功能区划、水功能区划及土地利用现状、城乡发展布局、国家应对气候变化规划等相衔接,与永久基本农田保护红线和城镇开发边界相协调,与经济社会发展需求和当前监管能力相适应。

(4) 动态性原则

动态性原则要求根据构建国家和区域生态安全格局、提升生态保护能力和生态系统完整性的需要,生态保护红线布局应不断调整、优化和完善。

(二) 生态保护红线的管控要求

1. 严格保护与优先地位

国家对生态保护红线的定位是"保障和维护国家生态安全的底线和生命线",因此对它的保护也是最严格的,体现为严格管控和规划优先地位。首先,生态保护红线原则上按禁止开发区域的要求进行管理,红线内严禁不符合主体功能定位的各类开发活动,严禁任意改变用途,确保生态功能不降低、面积不减少、性质不改变。禁止开发区域是指禁止进行工业化城镇化开发的区域,除原则上禁止开发外,并无统一的较为明确的管理规定。禁止开发区域按照不同类型依据相应的法规进行管理。为提高生态保护红线制度的权威性,切实做到严格保护,应当以法律或行政法规确立生态保护红线的特殊地位,规定统一的禁止性要求。

《意见》规定,生态保护红线划定后,只能增加,不能减少,因国家重大基础设施、重大民生保障项目建设等需要调整的,由省级政府组织论证,提出调整方案,经原环境保护部、国家发展改革委员会会同有关部门提出审核意见后,报国务院批准。因国家重大战略资源勘查需要,在不影响主体功能定位的前提下,经依法批准后予以安排勘查项目。该条鲜明体现出对生态保护红线的严格保护要求。

其次,由于生态保护红线的基础性、约束性地位,应确立生态保护红线在各类规划中的优先地位。生态保护红线划定后,相关规划要符合生态保护红线空间管控要求,不符合的要及时进行调整。空间规划编制要将生态保护红线作为重要基础,发挥生态保护红线作为国土空间开发底线的作用。

2. 分级管控

有学者认为,生态保护红线可以参照自然保护区的分级管理模式,分为国家级和地方级两类。① 实际上,生态保护红线制度的重点应该是国家生态保护红线。根据《意见》的规定,环境保护行政主管部门和国家发改委在各省(自治区、直辖市)生态保护红线的基础上汇总形成全国生态保护红线,划定的生态保护红线应当涵盖所有国家级、省级禁止开发区域,划定后需要调整的报国务院批准。可见,国家层面希望划定全国统一的生态保护红线,有了该红线,就可以基本保障国家生态安全。如无特殊说明,一般所述的生态保护红线是指国家生态保护红线。地方可以参照国家生态保护红线设立自己的生态保护红线,但在管理层级和管控要求上有所区别。

3. 分区管控

生态保护红线区域内部可以参照自然保护区实行分区管理,实行不同程度的保护。一级区域实行最严格的保护措施,严格禁止一切生产经营活动,严禁非管理人员进入该区域,因科学研究确有必要进入的,应履行严格的审批程序,向省级人民政府申请并获得批准。对区内原住民逐步实行迁出,由当地人民政府予以妥善安置。二级区域实行次一级的保护措施,进入该区域需向生态保护红线管理机构提出申请并获得批准。严格控制区内人口迁入和生产生活活动。

4. 分类管控

生态保护红线还应进行分类管理。生态保护红线覆盖的区域大多为自然保护区、风景名胜区、森林公园、世界自然文化遗产、地质公园等自然保护区域,虽然统一划入生态保护红线,但并不意味着在管理体制和机制上一定要全部统一。相反,由于各类自然保护区域的自然条件、社会环境不同,针对各自特点进行一定程度的分类管理更为适宜。如风景名胜区与景观开发、旅游资源密切相关,而自然保护区注重保存自然区域的完整性,根据二者特点设立相应的管理机构,赋予相应职能,比设立职能相同的机构更有效。

三、生态保护红线的保障制度

(一) 监测制度

对生态保护红线进行监测是有效管理的基础。国家应当投入资源,汇集各部门力量,利用当前较为先进的技术条件,建立生态保护红线监测平台,对红线内自然物的状态和人类活动进行有效监测,及时发现异常情况和违法活动。《意见》规定,建立国家生态保护红线监管平台。依托国务院有关部门生态环境监管平台和大数据,运用云计算、物联网等信息化手段,加强监测数据集成分析和综合应用,强化生态气象灾害监测预警能力建设,全面掌握生态系统构成、分布与动态变化,及时评估和预警生态风险,提高生态保护红线管理决策科学化水平。实时监控人类干扰活动,及时发现破坏生态保护红线的行为,对监控发现的问题,通报当地政府,由有关部门依据各自职能组织开展现场核查,依法依规进行处理。

① 参见陈海嵩:"'生态红线'制度体系建设的路线图",《中国人口·资源与环境》2015 年第 9 期。

（二）评价与考核制度

有效的评价是促进管理的重要环节,对生态保护红线内各种自然资源、生态系统等进行科学的评价,可以检查区域内生态环境是否得到了良好的保护。《意见》规定,从生态系统格局、质量和功能等方面,建立生态保护红线生态功能评价指标体系和方法。定期组织开展评价,及时掌握全国、重点区域、县域生态保护红线生态功能状况及动态变化,评价结果作为优化生态保护红线布局、安排县域生态保护补偿资金和实行领导干部生态环境损害责任追究的依据,并向社会公布。

考核指对管理者履行生态保护红线保护职责是否尽责、管理是否达标的考查认定。《意见》规定,环境保护行政主管部门、国家发展改革委员会会同有关部门,根据评价结果和目标任务完成情况,对各省(自治区、直辖市)党委和政府开展生态保护红线保护成效考核,并将考核结果纳入生态文明建设目标评价考核体系,作为党政领导班子和领导干部综合评价及责任追究、离任审计的重要参考。

评价是针对生态保护红线客观状况的描述,考核是在客观评价的基础上进一步考查管理者的履职情况,因而评价是考核的前提。但评价也有独立于考核的价值,评价制度可以为管理者了解生态保护红线内生态状况提供基础资料,作为制定下一步管理措施的重要依据。

（三）生态补偿

生态保护红线重在生态保护,原则上禁止工业化城镇化开发,因此经济发展机会受到约束,客观上限制了区域内和外围居民的生产生活水平的提高。环境正义理念要求索取自然资源、破坏环境的主体应当向保存自然资源、保护环境的主体进行补偿。其实,这不仅是道德要求,更是保护环境的必要手段。如果生态保护红线附近居民普遍贫穷,那么为了发展经济,就会大规模开发资源、破坏环境。生态环境是一个整体,离生态保护红线区域较远的居民也会受到间接的不利影响。因此生态补偿是生态保护红线制度实施的必要保障制度。《意见》规定,财政部会同有关部门加大对生态保护红线的支持力度,加快健全生态保护补偿制度,完善国家重点生态功能区转移支付政策。推动生态保护红线所在地区和受益地区探索建立横向生态保护补偿机制,共同分担生态保护任务。

（四）生态修复

过去对自然资源重开发、轻保护,各地生态环境都遭到不同程度的破坏,在划定生态保护红线后,为使其能切实发挥国家生态安全的底线和生命线的功能,有必要对红线内受到破坏的环境进行修复,恢复其生态功能。《意见》规定,实施生态保护红线保护与修复,将其作为山水林田湖生态保护和修复工程的重要内容。以县级行政区为基本单元,建立生态保护红线台账系统,制定实施生态系统保护与修复方案。优先保护良好生态系统和重要物种栖息地,建立和完善生态廊道,提高生态系统完整性和连通性。分区分类开展受损生态系统修复,采取以封禁为主的自然恢复措施,辅以人工修复,改善和提升生态功能。选择水源涵养和生物多样性维护为主导生态功能的生态保护红线,开展保护与修复示范。

四、生态保护红线越线责任追究

"越线就是无视红线规定,违反环境义务,超过生态红线划定的范围或限值。"① 生态保护红线越线责任包括行政相对人的责任和行政机关及其工作人员的责任。行政相对人违反生态保护红线管理规范,应当承担行政法律责任。何种行为应承担何种行政法律责任,有待进一步出台具体规定。造成生态保护红线区域内生态环境损害的,还应当承担民事责任,由相关环境主管机关或部门发起生态环境损害索赔。如果造成刑法规定的严重后果,还应当承担刑事责任。

行政机关及其工作人员违反生态保护红线管理规范,做出违法行政行为或行政事实行为的,应当承担行政处分、行政赔偿等行政责任,触犯刑法的,还应当承担刑事责任。

第五节 国家公园制度

一、国家公园制度概述

(一) 国家公园制度的概念

国家公园是指由国家批准设立并主导管理,边界清晰,以保护具有国家代表性的大面积自然生态系统为主要目的,实现自然资源科学保护和合理利用的特定陆地或海洋区域。② 在我国,建立国家公园体制是我国生态文明制度建设的重要制度。建立国家公园制度对推进生态环境科学保护和合理利用、推进美丽中国建设有重要意义。

建立国家公园制度的目的,是解决国家级自然保护区、国家级风景名胜区、世界文化自然遗产、国家森林公园、国家地质公园的功能割裂、管理重叠的问题。以往自然保护区是根据资源类型划分的,由国务院下设的林业、农业、地质矿产、水利、海洋等有关行政主管部门分管,由环境保护行政主管部门负责综合管理。③ 然而,生态文明建设体制改革要求将山水林田湖草作为生命共同体来统一保护。在这样的理念下,按照资源类型来割裂管理职能显然不合时宜。不仅如此,以往住建、林业、环保、文物等部门依据各自的职能主管各种区域,如风景名胜区、世界自然文化遗产、国家森林公园、国家地质公园等,然而这些名称区域所指的地理范围大多是重叠的。比如八达岭同时挂有"国家自然保护区""国家级风景名胜区""国家5A级景区""国家森林公园"等多个"牌子"。也就是说,同一个区域上叠加着多种管理职能,这往往会造成区域规划和资源管理的困难。另外,以往景区的开发、经营、维护和服务都由地方政府负责,对部分地方政府来说财政压力较大。确立国家公园体制后,国务院将接

---

① 吕忠梅著:《环境法原理》,复旦大学出版社 2017 年版,第 248 页。
② 中共中央办公厅、国务院办公厅印发《建立国家公园体制总体方案》。
③ 参见《自然保护区条例》第 8 条。

管各类费用支出和相关的管理工作,这将大大减轻地方政府维护、运营自然保护区的负担。

(二) 国家公园制度的形成

国家公园这一概念诞生于美国,世界第一座国家公园是1872年建立的美国黄石国家公园。此后,国家公园体制逐渐被世界各国接受。目前,全球超过13万个自然保护区中,各类国家公园数千座。单一的国家公园概念逐步衍生出"国家公园和保护区体系"等概念。国家公园最根本的特性是公益性、国家主导性和科学性。其中,公益性体现了国家公园设立的根本目的,而国家主导性和科学性则是实现公益性的保障。

我国早在2006年就建立了首个国家公园——普达措国家公园,并于2008年同意云南省建设国家公园试点。随后,十八届三中全会通过了《中共中央关于全面深化改革若干重大问题的决定》,正式提出加快建立国家公园体制。

2015年起,我国陆续在10个试点区开展国家公园体制试点工作,到2017年,我国已设立10个国家公园体制试点,分别是三江源、东北虎豹、大熊猫、祁连山、湖北神农架、福建武夷山、浙江钱江源、湖南南山、北京长城和云南普达措国家公园体制试点。

2015年1月,国家发改委联合多部局印发了《建立国家公园体制试点方案》,提出解决试点区域中国家级自然保护区、国家级风景名胜区、世界文化自然遗产、国家森林公园、国家地质公园等禁止开发区域交叉重叠、多头管理的碎片化问题,并在北京、吉林、黑龙江、浙江、福建、湖北、湖南、云南、青海开展建立国家公园体制试点。2015年4月,国务院发布《中共中央 国务院关于加快推进生态文明建设的意见》,提出建立国家公园体制,实行分级、统一管理。2015年5月,国务院批转发展改革委《关于2015年深化经济体制改革重点工作意见》,提出在9个省份开展"国家公园体制试点"。2015年9月21日,中共中央、国务院印发《生态文明体制改革总体方案》,明确提出对自然保护区、风景名胜区、文化自然遗产、地质公园、森林公园等进行改革,建立国家公园体制。2015年10月,"十三五"规划建议提出,在"十三五"期间正式设立国家公园。2017年9月26日,中共中央办公厅、国务院办公厅印发《建立国家公园体制总体方案》,提出加快构建国家公园体制,建成统一规范高效的中国特色国家公园体制,解决交叉重叠、多头管理的碎片化问题,有效保护国家重要自然生态系统原真性、完整性,形成自然生态系统保护的新体制新模式,促进生态环境治理体系和治理能力现代化,保障国家生态安全,实现人与自然和谐共生。《建立国家公园体制总体方案》提出的目标是:到2020年,国家公园体制试点基本完成,整合设立一批国家公园,分级统一的管理体制基本建立,国家公园总体布局初步形成;到2030年,国家公园体制更加健全,分级统一的管理体制更加完善,保护管理效能明显提高。

二、国家公园制度的内容

(一) 管理机构

1. 国家公园管理局统一行使管理职能

与以往的自然保护区制度不同,国家公园的管理职能由同一个部门统一行使。国家公园设立、规划、建设和特许经营等工作,以及中央政府直接行使所有权的国家公园的自然资源资产管理,由国家林业和草原局统一负责。国家林业和草原局是自然资源部管理的副部级国家局,加挂国家公园管理局牌子。

2. 中央地方分级管理

出于管理效率的考虑,国家公园实行中央和省级政府分级管理的体制。其中,部分国家公园的全民所有自然资源资产所有权由中央政府直接行使,其他的委托省级政府代理行使,条件成熟时,将逐步过渡到全部由中央政府直接行使。分级管理的划分依据主要是生态系统功能重要程度、生态系统效应外溢性、是否跨省级行政区和管理效率等。

(二)国家公园制度的功能

1. 与其他自然保护地制度的衔接

国家公园制度的目的是通过制定国家公园设立标准,统筹自然保护区、风景名胜区、文化自然遗产、地质公园、森林公园等体制,构建以国家公园为代表的自然保护地体系。国家公园建立后,在相关区域内一律不再保留或设立其他自然保护地类型。

2. 国家公园的功能定位

国家公园是我国自然保护地最重要的类型之一,属于全国主体功能区规划中的禁止开发区域,纳入全国生态保护红线区域管控范围,实行最严格的保护。国家公园的首要功能是保护重要自然生态系统的原真性、完整性,同时兼具科研、教育、游憩等综合功能。以往的自然保护区实施分区制度,核心区只允许科考,缓冲区可开展教学实习,只有外围的实验区可以进行旅游开发,而且在自然保护区内,当地的居民不能进行放牧等活动。而自然保护区纳入国家公园体系后,区域内将不再分区,有可能全面对游客开放。在国家公园内,除了不损害生态系统的原住民的生产生活设施改造以及自然观光、科研、教育、旅游,禁止进行其他开发建设活动,不符合要求的各类设施、工矿企业需要搬离。

第六节 环境影响评价制度

一、环境影响评价制度概述

(一)环境影响评价制度的概念

环境影响评价,简称环评,是指对规划和建设项目实施后可能造成的环境影响进行分析、预测和评估,提出预防或者减轻不良环境影响的对策和措施,进行跟踪监测的方法与制度。环境影响评价属于预测评价,实施这项制度有利于从源头预防和控制环境污染和破坏,是贯彻预防原则的重要制度保障。

(二)环境影响评价制度的形成

环境影响评价制度起源于美国。1979年我国颁布的《环境保护法(试行)》首次对环评制度作了规定:"一切企业、事业单位的选址、设计、建设和生产,都必须防止对环境的污染和破坏。在进行新建、改建和扩建工程时,必须提出对环境影响的报告书,经环境保护部门和其他部门审查批准后才能进行设计。"1998年国务院审议通过了《建设项目环境保护管理条例》。2002年《环境影响评价法》对环境影响评价作出综合规定,设专章规定"规划环境影响评价"。2009年国务院颁布《规划环境影响评价条例》,进一步对规划环评作出规定。为了响应简政放权的政策要求,节约环境行政资源,2016年修正的《环境影响评价法》规定,对环境影响很小的建设项目应当填报环境影响登记表,所填的环境影响登记表不再需要进行审批,只需向建设项目所在地县级环境保护行政主管部门备案。2018年《环境影响评价法》再次修正,取消了环境影响评价机构资质的要求,解除了对环境影响评价机构的硬性条件限制,对环境影响评价机构进行了市场化改革。只要建设单位具备环境影响评价技术能力,可以自行对其建设项目开展环境影响评价,编制建设项目环境影响报告书、环境影响报告表。另外,还规定建设单位是环评的责任主体,对环评文件的真实性和有效性负责,环评文件内容错漏的,建设单位应当承担责任。

二、环境影响评价制度的内容

(一) 环境影响评价对象

我国《环境保护法》第19条规定,编制有关开发利用规划,建设对环境有影响的项目,应当依法进行环境影响评价。因此,我国环境影响评价主要针对规划和建设项目两类。

1. 规划

规划环境影响评价的对象是各类规划。规划可以分为综合性规划和专项规划。综合性规划,是指国务院有关部门、设区的市级以上地方人民政府及其有关部门编制的土地利用规划和区域、流域、海域的建设、开发利用规划。专项规划,是指国务院有关部门、设区的市级以上地方人民政府及其有关部门组织编制的工业、农业、畜牧业、林业、能源、水利、交通、城市建设、旅游、自然资源开发等方面的专项规划。专项规划又分为指导性规划和非指导性规划。指导性的专项规划,主要提出预测性、参考性指标;非指导性专项规划所列指标和要求比较具体。指导性专项规划和非指导性专项规划的评价方法不同。指导性专项规划按照综合性规划的相关规定,需要进行环境影响评价的具体范围由国务院生态环境保护行政主管部门会同国务院有关部门规定,报国务院批准。目前需要进行环评的规划主要依据《编制环境影响报告书的规划的具体范围(试行)》和《编制环境影响篇章或说明的规划的具体范围(试行)》来确定。

2. 建设项目

建设项目环境影响评价的对象是建设项目。凡是对环境有影响的建设项目都需要进行建设项目环境影响评价,包括工业、交通、水利、农业、商业、卫生、文教、科研、旅游、市政等对环境有影响的一切基本建设项目、技术改造项目、区域开发建设项目、引进的建设项目。

我国对建设项目实行分类管理。根据对环境影响的大小，建设项目可分为三类：(1)可能造成重大环境影响的建设项目；(2)可能造成轻度环境影响的建设项目；(3)对环境影响很小、不需要进行环境影响评价的建设项目。对环境有重大影响的建设项目需要编制环境影响报告书；对环境造成轻度影响的建设项目应当编制环境影响报告表；对环境影响很小的建设项目不需要进行环境影响评价，但需要填报环境影响登记表。

3. 战略

战略环境影响评价是对法律法规、公共政策、规划、计划以及替代方案等可能造成的环境影响进行综合评价。规划环境影响评价，在理论上属于战略环境影响评价。目前我国没有针对战略环境影响评价的综合性规定，只对战略环境影响评价中的规划环境影响评价作出了较为详细的规定，对政策的环境影响评价只作了原则性规定。2014年修订的《环境保护法》首次将经济、技术政策引入环境影响评价的范围。《环境保护法》第14条规定，国务院有关部门和省、自治区、直辖市人民政府组织制定经济、技术政策，应当充分考虑对环境的影响，听取有关方面和专家的意见。

（二）环境影响评价程序

1. 确定环境影响评价文件的形式和内容

综合性规划以及专项规划中的指导性规划，应编写与规划有关的环境影响的篇章和说明。环境影响篇章或者说明应当包括下列内容：(1)规划实施对环境可能造成影响的分析、预测和评估，主要包括资源环境承载能力分析、不良环境影响的分析和预测以及与相关规划的环境协调性分析。(2)预防或者减轻不良环境影响的对策和措施，主要包括预防或者减轻不良环境影响的政策、管理或者技术等措施。而专项规划中的非指导性规划应当编写环境影响报告书。环境影响报告书应当包括下列内容：(1)实施该规划对环境可能造成影响的分析、预测和评估；(2)预防或者减轻不良环境影响的对策和措施；(3)环境影响评价的结论。

建设项目对环境影响不同，分别适用不同的环评文件：可能造成重大环境影响的建设项目应当编制环境影响报告书，对产生的环境影响进行全面评价；可能造成轻度环境影响的建设项目应当编制环境影响报告表，对产生的环境影响进行分析或者专项评价；对环境影响很小、不需要进行环境影响评价的建设项目应当填报环境影响登记表并备案。建设项目的环境影响报告书应当包括：(1)建设项目概况；(2)建设项目周围环境现状；(3)建设项目对环境可能造成影响的分析、预测和评估；(4)建设项目环境保护措施及其技术、经济论证；(5)建设项目对环境影响的经济损益分析；(6)对建设项目实施环境监测的建议；(7)环境影响评价的结论。环境影响报告表和环境影响登记表的内容和格式由国务院生态环境保护行政主管部门制定。

建设项目环境影响评价与规划环境影响评价应避免重复。作为一项整体建设项目的规划，按照建设项目进行环境影响评价，不进行规划的环境影响评价。已经进行了环境影响评价的规划包含具体建设项目的，规划的环境影响评价结论应当作为建设项目环境影响评价的重要依据,建设项目环境影响评价的内容应当根据规划的环境影响评价审查意见予以简化。

2. 确定环境影响评价机构

规划环境影响评价的环境影响的篇章或者说明、环境影响报告书,由规划编制机关编制或者组织规划环境影响评价技术机构编制。而建设项目环境影响评价的环评机构可由建设单位采取公开招标的方式,选择从事环境影响评价工作的单位,对建设项目进行环境影响评价。任何行政机关不得为建设单位指定从事环境影响评价工作的单位,进行环境影响评价。建设单位可以委托技术单位对其建设项目开展环境影响评价,编制建设项目环境影响报告书、环境影响报告表;建设单位具备环境影响评价技术能力的,可以自行对建设项目开展环境影响评价,编制建设项目环境影响报告书、环境影响报告表。接受委托为建设单位编制建设项目环境影响报告书、环境影响报告表的技术单位,不得与负责审批建设项目环境影响报告书、环境影响报告表的生态环境保护行政主管部门或者其他有关审批部门存在任何利益关系。建设单位应当对建设项目环境影响报告书、环境影响报告表的内容和结论负责,接受委托编制建设项目环境影响报告书、环境影响报告表的技术单位对其编制的建设项目环境影响报告书、环境影响报告表承担相应责任。

3. 环境影响评价的审批

(1) 规划环境影响评价的审批

综合性规划的环境影响篇章或者说明应当作为规划草案的组成部分一并报送规划审批机关。未编写有关环境影响的篇章或者说明的规划草案,审批机关不予审批。

专项规划的编制机关在报批规划草案时应当将环境影响报告书一并附送审批机关审查;未附送环境影响报告书的,审批机关不予审批。设区的市级以上人民政府在审批专项规划草案,作出决策前,应当先由人民政府指定的生态环境保护行政主管部门或者其他部门召集有关部门代表和专家组成审查小组,对环境影响报告书进行审查。审查小组应当提出书面审查意见。参加审查小组的专家应当从按照生态环境部的规定设立的专家库内的相关专业的专家名单中以随机抽取的方式确定。审查小组提出修改意见的,专项规划的编制机关应当根据环境影响报告书结论和审查意见对规划草案进行修改完善,并对环境影响报告书结论和审查意见的采纳情况作出说明;不采纳的,应当说明理由。设区的市级以上人民政府或者省级以上人民政府有关部门在审批专项规划草案时,应当将环境影响报告书结论以及审查意见作为决策的重要依据。在审批中未采纳环境影响报告书结论以及审查意见的,应当作出说明,并存档备查。

(2) 建设项目环境影响评价的审批

建设项目的环境影响报告书、报告表由建设单位按照国务院的规定报有审批权的生态环境保护行政主管部门审批。其中国务院生态环境保护行政主管部门负责审批下列建设项目的环境影响评价文件:核设施、绝密工程等特殊性质的建设项目;跨省、自治区、直辖市行政区域的建设项目;以及由国务院审批的或者由国务院授权有关部门审批的建设项目。其他建设项目的环境影响评价文件的审批权限由省、自治区、直辖市人民政府规定。建设项目可能造成跨行政区域的不良环境影响,有关生态环境保护行政主管部门对该项目的环境影响评价结论有争议的,其环境影响评价文件由共同的上一级生态环境保护行政主管部门审批。海洋工程建设项目的海洋环境影响报告书的审批依照《海洋环境保护法》的规定办理。

审批部门应当自收到环境影响报告书之日起60日内,收到环境影响报告表之日起30日内,分别作出审批决定并书面通知建设单位。建设项目的环境影响评价文件未依法经审批部门审查或者审查后未予批准的,建设单位不得开工建设。建设项目的环境影响评价文件经批准后,建设项目的性质、规模、地点、采用的生产工艺或者防治污染、防止生态破坏的措施发生重大变动的,建设单位应当重新报批建设项目的环境影响评价文件。建设项目的环境影响评价文件自批准之日起超过5年,方决定该项目开工建设的,其环境影响评价文件应当报原审批部门重新审核;原审批部门应当自收到建设项目环境影响评价文件之日起10日内将审核意见书面通知建设单位。对环境影响很小的建设项目的环境影响登记表只需备案即可。

4. 公众参与

在专项规划中,如规划可能造成不良环境影响并直接涉及公众环境权益,应当在该规划草案报送审批前举行论证会、听证会,或者采取其他形式征求有关单位、专家和公众对环境影响报告书草案的意见,但是,国家规定需要保密的情形除外。编制机关应当认真考虑有关单位、专家和公众对环境影响报告书草案的意见,并应当在报送审查的环境影响报告书中附具对意见采纳或者不采纳的说明。

对环境可能造成重大影响、应当编制环境影响报告书的建设项目,除国家规定需要保密的情形外,建设单位应当在报批建设项目环境影响报告书前举行论证会、听证会,或者采取其他形式征求有关单位、专家和公众的意见。建设单位报批的环境影响报告书应当附具对有关单位、专家和公众的意见采纳或者不采纳的说明。

5. 区域限批制度

区域限批制度是指对未完成环保指标、突破红线或者生态破坏严重的地区暂停审批相应的环境影响评价文件的制度。《环境保护法》第44条规定:"对超过国家重点污染物排放总量控制指标或者未完成国家确定的环境质量目标的地区,省级以上人民政府生态环境保护行政主管部门应当暂停审批其新增重点污染物排放总量的建设项目环境影响评价文件。"《规划环境影响评价条例》第30条规定:"规划实施区域的重点污染物排放总量超过国家或者地方规定的总量控制指标的,应当暂停审批该规划实施区域内新增该重点污染物排放总量的建设项目的环境影响评价文件。"《建设项目环境影响评价区域限批管理办法(试行)》进一步具体规定了区域限批制度的适用办法。

区域限批按照下列程序组织实施:(1)认定限批情形;(2)下达限批决定;(3)整改督察和现场核查;(4)解除限批。区域限批的时限在3个月至12个月内视具体情况确定。限批地区应根据整改要求进行整改,对未落实整改要求的地区,相关管理机构应当提出延长限批建议。区域限批的决定由省级以上人民政府生态环境保护行政主管部门作出,《建设项目环境影响评价区域限批管理办法(试行)》规定了生态环境部暂停审批有关建设项目环境影响评价文件的情形,包括在规定期限内未完成国家确定的水环境质量改善目标、大气环境质量改善目标、土壤环境质量考核目标的地区;未完成上一年度国家确定的重点水污染物、大气污染物排放总量控制指标的地区,或者未完成国家确定的重点重金属污染物排放量控制目标的地区;生态破坏严重或者尚未完成生态恢复任务的地区;违反主体功能区定位、突破资源环境生态保护红线、超过资源消耗和环境容量承载能力的地区;未依法开展环境影响评价即组织实施开发建设规划的地区。

6. 环境影响跟踪评价和后评价

(1) 规划的环境影响跟踪评价

对环境有重大影响的规划实施后,编制机关应当及时组织环境影响的跟踪评价,并将评价结果报告审批机关;发现有明显不良环境影响的,应当及时提出改进措施。规划环境影响的跟踪评价应当包括下列内容:规划实施后实际产生的环境影响与环境影响评价文件预测可能产生的环境影响之间的比较分析和评估;规划实施中所采取的预防或者减轻不良环境影响的对策和措施有效性的分析和评估;公众对规划实施所产生的环境影响的意见;跟踪评价的结论。

规划编制机关对规划环境影响进行跟踪评价,应当采取调查问卷、现场走访、座谈会等形式征求有关单位、专家和公众的意见。规划实施过程中产生重大不良环境影响的,规划编制机关应当及时提出改进措施,向规划审批机关报告,并通报生态环境保护行政主管部门和其他相关部门。生态环境保护行政主管部门发现规划实施过程中产生重大不良环境影响的,应当及时进行核查。经核查属实的,向规划审批机关提出采取改进措施或者修订规划的建议。规划审批机关在接到规划编制机关的报告或者生态环境保护行政主管部门的建议后,应当及时组织论证,并根据论证结果采取改进措施或者对规划进行修订。

(2) 建设项目的环境影响后评价

在项目建设运行过程中产生不符合经审批的环境影响评价文件的情形的,建设单位应当组织环境影响的后评价,采取改进措施,并报原环境影响评价文件审批部门备案;原环境影响评价文件审批部门也可以责成建设单位进行环境影响的后评价,采取改进措施。生态环境保护行政主管部门应当对建设项目投入生产或者使用后所产生的环境影响进行跟踪检查,对造成严重环境污染或者生态破坏的,应当查清原因、查明责任。

(三) 法律责任

1. 建设单位

建设项目环境影响报告书、环境影响报告表存在基础资料明显不实,内容存在重大缺陷、遗漏或者虚假,环境影响评价结论不正确或者不合理等严重质量问题的,由设区的市级以上人民政府生态环境保护行政主管部门对建设单位处 50 万元以上 200 万元以下的罚款,并对建设单位的法定代表人、主要负责人、直接负责的主管人员和其他直接责任人员,处5万元以上20万元以下的罚款。建设单位未依法提交建设项目环境影响评价文件或者环境影响评价文件未经批准,擅自开工建设的,由负有生态环境保护监督管理职责的部门责令停止建设,处以罚款,并可以责令恢复原状;对建设单位直接负责的主管人员和其他直接责任人员依法给予行政处分。对建设项目未依法进行环境影响评价,被责令停止建设,拒不执行的行为,除依照有关法律法规规定予以处罚外,由县级以上人民政府生态环境保护行政主管部门或者其他有关部门将案件移送公安机关,对直接负责的主管人员和其他直接负责人员处10日以上15日以下拘留;情节较轻的,处5日以上10日以下拘留。建设单位未依法备案建设项目环境影响登记表的,由县级以上生态环境保护行政主管部门责令备案,处5万元以下的罚款。

2. 环境影响评价机构

接受委托编制建设项目环境影响报告书、环境影响报告表的技术单位违反相关规定,致使编制的建设项目环境影响报告书、环境影响报告表存在基础资料明显不实,内容存在重大缺陷、遗漏或者虚假,环境影响评价结论不正确或者不合理等严重质量问题的,由设区的市级以上人民政府生态环境保护行政主管部门对技术单位处所收费用3倍以上5倍以下的罚款;情节严重的,禁止从事环境影响报告书、环境影响报告表编制工作;有违法所得的,没收违法所得。编制单位有上述违法行为的,编制主持人和主要编制人员5年内禁止从事环境影响报告书、环境影响报告表编制工作;构成犯罪的,依法追究刑事责任,并终身禁止从事环境影响报告书、环境影响报告表编制工作。

环境影响评价机构在有关环境服务活动中弄虚作假,对造成的环境污染和生态破坏负有责任的,除依照有关法律规定予以处罚外,还应当与造成环境污染和生态破坏的其他责任者承担连带责任。《最高人民法院关于审理环境侵权责任纠纷案件适用法律若干问题的解释》第16条规定,环境影响评价机构明知委托人提供的材料虚假而出具严重失实的评价文件的,应当认定为上述规定的弄虚作假。

3. 相关人员

规划编制机关未组织环境影响评价,或者组织环境影响评价时弄虚作假或者有失职行为,造成环境影响评价严重失实的,对直接负责的主管人员和其他直接责任人员由上级机关或者监察机关依法给予行政处分。规划审批机关对依法应当编写有关环境影响的篇章或者说明而未编写的规划草案,依法应当附送环境影响报告书而未附送的专项规划草案,违法予以批准的,对直接负责的主管人员和其他直接责任人员由上级机关或者监察机关依法给予行政处分。负责审批、备案建设项目环境影响评价文件的部门在审批、备案中收取费用的,由其上级机关或者监察机关责令退还;情节严重的,对直接负责的主管人员和其他直接责任人员依法给予行政处分。生态环境保护行政主管部门或者其他部门的工作人员徇私舞弊,滥用职权,玩忽职守,违法批准建设项目环境影响评价文件的,依法给予行政处分;构成犯罪的,依法追究刑事责任。

第七节 环境管理"三同时"制度

一、"三同时"制度概述

(一) "三同时"制度的概念

"三同时"是指建设项目的环境保护设施必须与主体工程同时设计、同时施工、同时投产使用。"三同时"制度是我国独创的一项环境管理制度,充分体现了环境保护的预防原则。"三同时"制度保证环境保护设施的落实,在源头控制新的污染产生,减轻事后治理的代价。

(二) "三同时"制度的形成

"三同时"制度最早规定在1973年的《关于保护和改善环境的若干规定(试行草案)》第四章第4段中:"一切新建、扩建和改建的企业,防治污染的项目,必须和主体工程同时设计,同时施工,同时投产。"1979年《环境保护法(试行)》第6条正式规定了"三同时"制度,使其作为环境法的一项基本制度确定下来。1998年《建设项目环境保护管理条例》对"三同时"制度的适用范围作了更为详细的规定。2017年《建设项目环境保护管理条例》修订后,建设项目的环保设施"三同时"竣工验收工作不再由生态环境保护行政主管部门承担,改由建设单位自主验收。

二、"三同时"制度的内容

(一) 适用范围

"三同时"制度最初适用于新建、改建和扩建的企业。1998年《建设项目环境保护管理条例》扩大了"三同时"制度的适用范围,除了新建、改建、扩建的项目应当落实环保"三同时",技术改造项目、一切可能对环境造成污染或者破坏的开发建设项目以及确有经济效益的综合利用项目也都要保证环保设施与主体工程"三同时"进行。

(二) 各阶段要求

1. 设计阶段

建设项目初步设计应当按照环境保护设计规范的要求编制环境保护篇章,落实防治环境污染和生态破坏的措施以及环境保护设施投资概算。

2. 施工阶段

建设单位应当将环境保护设施建设纳入施工合同,保证环境保护设施建设进度和资金,并在项目建设过程中同时组织实施环境影响报告书、环境影响报告表以及环境影响登记表及其审批部门审批决定中提出的环境保护对策措施。并注意施工现场周围生活环境和生态环境的保护,防治和减轻粉尘、渣土、噪声、震动等对公众生活造成的影响。

3. 竣工验收阶段

编制环境影响报告书、环境影响报告表的建设项目竣工后,建设单位应当按照国务院生态环境保护行政主管部门规定的标准和程序对配套建设的环境保护设施进行验收,编制验收报告。建设单位在环境保护设施验收过程中应当如实查验、监测、记载建设项目环境保护设施的建设和调试情况,不得弄虚作假。除按照国家规定需要保密的情形外,建设单位应当依法向社会公开验收报告。编制环境影响报告书、环境影响报告表的建设项目,其配套建设的环境保护设施经验收合格方可投入生产或者使用;未经验收或者验收不合格的不得投入生产或者使用。分期建设、分期投入生产或者使用的建设项目,其相应的环境保护设施应当分期验收。对环境保护设施验收的范围包括:与建设项目有关的各项环境保护设施,包括为防治污染和保护环境所建成或配备的工程、设备、装置和监测手段,各项生态保护设施;环境影响报告书(表)或者环境影响登记表和有关项目设计文件规定应采取的其他各项环境保护措施。

4. 投产使用阶段

建设项目投产使用时其配套的防治环境污染和生态破坏的措施以及环境保护设施也要同时投产使用,但配套建设的环境保护设施需经验收合格方可投入生产或者使用。建设项目的主体工程需要进行试生产的,其配套建设的环境保护设施必须与主体工程同时投入试运行。

(三) 法律责任

1. 未进行环保设计的责任

建设单位编制建设项目初步设计未落实防治环境污染和生态破坏的措施以及环境保护设施投资概算,或者未将环境保护设施建设纳入施工合同的,由建设项目所在地县级以上生态环境保护行政主管部门责令限期改正,处5万元以上20万元以下的罚款;逾期不改正的,处20万元以上100万元以下的罚款。

2. 未同时建设环保设施的责任

建设单位在项目建设过程中未同时组织实施有关环境影响评价文件及其审批部门审批决定中提出的环境保护对策措施的,由建设项目所在地县级以上生态环境保护行政主管部门责令限期改正,处20万元以上100万元以下的罚款;逾期不改正的,责令停止建设。

3. 未依法完成环保验收即投产使用的责任

需要配套建设的环境保护设施未建成、未经验收或者验收不合格,建设项目即投入生产或者使用,或者在环境保护设施验收中弄虚作假的,由县级以上生态环境保护行政主管部门责令限期改正,处20万元以上100万元以下的罚款;逾期不改正的,处100万元以上200万元以下的罚款;对直接负责的主管人员和其他责任人员处5万元以上20万元以下的罚款;造成重大环境污染或者生态破坏的,责令停止生产或者使用,或者报经有批准权的人民政府批准,责令关闭。

4. 未公开环保验收报告的责任

建设单位未依法向社会公开环境保护设施验收报告的,由县级以上生态环境保护行政主管部门责令公开,处 5 万元以上 20 万元以下的罚款,并予以公告。

第八节　排污许可制度

一、排污许可制度概述

(一) 排污许可制度的概念

排污许可是排污单位申请,由环境保护行政主管部门经审查发放的允许排污单位排放一定种类、浓度、数量污染物的环境行政许可。排污单位需依法持证排污,禁止无证排污或不按照许可证规定排污。

排污许可制度是对排污许可证的申请、审核、发放、变更、延续、撤销、监督进行管理的制度。排污许可制度基于区域整体的环境质量目标,确定不同污染物的排放量,开展污染物削减工作,有利于改善区域的整体环境质量;配合重点污染源排污总量控制制度的实施,有利于提高污染的治理效率。

目前,我国纳入固定污染源排污许可分类管理名录的排污单位需申请并取得排污许可证;未纳入固定污染源排污许可分类管理名录的排污单位暂不需申请排污许可证。固定污染源排污许可分类管理名录由国家生态环境保护行政主管部门制定发布,现行有效的是 2019 年 12 月由生态环境部发布的《固定污染源排污许可分类管理名录(2019 年版)》。排污许可申请与核发的技术规范由国家生态环境保护的行政主管部门制定发布,如 2020 年 3 月生态环境部发布的《排污许可证申请与核发技术规范　工业炉窑》(HJ1121-2020)。

(二) 排污许可制度的形成

世界上较早实行排污许可制度的国家有瑞典、美国、澳大利亚等。瑞典开创了排污许可制度的先河,早在其 1969 年颁布的《环境保护法》中就有许多关于排污许可证的规定,主要内容包括许可证颁发的条件、申请方法、对申请的审查等。澳大利亚于 1970 年开始实行排污许可制度,凡是被认为会造成重要环境危害的企业均需要获得排污许可。美国于 1972 年修订的《联邦水污染控制法》规定所有排入国家通航水体的污染源必须在排放前取得许可,否则就是违法行为;1990 年修订的《清洁空气法》专门增设了许可证一章,强化了空气污染的排污许可证的规定。法国于 1973 年确定了排污许可证制度,适用于污水排放和生活垃圾处理。

我国 1987 年在水污染防治领域开展了许可证制度的试点工作。1988 年 3 月,原国家环境保护局发布了《水污染物排放许可证管理暂行办法》,在多个市县开展"水污染物排放许可证"试点工作。1991 年,原国家环境保护局决定在上海、天津等 16 个城市开展排放大气污染物许可证制度的试点工作。现行的《大气污染防治法》和《水污染防治法》均规定了排污许可证制度。现行《环境保护法》第 45 条规定:"国家依照法律规定实行排污许可管理制度。实行排污许可管理的企业事业单位和其他生产经营者应当按照排污许可证的要求排放污染物;未取得排污许可证的,不得排放污染物。"2016 年 12 月 23 日,原环境保护部印发了《排污许可证管理暂行规定》,2018 年 1 月 10 日又代之以《排污许可管理办法(试行)》,规定了排污许可证核发程序等内容,细化了环境保护行政主管部门、排污单位和第三方机构的法律责任,为改革完善排污许可制度迈出了坚实的一步。

二、排污许可制度的内容

(一) 排污许可制度的管理原则

(1) 总量控制原则。在实行污染物排放总量控制的区域,对排污者有污染物排放总量控制指标要求的,排污者不得超过国家和地方规定的排放标准和总量控制指标。

(2) 持证排放原则。排污单位应当依法取得排污许可证,按照排污许可证的要求排放污染物,应当取得排污许可证而未取得的,不得排放污染物,排污许可证的持有者必须按照排污许可证核定的污染物种类、控制指标和规定的方式排放污染物。

(3) 持续削减原则。国家鼓励排污者采取可行的经济、技术或管理等手段实施清洁生产,持续削减其污染物排放强度、浓度和总量。

(二) 排污许可证的内容

排污许可证由正本和副本构成,正本载明基本信息,副本包括基本信息、登记事项、许可事项、承诺书等内容。① 设区的市级以上地方生态环境保护行政主管部门可以根据环境保护地方性法规增加需要在排污许可证中载明的内容。排污单位承诺执行更加严格的排放浓度和排放量并为此享受国家或地方优惠政策的,应当将更加严格的排放浓度和排放量在副本中载明,地方人民政府制定的环境质量限期达标规划、重污染天气应对措施中对排污单位污染物排放有特别要求的,应当在排污许可证副本中载明。生态环境保护行政主管部门应当按照排污许可证规定的许可排放量确定排污单位的重点污染物排放总量控制指标。

(三) 排污许可证的审核发放

核发排污许可证的生态环境保护行政主管部门收到排污单位提交的申请材料后,对材料的完整性、规范性进行审查,并分情形作出处理,在全国排污许可证管理信息平台上作出受理或者不予受理排污许可证申请的决定,同时应告知排污单位需要补正的材料,但逾期不告知的,自收到书面申请材料之日起即视为受理。《排污许可管理办法(试行)》还规定了不予核发的特殊情形。② 对于满足条件的申请单位,核发生态环境部准予核发的排污许可证。③ 同时,生态环境保护行政主管部门要依据全国排污许可证执行情况,适时

---

① 参见《排污许可管理办法(试行)》第 13 条、第 14 条、第 15 条。
② 参见《排污许可管理办法(试行)》第 28 条。
③ 参见《排污许可管理办法(试行)》第 29 条、第 30 条。

修订污染防治可行技术指南。核发部门应当自受理申请之日起 20 个工作日内作出是否准予许可的决定,自作出准予许可决定之日起 10 个工作日内,核发部门向排污单位发放加盖本行政机关印章的排污许可证。作出准予许可决定的,须向全国排污许可证管理信息平台提交审核结果,获取全国统一的排污许可证编码。

(四) 排污许可证的监督检查和管理

生态环境保护行政主管部门应当根据排污许可证对排污单位排放污染物行为进行监督检查,查明许可事项落实情况,审查排污单位台账记录①和许可证执行报告②,检查污染防治设施运行、自行检测、信息公开等排污许可证管理要求的执行情况。上级生态环境保护行政主管部门可采取随机抽查的方式对具有核发权限的下级生态环境保护行政主管部门的排污许可证核发情况进行监督检查和指导。同时,社会公众、新闻媒体也可以对排污单位的排放行为进行监督。排污单位应当及时公开信息,畅通与公众沟通渠道,自觉接受公众监督。排污单位应当按规定及时在国家排污许可管理信息平台上公开相关信息,生态环境保护行政主管部门应当在国家排污许可管理信息平台公开排污许可监督管理和执法信息。

(五) 排污许可证的变更、延续、撤销和注销

排污单位有关事项发生变化的应当在规定时间内向核发部门提出变更排污许可证的申请。核发部门应当对变更申请材料进行审查,作出变更决定的要在全国排污许可证管理信息平台上公告。排污单位需要延续依法取得的排污许可证的有效期的,应当在排污许可证届满 30 个工作日前向原核发部门提出申请。作出延续许可决定的,应当收回原排污许可证正本,同时也要在全国排污许可证管理信息平台上公告。出现核发程序不合法、申请人不具备申请资格或不符合法定条件的情形时,核发部门或者其上级行政机关可以撤销排污许可证并在全国排污许可证管理信息平台上公告。当排污许可证有效期届满而没有申请延续,或者排污单位被依法终止的,核发部门应当依法办理排污许可证的注销手续,并在全国排污许可证管理信息平台上公告。

第九节 环境标准制度

一、环境标准制度概述

(一) 环境标准与环境标准制度的概念

环境标准是指为防治环境污染,维护生态平衡,保护人体健康和财产安全,国务院生态环境保护行政主管部门和省、自治区、直辖市人民政府在现有经济、社会、自然条件的基

---

① 参见《排污许可管理办法(试行)》第 35 条。
② 参见《排污许可管理办法(试行)》第 37 条。

础上,依据国家有关法律规定制定和批准的环境保护工作中需要统一的各项技术规范和技术要求的总称。环境标准是落实环境保护法律法规的重要手段,是支撑环境保护工作的重要基础,对改善环境质量、防范环境风险有积极作用。

环境标准制度是法律对环境标准的制定、实施及其监督所作的规定。环境标准制度是环境法的核心制度和基础制度,是其他制度展开的基础。环境标准是技术规范,不具有法律规范的结构,不规定行为模式和行为结果,但是一旦经环境立法确认,就具有法律拘束力。[①]

(二) 环境标准制度的形成

1. 我国环境标准制度的形成与发展

国际标准化组织(ISO)在1972年开始制定环境基础标准和方法标准,以统一各国环境保护工作中的名词、术语、计量单位、取样方法和监测、分析方法。我国1973年颁布的《工业"三废"排放试行标准》是我国第一个综合性的国家环境标准。1979年颁布的《环境保护法(试行)》使环境标准的制定和实施有了法律依据。1999年,原国家环境保护总局修改了1983年城乡建设环境保护部发布的《环境保护标准管理办法》,重新发布了《环境标准管理办法》,对环境标准制度作了具体规定。目前,《标准化法》《环境保护法》《大气污染防治法》《水污染防治法》《海洋环境保护法》《环境噪声污染防治法》等,以及国务院生态环境保护行政主管部门、省级人民政府发布的具体的环境标准规范都是环境标准制度的法律依据。除此之外,我国每5年发布国家环境保护标准五年规划,总结环境标准制定和实施过程中的不足,并提出环境标准的修订目标和计划。最近一版是原环保部2017年4月10日印发的《国家环境保护标准"十三五"发展规划》。

2. 环境基准与环境标准的关系

我国2014年修改《环境保护法》时强调国家鼓励开展环境基准研究。2017年,原国家环境保护部发布了《国家环境基准管理办法(试行)》,其中第2条规定,环境基准是环境因子(污染物质或有害要素)对人体健康与生态系统不产生有害效应的剂量或水平。环境基准是制订环境保护标准、开展生态环境保护工作的基础和依据。环境基准是纯科学概念;环境标准是综合考虑我国的自然环境特征、经济社会发展条件后制定的技术规范和技术要求,具有法学性质。环境基准以我国资源禀赋和环境特征为依据,以保护人体健康和生态系统为目标,体现最新的科学技术成果。因此,在环境标准中体现环境基准,能够保证环境标准,尤其是环境质量标准的合理性和科学性。

二、环境标准制度的内容

(一) 环境标准的分类

我国目前已形成两级五类的环境标准体系,两级标准是指国家级和地方级标准,五类

---

① 汪劲:《环境法学》,北京大学出版社2018年版,第122页。

标准包括环境质量标准、污染物排放(控制)标准、环境监测类标准、环境管理规范类标准和环境基础类标准。① 除此之外,依据环境标准的法律强制力、效力范围、内容等可以对环境标准进一步分类(见图2)。

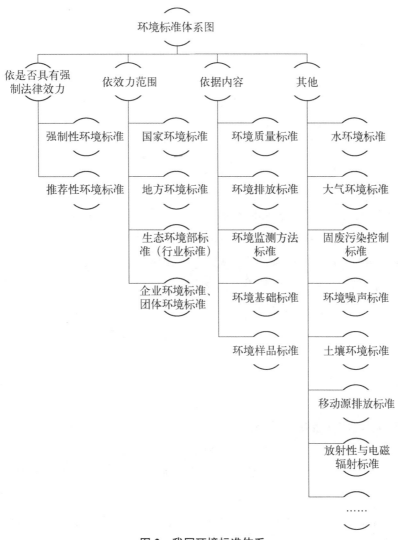

图 2 我国环境标准体系

1. 按照是否具有强制法律效力分类

环境标准按照是否具有强制法律效力,分为强制性环境标准和推荐性环境标准。强制性环境标准是必须执行的标准,对不执行强制性环境标准的,依据法律和法规有关规定予以处罚。环境质量标准、污染物排放标准和法律、行政法规规定必须执行的其他环境标

---

① 根据原环保部2017年4月10日印发的《国家环境保护标准"十三五"发展规划》,截至"十二五"末期,我国已累计发布国家环保标准1941项(其中"十二五"期间发布493项),废止标准244项,现行标准1697。在现行环保标准中,环境质量标准16项,污染物排放(控制)标准161项,环境监测类标准1001项,管理规范类标准481项,环境基础类标准38项。截至"十二五"末期,通过备案的地方环保标准达到148项,比"十一五"末期增加85项。

准属于强制性环境标准。强制性环境标准以外的环境标准属于推荐性环境标准。国家鼓励采用推荐性环境标准。但推荐性环境标准一旦被强制性环境标准引用,即具有了拘束力,必须强制执行。

2. 按照效力范围分类

环境标准有国家环境标准和地方环境标准,国家环境标准在全国范围内实施,地方环境标准对国家环境标准进行完善,此外还有生态环境部标准以及企业、团体标准。国家环境标准为国务院生态环境保护行政主管部门制定的,包括国家环境质量标准、国家污染物排放标准、国家环境监测方法标准、国家环境标准样品标准和国家环境基础标准。国家标准分为强制性环境标准、推荐性环境标准,因此国家标准并不等同于强制性标准。地方环境标准由省、自治区、直辖市人民政府制定,在其辖区内实施,包括地方环境质量标准和地方污染物排放标准。在两种情况下可以制定地方环境质量标准和地方污染物排放标准,一是国家标准中未规定的项目,地方可以制定相应的标准,另外对于国家标准已作规定的项目,地方可以制定严于国家标准的地方标准。地方标准一般优先于国家标准适用。值得注意的是,一般只有环境质量标准和污染物排放标准有地方标准,环境监测方法标准、环境标准样品标准和环境基础标准一般只有国家标准,没有地方标准。需要在全国环境保护工作范围内统一技术要求而又没有国家环境标准时,应制定生态环境部标准,又称为行业标准。生态环境部标准为推荐性标准。国家环境标准发布后,相应的生态环境部标准自行废止。生态环境部标准和国家环境标准一样在全国范围内执行。

3. 按照内容分类

环境标准按照内容不同可分为环境质量标准、污染物排放标准、环境监测方法标准、环境标准样品标准和环境基础标准。环境质量标准是为保护自然环境、人体健康、社会财富,限制环境中有害物质和因素而规定的有害物质在一定时间内和空间范围内的容许浓度或容许水平。污染物排放标准是为实现环境质量标准,结合经济技术条件和环境特点,对排入环境的污染物或有害因素进行限制所规定的允许排放水平。实行污染物总量控制的区域中的建设项目,在执行污染物排放标准时还应执行污染物排放总量控制指标。环境监测方法标准是为环境监测规范采样、分析测试、数据处理等技术而制定的标准。判断环境纠纷双方所出示的"证据"是否合法,往往看其监测方法是否符合环境监测方法标准。环境标准样品标准是为保证环境监测数据的准确可靠,对用于量值传递或质量控制的材料、实物样品制定的标准,用于对监测人员的质量控制考核,校准、检验分析仪器,配制标准溶液,分析方法验证等方面。环境基础标准是为统一环境保护工作中的技术术语、符号、代号(代码)、图形、指南、守则及信息编码而制定的规范。

4. 其他分类

按照环境标准作用的要素或者介质的不同,环境标准可以分为水环境标准、大气环境标准、固废污染控制标准、环境噪声标准、土壤环境标准、移动源排放标准、放射性与电磁辐射标准等。

(二) 环境标准的制定

表7 我国环境标准的类型及相关主体

标准类型	制定主体	备案审查主体	实 施 主 体	监 督 主 体
国家环境标准	生态环境部	——	县级以上生态环境保护行政主管部门	县级以上标准化行政主管部门、生态环境保护行政主管部门
地方环境标准	省、自治区、直辖市人民政府	国务院标准化行政主管部门①和生态环境部	县级以上生态环境保护行政主管部门	县级以上标准化行政主管部门、生态环境保护行政主管部门
生态环境部标准	生态环境部	国务院标准化行政主管部门	县级以上生态环境保护行政主管部门	县级以上标准化行政主管部门、生态环境保护行政主管部门

我国《环境标准管理办法》规定,环境标准的制定主要包括以下程序:编制标准制(修)订项目计划,组织拟订标准草案,对标准草案征求意见,组织审议标准草案,审查批准标准草案,按照各类环境标准规定的程序编号、发布。

1. 国家环境标准

生态环境部制定国家环境质量标准、国家污染物排放标准以及其他国家级环境标准。生态环境部可以委托其他组织拟定国家环境标准,但所委托的主体应具备人员和手段两项条件,即具有熟悉国家环境保护法律、法规、环境标准和拟定环境标准相关业务的专业技术人员以及具有拟定环境标准相适应的分析实验手段。违反国家法律和法规规定,越权制定的国家环境质量标准和污染物排放标准无效。

根据《国家环境保护标准制修订工作管理办法》的规定,国家环境质量标准、污染物排放(控制)标准的发布公告由生态环境部批准后,送质检总局会签、编号后公布;其他国家环境标准的发布公告由生态环境部批准后公布。而根据《标准化法》的规定,国务院标准化行政主管部门负责强制性国家标准的立项、编号和对外通报。因此,对于国家环境质量标准和国家污染物排放标准两项强制性国家标准,需要由国务院标准化行政主管部门或由国务院标准化行政主管部门和生态环境部共同完成相应程序。

2. 地方环境标准

省、自治区、直辖市人民政府可制定国家环境标准中未规定项目相应的标准,另外对于国家标准已作规定的项目,省、自治区、直辖市人民政府可制定严于国家标准的地方标准。环境监测方法标准、环境标准样品标准和环境基础标准一般只有国家级而无地方级,全国统一执行国家级标准,地方环境标准主要指地方环境质量标准以及地方污染物排放标准。根据《环境标准管理办法》的规定,地方生态环境保护行政主管部门可根据地方环

---

① 2018年3月,根据第十三届全国人民代表大会第一次会议批准的国务院机构改革方案,将国家标准化管理委员会职责划入国家市场监督管理总局,对外保留牌子。

境管理需要,组织拟订地方环境标准草案,报省、自治区、直辖市人民政府批准、发布。地方环境标准草案应征求生态环境部的意见。地方环境标准发布后必须报生态环境部备案以及国务院标准化行政主管部门备案,生态环境部负责地方环境标准的备案审查。

3. 生态环境部标准

生态环境部在需要在全国环境保护工作范围内统一技术要求而又没有国家环境标准时,可以制定行业标准性质的生态环境部标准。与国家环境标准相同,生态环境部可以委托其他组织拟定环境行业标准,所委托的主体条件与上述国家环境标准制定中的条件相同。行业标准和国家环境标准都是生态环境部制定,但是制定程序不同。此外,根据《标准化法》的规定,行业标准需报国务院标准化行政主管部门备案。

(三) 环境标准的实施

根据《标准化法》的规定,国务院标准化行政主管部门统一管理全国标准化工作。国务院有关行政主管部门分工管理本部门、本行业的标准化工作,因此生态环境部负责全国环境标准管理工作,指导地方环境标准管理工作。此外,县级以上地方人民政府生态环境保护行政主管部门负责本行政区域内的环境标准管理工作,负责组织实施国家环境标准、生态环境部标准和地方环境标准。

1. 环境质量标准和污染物排放标准的实施

环境质量标准和污染物排放标准的实施主体是县级以上生态环境保护行政主管部门,其负责本行政区域内的环境标准管理工作,负责组织实施国家环境标准、生态环境部标准和地方环境标准。

不同功能的区域对环境质量有不同的要求,环境质量标准应根据不同的功能区分级实施。根据《环境标准管理办法》第 16 条的规定,县级以上地方人民政府生态环境保护行政主管部门在实施环境质量标准时,应结合所辖区域环境要素的使用目的和保护目的划分环境功能区,对各类环境功能区按照环境质量标准的要求进行相应标准级别的管理。在实施环境质量标准时应按国家规定选定环境质量标准的监测点位或断面。各级环境监测站和有关环境监测机构应按照环境质量标准和与之相关的其他环境标准规定的采样方法、频率和分析方法进行环境质量监测。承担环境影响评价工作的单位应按照环境质量标准进行环境质量评价。跨省河流、湖泊以及由大气传输引起的环境质量标准执行方面的争议,由有关省、自治区、直辖市人民政府生态环境保护行政主管部门协调解决,协调无效时,报生态环境部协调解决。

县级以上生态环境保护行政主管部门在审批建设项目环境影响报告书(表)时,应根据建设项目所属的行业类别、所处环境功能区、排放污染物种类、污染物排放去向等因素确定该建设项目应执行的污染物排放标准。实行总量控制区域内的建设项目,在确定排污单位应执行的污染物排放标准的同时,还应确定排污单位应执行的污染物排放总量控制指标。从国外引进的项目,其排放的污染物在国家和地方污染物排放标准中无相应污染物排放指标时,引进单位应提交项目输出国或发达国家现行的该污染物排放标准及有关技术资料,由市(地)人民政府生态环境保护行政主管部门结合当地环境条件和经济技术状况,提出该项目应执行的排污标准,经省、自治区、直辖市人民政府生态环境保护行政主管部门批准后实行,并报生态环境部备案。建设项目的设计、施工、验收及投产后,均应执行经生态环境保护行政主管部门在批准的建设项目环境影响报告书(表)中所确定的污染物排放标准。企事业单位和个体工商业者排放污染物,应按所属的行业类型、所处环境功能区、排放污染物种类、污染物排放去向执行相应的国家和地方污染物排放标准,生态环境保护行政主管部门应加强监督检查。

2. 环境监测标准的实施

根据《环境标准管理办法》的规定,国家环境监测方法标准在以下活动中实施:被环境质量标准和污染物排放标准等强制性标准引用的方法标准具有强制性,必须执行。在进行环境监测时,应按照环境质量标准和污染物排放标准的规定,确定采样位置和采样频率;并按照国家环境监测方法标准的规定测试与计算。因采用不同的国家环境监测方法标准所得监测数据发生争议时,由上级生态环境保护行政主管部门裁定,或者指定采用一种国家环境监测方法标准进行复测。

3. 环境样品标准的实施

根据《环境标准管理办法》的规定,对各级环境监测分析实验室及分析人员进行质量控制考核,校准、检验分析仪器,配制标准溶液,分析方法验证以及其他环境监测工作中应使用国家环境标准样品标准。

4. 环境基础标准的实施

根据《环境标准管理办法》的规定,在下列活动中应执行国家环境基础标准:使用环境保护专业用语和名词术语时执行环境名词术语标准;排污口和污染物处理、处置场所设置图形标志时执行国家环境保护图形标志标准;环境保护档案、信息进行分类和编码时采用环境档案、信息分类与编码标准;制定各类环境标准时执行环境标准编写技术原则及技术规定;划分各类环境功能区时执行环境功能区划分技术规范;进行生态和环境质量影响评价时执行有关环境影响评价技术导则及规范;进行自然保护区建设和管理时执行自然保护区管理的技术规范和标准;对环境保护专用仪器设备进行认定时采用有关仪器设备生态环境部标准。

(四)环境标准实施监督

生态环境部负责对地方生态环境保护行政主管部门监督实施污染物排放标准的情况进行检查。县级以上生态环境保护行政主管部门在向同级人民政府和上级生态环境保护行政主管部门汇报生态环境保护工作时,应将环境标准执行情况作为一项重要内容。此外,根据《标准化法》的规定,县级以上标准化行政主管部门也需依据法定职责对环境标准的制定进行指导和监督,对环境标准的实施进行监督检查。任何单位或者个人有权向标准化行政主管部门和其他有关行政主管部门举报、投诉相关违法行为;标准化行政主管部门、有关行政主管部门应当向社会公开受理举报、投诉的电话、信箱或者电子邮件地址,并安排人员受理举报、投诉,对实名举报人或者投诉人,受理举报、投诉的行政主管部门应当告知处理结果,为举报人保密,并按照国家有关规定对举报人给予奖励。

第六章 环境法的基本制度(下)

第一节 环境保护税制度

一、环境保护税概述

环境保护税,可分为广义的环境保护税和狭义的环境保护税。广义的环境保护税,是指为了实现环境保护与自然资源的合理利用,对污染者与自然资源利用者征收的税,包括排污税、自然资源税和碳税等与自然资源利用和环境保护有关的税种。狭义的环境保护税,是指为了实现生态环境保护而对污染者征收的税。我国目前的环境保护税是狭义的环境保护税。《环境保护税法》第1条规定:"为了保护和改善环境,减少污染物排放,推进生态文明建设,制定本法。"将环境保护税法的内容限定在排污税的范围内。《环境保护税法》第2条规定:"在领域和管辖的其他海域,直接向环境排放应税污染物的企业事业单位和其他生产经营者为环境保护税的纳税人,应当依照本法规定缴纳环境保护税。"由此可知,我国环境保护税的征税对象是排污者。

根据《环境保护税法》的规定,我国环境保护税的重点在于生态环境的保护,环境保护税的征收目的是推动企业和生产者在追求经济利益的同时承担环境责任,推动企业生产的绿色转型。不同于其他税种,根据国务院颁布的《关于环境保护税收入归属问题的通知》,环境保护税的税收收入全部纳入地方收入,以激励地方政府更好地保护和改善环境。

二、环境保护税制度的内容

(一)征税主体

地方人民政府有环境保护税的征税权,地方人民政府的税务部门是征税主体,生态环境保护行政主管部门是税务部门的协助单位。之所以将征税权授予地方政府,是因为地方政府对本行政区内的环境质量负责。之所以将生态环境保护行政主管部门列为税收部门的协助单位,是因为环境保护税具有特殊性。环境保护税的计算依据主要是环境数据,这些数据主要由生态环境保护行政主管部门掌握,因此将生态环境保护行政主管部门列为协助单位,为环境保护税的计算和征收提供支持。《环境保护税法》对生态环境保护行政主管部门和税务部门的工作内容作出了具体规定。生态环境保护行政主管部门与税务部门建立涉税信息共享平台和工作配合机制,并定期向税务部门送达排污单位的排污许可信息、污染物排放数据、环境违法和受行政处罚情况等,税务部门也应当定期向排污单位送达纳税申报、税款入库、减免税额、欠缴税款等环境保护税收的相关信息。

(二)纳税主体

环境保护税的纳税主体,是在领域和管辖的其他海域直接向环境排放应税污染物的企业事业单位和其他生产经营者。除此之外还有三种应税情形:(1)依法设立的城乡污水集中处理、生活垃圾集中处理场所超过国家和地方规定的排放标准向环境排放应税污染物的,应当缴纳环境保护税;①(2)企业事业单位和其他生产经营者贮存或者处置固体废物不符合国家和地方环境保护标准的,应当缴纳环境保护税;②(3)达到省级人民政府确定的规模标准并且有污染物排放口的畜禽养殖场,应当依法缴纳环境保护税。③

不直接向环境排放应税污染物的,不属于环境保护税的纳税主体:(1)企业事业单位和其他生产经营者向依法设立的污水集中处理、生活垃圾集中处理场所排放应税污染物的;④(2)企业事业单位和其他生产经营者在符合国家和地方环境保护标准的设施、场所贮存或者处置固体废物的;⑤(3)依法对畜禽养殖废弃物进行综合利用和无害化处理的,不属于直接向环境排放污染物,不缴纳环境保护税。⑥

(三)征税对象

环境保护税的征税对象是大气污染物、水污染物、固体废物和噪声四种应税污染物。环境保护税的税目、税额依照《环境保护税法》所附的《环境保护税税目税额表》《应税污染物和当量值表》执行。应税大气污染物和水污染物的具体适用税额的确定和调整由省、自治区、直辖市人民政府统筹考虑本地区环境承载能力、污染物排放现状和经济社会生态发展目标要求,在《环境保护税税目税额表》规定的税额幅度内提出,报同级人民代表大会常务委员会决定,并报全国人民代表大会常务委员会和国务院备案。

(四)计税依据和应纳税额

1. 计税依据

依据《环境保护税法》第7条的规定,不同污染物的计税依据不同:(1)水污染物与大

---

① 参见《环境保护税法》第5条。
② 同上。
③ 参见《环境保护税法实施条例》第4条。
④ 参见《环境保护税法》第4条。
⑤ 同上。
⑥ 参见《环境保护税法实施条例》第4条。

气污染物的计量方式为应税污染物排放量折合的污染当量,①污染物当量值根据附录《应税污染物和当量值表》确定;(2)固体废物的计量方式为按照固体废物的排放量确定;(3)噪声按照超过国家规定标准的分贝数确定。

2. 应纳税额

《环境保护税法》第11条规定,环境保护税应纳税额依据下列方法计算:(1)应税大气污染物的应纳税额为污染当量数乘以具体适用税额;(2)应税水污染物的应纳税额为污染当量数乘以具体适用税额;(3)应税固体废物的应纳税额为固体废物排放量乘以具体适用税额;(4)应税噪声的应纳税额为超过国家规定标准的分贝数对应的具体适用税额。

(五)税率

根据《环境保护税税目税额表》的规定,我国《环境保护税法》的税率为定额税率。具体税额表如下。

表8 《环境保护税税目税额表》

税 目		计税单位	税 额	备 注
大气污染物		每污染当量	1.2元至12元	
水污染物		每污染当量	1.4元至14元	
固体废物	煤矸石	每吨	5元	
	尾矿	每吨	15元	
	危险废物	每吨	1 000元	
	冶炼渣、粉煤灰、炉渣、其他固体废物(含半固态、液态废物)	每吨	25元	
噪声	工业噪声	超标1—3分贝	每月350元	1. 一个单位边界上有多处噪声超标,根据最高一处超标声级计算应纳税额;当沿边界长度超过100米处有两个以上噪声超标,按照两个单位计算应纳税额 2. 一个单位有不同地点作业场所的,应当分别计算应纳税额,合并计征 3. 昼、夜均超标的环境噪声,昼、夜分别计算应纳税额,累计计征 4. 声源一个月内超标不足15天的,减半计算应纳税额 5. 夜间频繁突发和夜间偶然突发厂界超标噪声,按等效声级和峰值噪声两种指标中超标分贝值高的一项计算应纳税额
		超标4—6分贝	每月700元	
		超标7—9分贝	每月1 400元	
		超标10—12分贝	每月2 800元	
		超标13—15分贝	每月5 600元	
		超标16分贝以上	每月11 200元	

---

① 污染当量,是指根据污染物或者污染排放活动对环境的有害程度以及处理的技术经济性,衡量不同污染物对环境污染的综合性指标或者计量单位。同一介质相同污染当量的不同污染物,其污染程度基本相当。参见《环境保护税法》附件。

(六) 税收优惠

税收优惠旨在发挥税收手段,激励企业和生产经营者在生产的同时注重减排。我国的《环境保护税法》规定的税收优惠包括暂予免征环境保护税和减少征收环境保护税两种。对两种情况具体规定如下。

1. 暂予免征环境保护税①

(1) 农业生产(不包括规模化养殖)的过程中排放的应税污染物;

(2) 机动车、铁路机车、非道路移动机械、船舶和航空器等流动污染源排放的应税污染物;②

(3) 依法设立的城乡污水集中处理、生活垃圾集中处理场所排放的不超过国家和地方规定的排放标准的部分应税污染物;

(4) 纳税人综合利用的固体废物,符合国家和地方环境保护标准的应税污染物;③

(5) 国务院批准免税的其他情形,由国务院报全国人民代表大会常务委员会备案。

2. 减排优惠④

(1) 对纳税人排放应税大气污染物或者水污染物的浓度值低于国家和地方规定的污染物排放标准30%的,减按75%征收环境保护税;

(2) 对纳税人排放应税大气污染物或者水污染物的浓度值低于国家和地方规定的污染物排放标准50%的,减按50%征收环境保护税。

表9 环境保护税制度与排污收费制度的区别

	环境保护税制度	排污收费制度
性 质	1. 立法权归属于最高国家权力机关。 2. 税收具有稳定性、无偿性和强制性的特点并且稳定性更好。 3. 税务部门可以采取税收保全和强制措施进行执行,手段丰富,执行力度强。⑤	1. 立法权归属于政府部门。 2. 收费标准由不同层级政府制定,存在不稳定性。 3. 由政府部门征收,执行力度弱,违法成本低。
征收对象	税收可征收范围更广,可以覆盖生产、流通、分配和销售等各个领域。	收费针对部分公共物品的使用者,体现的是使用者付费,覆盖范围小。
征收标准	统一标准	征收标准分为国家和地方两种,国家标准由国务院价格主管部门、财政部门、生态环境保护行政主管部门和经济贸易主管部门制定,对于国家标准未作规定的,由省、自治区、直辖市人民政府制定地方标准并报国务院相关部门备案。

---

① 参见《环境保护税法》第12条。
② (1)(2)两项免征对象的技术检测难度大,难以确定具体排放量,因此对这部分暂予免征环境保护税。
③ 免征项(3)(4)是有条件的暂予免征。只对符合规定的部分免征,对超出规定的部分仍然征收环境保护税。
④ 参见《环境保护税法》第13条。
⑤ 吕忠梅著:《环境法原理》(第二版),复旦大学出版社2017年版。

续 表

	环境保护税制度	排污收费制度
征收与使用	环境保护税的征收者为税务机关,并由税务和生态环境保护行政主管部门建立涉税信息共享平台来共同进行环境税的征收工作,并且环境保护税的全部收入都作为地方收入①	根据《排污费征收使用管理条例》,排污费的收缴与使用实行"收支两条线",征收的排污费全部上缴财政,并纳入财政预算,作为环境保护专项资金管理,全部专项用于环境保护防污,并且排污费资金收入90%作为地方收入,10%作为中央财政收入

第二节 生态补偿制度

一、生态补偿制度概述

(一)生态补偿制度的概念

生态补偿是由生态环境的受益者向生态环境的保护者支付其保护生态系统所支出的费用或放弃的收益。生态补偿制度产生的理论基础,是经济学中的外部性理论和公共产品理论。生态补偿制度通过补偿保护环境者在保护环境过程中所付出的代价来改变保护者只付出不获利的地位,以增强保护环境的积极性,进而解决"公地悲剧"和"搭便车"的问题。生态补偿的目的是促进环境保护,提高环保积极性以及解决自然环境资源利用过程中的公平性问题。生态补偿的补偿采用财税机制与市场机制相结合的方式。

生态补偿这一概念属于中国特有的概念,国际上与此概念相似的通用概念为"生态系统服务付费"(payment for ecosystem services;payment for ecosystem benefit),两者虽在制度设计上相似,但从制度本身来说仍有不同之处。关于生态补偿的含义,吕忠梅教授认为,生态补偿是指为弥补生态系统的消耗和损失,恢复生态平衡和生态功能,实现环境公平,由生态环境破坏者和生态效益受益者向生态环境的建设者给予补偿。汪劲教授认为,生态补偿是指在综合考虑生态保护成本、发展机会成本和生态服务价值的基础上,采用行政、市场等方式,由生态保护受益者或生态损害的加害者通过向生态保护者或因生态损害而受损者以支付金钱、物质或提供其他非物质利益等方式,弥补其成本支出以及其他相关损失的行为。曹明德教授认为,生态补偿是为了实现自然资源利用的社会公正,通过经济调控手段对自然资源的利用者和生态系统服务功能的受益者征收一定量的生态补偿金,把生态补偿金用于自然资源的恢复,并对生态系统服务功能的提供者进行补偿的法律制度。

① 《国务院关于环境保护税收入归属问题的通知》,国发[2017]56号。

从现有法律规定看,我国的生态补偿是指为了实现环境保护与自然资源利用的公平性,由自然资源的利用者与生态环境保护的受益者通过向因生态环境破坏而受损者与生态环境保护者给予资金资助、实物补偿、人才支持和产业扶持等多种方式进行补偿的一种行为。目前,我国的生态补偿主要集中在森林、草原、湿地、荒漠、海洋、水流、耕地等重点领域和禁止开发区域、重点生态功能区等重要区域。

(二)生态补偿制度的形成

我国生态补偿制度始于1953年,发展至今近70年,共经历了三个阶段。

1. 萌芽阶段(1953—2004年)

1953年,育林基金的设立是我国最早的生态补偿制度实践。1981年,国务院发布《关于保护森林发展林业若干问题的决定》,进一步完善了育林基金制度,并扩大了育林基金的征收范围和征收标准。1998年,修订后的《森林法》第8条规定:"国家设立森林生态效益补偿基金,用于提供生态效益的防护林和特种用途林的森林资源、林木的营造、抚育、保护和管理。森林生态效益补偿基金必须专款专用,不得挪作他用。具体办法由国务院规定。"它正式提出了森林生态效益补偿基金的概念。基金用于提供生态效益的防护林和特种用途林的森林资源、林木的营造、抚育、保护和管理。在这一阶段,生态补偿制度的建设主要体现在森林生态补偿方面,同时在其他法律文件中也有生态补偿制度的体现。

2. 发展阶段(2005—2012年)

2005年,国务院颁布《关于落实科学发展观加强环境保护的决定》,提出要完善生态补偿政策,尽快建立生态补偿机制,中央和地方政府财政转移支付应考虑生态补偿因素,国家和地方可分别开展生态补偿试点。该决定标志着生态补偿制度的建立:财政转移支付是生态补偿的方式。同年,《国民经济和社会发展第十一个五年规划纲要》提出,要按照谁开发谁保护、谁受益谁补偿的原则建立生态补偿机制。"十一五"规划纲要确定了我国生态补偿制度建立的基本原则,即受益者补偿原则。2007年,原国家环保总局发布《关于开展生态补偿试点工作的指导意见》,同年国家发改委根据"十一五"规划纲要要求发布《国务院关于编制全国主体功能区规划的意见》,并于2010年发布《国务院关于印发全国主体功能区规划的通知》,它们成为空间布局方面进行生态补偿的依据。2010年,由国家发改委牵头进行《生态补偿条例》的起草,正式开始了生态补偿制度的专门立法工作。2012年,党的十八大报告明确要求,建立反映市场供求和资源稀缺程度、体现生态价值和代际补偿的资源有偿使用制度和生态补偿制度。

3. 成熟阶段(2013年至今)

2013年,国务院发布了《国务院关于生态补偿机制建设工作情况的报告》,总结了生态补偿金投入和试点工作情况,提出了建立生态补偿制度的具体意见。2014年《环境保护法》修订,第31条规定"国家建立、健全生态保护补偿制度",正式在立法层面确立了生态补偿制度。同年,苏州颁布《苏州市生态补偿条例》,是全国首个生态补偿地方性法规。2016年,国务院发布《国务院办公厅关于健全生态保护补偿机制的意见》,提出了生态补偿的支付机制、补偿范围和标准、重点区域的覆盖方面的具体要求。在这一阶段,各地根据自身实践和试点情况,针对流域、区域、自然保护区、空气质量和国家公园等多个重点领域的生态补偿出台了大量的地方规范性文件。2019年11月,国家发改委发布《生态综合补偿试点方案》,提出在全国重点生态功能区范围内选择50个县市区开展试点工作,涉及森林生态效益补偿、流域上下游生态补偿、特色种养农产品加工业与特色文化旅游业生态补偿标准和补偿方式等四方面内容。为了促进黄河流域生态环境质量持续改善和推进水资源节约集约利用,2020年5月,财政部、生态环境部、水利部和国家林草局联合印发了《支持引导黄河全流域建立横向生态补偿机制试点实施方案》,提出2020年到2022年,在沿黄河9省开展黄河全流域横向生态补偿机制试点,探索建立流域生态补偿标准核算体系,完善目标考核体系、改进补偿资金分配办法,规范补偿资金使用。将对水质改善突出、良好生态产品贡献大、节水效率高、资金使用绩效好、补偿机制建设全面系统和进展快的省(区)给予资金激励,推动黄河流域共同抓好大保护、协同推进大治理。

二、生态补偿制度的内容

(一) 生态补偿的主体

生态补偿的主体是自然资源的利用者和生态环境保护的受益者。我国重要的自然资源归全民所有,政府代表国家管理自然资源并对环境质量负责,因此政府是生态补偿的主体。其中,中央政府负责全国性的生态补偿,并统筹各地之间跨区域的生态补偿。地方政府负责辖区内的生态补偿,涉及与其辖区相关联的跨区域生态补偿时,与其他地方政府协商开展生态补偿工作。政府将财政收入的一部分用于生态补偿,能够更好地解决生态补偿时间长、费用高和跨区域难协商等问题。政府在进行生态补偿时可以利用自身的组织优势,通过统筹的方式来处理跨流域、跨省份的生态补偿项目。政府依靠国家强制力依法对生态环境和自然资源的利益收入进行再分配,维护社会公平,实现社会经济的可持续发展。

生态补偿的另一个主体是自然资源的利用者。自然资源的利用者是指通过利用自然资源而直接获得一定利益的主体。这种利益除了经济利益外也包括生态服务系统带来的利益,如因森林覆盖率提升缓解水土流失而产生的生态利益。自然资源的利用者分为两类:第一类是通过向国家缴纳费用或其他方式获得特许经营权的企业或个人,这一类主体获得的主要是经济利益;第二类是由于环境保护而获得生态服务系统所提供的生态利益的人。

(二) 生态补偿的对象与范围

生态补偿的对象主要是指生态环境保护者和因生态环境破坏而受损者。生态环境的保护者分为两类:一类是主动进行环境保护的主体,这些环境保护者在环境保护中投入了大量的劳力、物力和财力,为保护环境做出了巨大贡献,应当通过补偿的方式来弥补这一过程中的付出;另一类是为了环境保护或资源利用而放弃自身发展利益的主体,如为了水电发展而搬迁到其他地区居住的居民。因生态环境破坏而受损者是指由于合理开发和发展需要对环境进行一定程度破坏而遭受利益损失的主体。

(三) 生态补偿的方式

1. 按资金来源分

从资金来源看,目前我国生态补偿的方式有政府财税制度和市场交易制度两种。其中,政府财税制度主要包括纵向财政转移支付、横向财政转移支付和生态补偿基金三种方式。

纵向财政转移支付是指中央对地方的转移支付,分为一般性转移支付和专项转移支付两种。一般性转移支付是指中央政府对有财力缺口的地方政府(主要是中西部地区)按照规定的办法给予的补助。专项财政转移支付是中央财政为实现特定的宏观政策及事业发展战略目标设立补助资金,重点用于各类事关民生的公共服务领域,由地方财政按照规定用途使用资金。

横向转移支付是指同级地方政府之间发生的平行转移支付,由富裕地区向贫困地区提供资金方面的援助。我国的横向转移支付始于流域横向财政转移。2010年,安徽与浙江两省的新安江流域水环境补偿试点是全国首个由国家主导的跨省上下游水环境补偿试点。流域横向生态补偿制度提出后,各地也针对本省或跨省的流域生态补偿内容进行了规定,启动了包括汀江-韩江流域、九洲江流域等多个试点,并且适用范围也逐渐扩展至自然保护区、重点生态功能区。

生态补偿基金是指通过专门设立基金的方式进行生态补偿。目前我国已经设立的生态补偿基金主要是林业改革发展资金。2016年12月6日颁布的《林业改革发展资金管理办法》规定,林业改革发展资金替代原森林生态效益补偿资金,发挥森林生态效益补偿补助的作用。其他种类的生态补偿基金有待于进一步探索。

生态补偿的市场交易包括水权交易、排污权交易、碳汇交易、碳排放权交易等。目前,我国生态补偿的市场交易方式仍在试行和探索阶段。2017年12月,我国正式建立全国范围内的碳排放交易市场,尽管当前仅涉及电力行业,但也已经是全球最大的碳交易系统,碳排放总量为30多亿吨。随着横向财政转移支付和市场交易机制的建立,我国生态补偿制度进一步健全。

2. 按补偿方式分

从补偿方式来看,我国生态补偿的方式包括资金补偿、产业扶持、项目投入和政策性补偿。资金补偿是最常见的补偿方式,其中,财政转移支付和生态补偿专项基金是资金补偿的主要方式。产业扶持是指通过在受偿者所在地开展项目或工程建设的方式推动当地产业发展,通过技术援助、人才支持、就业培训来实现产业经济的发展,从而达到补偿的目的。项目投入是指通过在受偿地开展项目的方式,拉动当地的经济发展,为当地带来新的就业机会和发展机会。政策性补偿主要是上级政府给予下级政府(中央政府给予地方政府,地方政府给予其下级政府)以及同级政府根据自身情况而给予的优惠政策或某些便利条件,受偿者通过这些优惠政策或便利条件而享有一定的利益。

第三节 排污权交易制度

一、排污权交易制度概述

(一) 排污权交易制度的概念

排污权交易制度是关于排污权交易运行、交易程序与监管保障的一系列制度规范的总称。生态环境保护行政主管部门确定本区域的环境质量目标,据此评估该区域环境容量,推算污染物的最大允许排放量,并将最大允许排放量分割成若干规定的排放量(若干排污权)。排污者可以自主买入或卖出排污权。排污权交易的主体一般是污染者,交易的对象是排污权,即减排信用或剩余的许可排放限额。排污权交易制度是一种管放结合的制度:一方面,企业可以自由买卖排污权,不必担心因超量排放而受到处罚或被限制生产;另一方面,生态环境保护行政主管部门只需要控制区域内的污染物排放总量,而不用监控单个企业的排放量,环境行政治理效率得以提升。

(二) 排污权交易制度的形成

1. 美国的排污权交易制度

美国是最早开始排污权交易理论研究的国家,是排污权交易制度创新的发源地。美国排污权交易的发展过程分为两个阶段。第一阶段为20世纪70年代中期到90年代初。这一阶段,排污权交易只在部分地区进行,涉及多种污染物,包括活性有机气体、碳氧化物、铅等。交易形式多样,包括气泡、补偿、银行、容量节余四项政策。四项政策的共同特点就是产生排放削减信用。排放削减信用需排污方将污染物排放减少到允许的排放量之下,并向所在州申请到减排证明后才能形成。第二阶段以1990年通过《清洁空气法》修正案并实施酸雨计划为标志。美国现今实施的排污权交易制度就是以1990年通过的《清洁空气法》修正案中规定的酸雨计划为基础的二氧化硫削减措施。该措施提出的二氧化硫削减目标是:到2010年,美国的二氧化硫年排放量将比1980年的排放水平减少1 000万吨。为了实现这个目标,该计划明确规定在电力行业实施二氧化硫排放总量控制和交易政策。这实际上是在全国范围内推行排污许可证的交易制度。

2. 我国的环境总量控制和排污许可制度

我国也在探索建立排污权交易制度。二十多年来,多个省份进行排污权交易试点工作。但是排污权交易在国家层面未取得进展,全国范围的排污权交易机制始终未建立。

排污权交易的基础是污染物总量控制。20世纪80年代以来,为推动排污权交易,我国有关法律法规和规范性文件对总量控制和排污许可相继作出了规定。1988年原国家环保局颁布实施的《水污染物排放许可证管理暂行办法》规定:"水污染排放总量控制指标,可以在本地区的排污单位间互相调剂。"根据1989年《水污染防治法实施细则》第9条的规定:对企业事业单位向水体排放污染物的,实行排污许可证管理。1995年,国务院颁布的《淮河流域水污染防治条例》第19条规定:"淮河流域……持有排污许可证的单位应当保证其排污总量不超过排污许可证规定的排污总量控制指标。"1996年国务院公布的《"九五"期间全国主要污染物排放总量控制计划》规定,将总量控制作为一项环境政策,将污染物排放总量控制列为"九五"期间环境保护目标。根据2000年《水污染防治法实施细则》第10条的规定:地方环保部门根据总量控制实施方案,发放水污染物排放许可证。2000年修订的《大气污染防治法》第15条规定:"大气污染物总量控制区内有关地方人民政府依照国务院规定的条件和程序,按照公开、公平、公正的原则,核定企业事业单位的主要大气污染物排放总量,核发主要大气污染物排放许可证。"2008年修订的《水污染防治法》第20条规定:"国家实行排污许可证制度。……禁止企业事业单位无排污许可证或者违反排污许可证的规定向水体排放前款规定的废水、污水。"2014年修订的《环境保护法》第44条规定:"国家实行重点污染物排放总量控制制度。重点污染物排放总量控制指标由国务院下达,省、自治区、直辖市人民政府分解落实。企业事业单位在执行国家和地方污染物排放标准的同时,应当遵守分解落实到本单位的重点污染物排放总量控制指标。"第45条规定:"国家依照法律规定实行排污许可管理制度。实行排污许可管理的企业事业单位和其他生产经营者应当按照排污许可证的要求排放污染物;未取得排污许可证的,不得排放污染物。"

3. 我国的排污权交易试点

2002年3月,原国家环保总局印发《关于开展"推动中国二氧化硫排放总量控制及排污交易政策实施的研究项目"示范工作的通知》,部署在七省市开展二氧化硫排放总量控制及排污权交易试点工作。2002年5月,原国家环保总局下发《关于二氧化硫排放总量控制及排污交易政策实施示范工作安排的通知》,开展二氧化硫排放总量控制及排污权交易试点项目。2002年9月,国务院批准《两控区酸雨和二氧化硫污染防治"十五"计划》,提出在两控区实行二氧化硫总量控制和排污许可证制度。2005年,国务院印发《关于落实科学发展观加强环境保护的决定》,提出实施污染物总量控制和排污许可证制度,开展排污交易试点工作。2007年6月,国务院下发《节能减排综合性工作方案》,提出在全国电力行业实行二氧化硫排污交易。2007年以来,环保部在江苏、浙江、重庆、河北、陕西、河南、内蒙古、天津等11个省、自治区、直辖市开展排污权有偿使用和交易试点。我国的排污权交易呈现出国家层面政策引导,地方政府根据地方实际情况踊跃试点的特征。在地方排污权交易制度建设和实行方面,东部地区工业发达,市场经济相对成熟,排污权交易进展比较深入。

二、排污权交易制度的内容

(一)以污染物总量控制为基础

总量控制制度与排污权交易制度紧密衔接。总量控制是指控制一定区域、一定时间段内排污企业排放污染物的总量。排污权交易的排污指标与总量控制的主要污染物一致。比如水污染物指标目前只有氨氮和COD作为可以交易的水污染物指标。没有实行总量控制污染物，无法进行排放量核定、浓度监测、日常监管，就无法进行排污权交易。

（二）排污权的初始分配

排污权的初始分配，是指在有关政府部门主导下，在排污主体之间，对既定的污染物排放总量进行排污指标（排污权）的初次分配。其中，总量控制是排污权初始分配的前提，初始分配是对排污权的具体分配过程。

排污权的初始分配由有关部门核发排污许可证实现。排污许可证是依排污单位的申请，由核发部门以区域内的环境容量为基础，依法准予排污的一种资格。它既是对排污单位的排污行为在法律上的认可，也是一种具体的行政行为，还是国家生态环境保护行政主管部门对排污行为的控制，同时也是给予排污单位合法排污的凭证。目前，初始分配模式包括有偿和无偿两种，但从实践领域来看以无偿的分配模式为主。

2002年，浙江省嘉兴市的秀洲区尝试将工业废水的排污权面向排污单位进行出售。此举是我国在进行初始分配排污权的实践探索中首次真正地采用政府定价对排污权进行有偿分配。2007年嘉兴市环保局出台了《嘉兴市主要污染物排污权交易办法（试行）》，并发布了实施细则。嘉兴市政府授权成立了排污权储备交易中心，负责排污权的初始分配和排污权交易。在整个嘉兴市采用"新老有别"的方法，即对在2007年11月之前登记的企业或者环境影响评价通过的项目可以既往占有的方式免费获得排污权，而在之后登记的新、改、扩的排污单位和通过的环境评价项目则需从储备交易中心购得排污权份额。此种做法实际上规避了排污权的初始分配，使排污权份额直接在市场上进行交易。经过两年多的摸索，2010年，嘉兴市出台了《嘉兴市主要污染物初始排污权有偿使用办法（试行）》，强调在2007年11月之前登记的排污单位和已经获得环境评价批准的项目也必须向排污权交易储备中心购得排污权份额，期限是5年或10年，期满后必须重新核定和申购。排污权的价格由市环保局根据资源的供求和实际情况定价。为了鼓励老企业积极参与排污权的初始分配，给予老企业价格优惠。该政策不仅相对减轻了排污单位的资金压力，也得到了排污单位的大力响应。为了能够使排污权初始分配的实施情况得到社会各界的监督，环保局向社会公布相关实施情况的信息。2015年出台的《嘉兴市排污权有偿使用和交易办法》标志着嘉兴市排污权的初始分配制度的基本成熟以及试点工作的基本完成。

但是，目前的排污权初始分配制度仍然存在一些问题。首先，排污权初始分配缺乏国家层面的法律依据。虽然各地在试点过程中出台了相关的规范性法律文件，但是国家层面并没有制定与排污权初始分配有关的法律法规。其次，初始分配中分配主体与接受主体不明确。排污权的分配主体有三种可能的情况：一是生态环境保护行政主管部门独立负责初始分配，二是以生态环境保护行政主管部门为主导，其他部门配合完成初始分配的工作，三是生态环境保护行政主管部门授权或者委托某些机构或组织代为行使授权部门的职权，对排污权进行分配，减轻政府生态环境保护行政主管部门的负担。排污权的初始分配要求分配主体准确、全面地掌握排污单位的各种信息,否则会造成分配的不公平。

(三) 排污权二级市场交易

排污权二级市场交易是排污权交易制度的核心内容,是市场机制在排污权交易中的充分体现。排污权二级市场交易过程中,地位平等的排污企业从自身利益考量,决定转让或受让富余排污权。排污权交易的过程就是排污权交易合同签订和履行的过程,因此排污权交易具有民事法律行为性质。排污权初始分配制度是排污权交易的起点和基础,没有排污权的初始分配,排污权交易就缺少标的;没有二级市场的交易,排污权交易制度市场经济手段的特性就无法体现,就会回到传统的命令控制型的管理模式。

第四节 环境信息公开制度

一、环境信息公开制度概述

(一) 环境信息公开制度的概念

环境信息公开制度,是有关环境信息公开的主体、范围、公开方式和程序、监督与责任等法律规定的总称。环境信息包括政府环境信息和企业环境信息。政府环境信息,是指生态环境保护行政主管部门在履行生态环境保护职责中制作或者获取的,以一定形式记录、保存的信息。企业环境信息是指企业以一定形式记录保存的,与企业经营活动产生的环境影响和企业环境行为有关的信息。

实行环境信息公开制度的意义在于:(1) 环境信息公开制度是公民实现环境知情权的基础。公民行使环境知情权有利于提高环境行政效率,促进社会和谐稳定。企业向公众公开环境信息是实现公众环境知情权的必要举措,有助于公众保护自身环境权益免受侵害或威胁。(2) 环境信息公开制度是政府环境监督管理权的体现。政府行使环境监督管理权离不开对环境信息的掌握。(3) 环境信息公开制度可以约束企业行为。公民可以通过公开的环境信息监督企业的环保行为,并通过举报等方式协助政府实施环境监管。(4) 环境信息公开制度是保护社会公共利益的要求。环境信息公开有利于防止或减少环境污染和生态破坏,从而保护环境质量,维护环境公共利益。

(二) 环境信息公开制度的形成

我国《宪法》第 2 条第三款规定:"人民依照法律规定通过各种途径和形式,管理国家事务,管理经济和文化事务,管理社会事务。"这是我国公民参与国家环境管理的宪法依据。参与管理的前提是知情。1996 年修正的《水污染防治法》第 13 条规定:"环境影响报告书中,应当有该建设单位所在地单位和居民的意见。"2002 年颁布的《环境影响评价法》第 11 条规定:"专项规划的编制机关对可能造成不良环境影响并直接涉及公众环境权益的规划,应当在该规划草案报送审批前,举行论证会、听证会,或者采取其他形式,征求有关单位、专家和公众对环境影响报告书草案的意见。"2005年国务院《关于落实科学发展观加强环境保护的决定》规定了实行环境质量公告制度,定期公布有关环境保护指标,发布城市空气质量生态状况评价等环境信息,及时发布污染事故信息,为公众参与创造条件。2005年发布的《环境影响评价公众参与暂行办法》设专节规定"公开环境信息"。2007年原国家环境保护总局发布了《环境保护信息公开办法(试行)》(2019年废止),对政府信息公开的范围、公开的方式和程序以及企业环境信息公开等作了具体规定。2014年修订的《环境保护法》设专章规定了环境信息公开制度。2014年原环境保护部发布《企业事业单位环境信息公开办法》,对企业事业单位环境信息的公开内容、公开方式等作出了具体规定。

环境信息公开制度在其他国家也得到了良好的发展。德国颁布的《环境信息法》对环境信息公开具体内容作了规定。美国将环境信息公开制度融入《清洁空气法》和《清洁水法》,设定了企业报告环境行为信息的义务。墨西哥的《生态平衡和环境保护基本法》规定:"所有人都有权享受一个健康的环境,并且无条件获取保障其生活环境的任何环境信息。"

二、环境信息公开制度的内容

(一) 环境信息公开的主体

1. 政府环境信息公开的主体

《环境保护法》第54条规定,政府环境信息公开的主体是各级人民政府的生态环境保护行政主管部门及其他负有环境保护监督管理职责的部门。其中,国务院生态环境保护行政主管部门统一发布国家环境质量、重点污染源监测信息及其他重大环境信息。省级以上人民政府生态环境保护行政主管部门定期发布环境状况公报。县级以上人民政府生态环境保护主管部门和其他负有环境保护监督管理职责的部门依法公开环境质量、环境监测、突发环境事件以及环境行政许可、行政处罚、环境违法信息以及违法者名单等环境信息。

2. 企业环境信息公开的主体

所有重点排污单位应当公开环境信息,其他企业事业单位自愿公开有利于保护生态、防治污染、履行社会环境责任的相关信息。《环境保护法》第55条规定,重点排污单位应当如实向社会公开其主要污染物的名称、排放方式、排放浓度和总量、超标排放情况,以及防治污染设施的建设和运行情况,接受社会监督。《企业事业单位环境信息公开办法》第8条规定,以下单位应当列入重点排污单位名录:(1)被设区的市级以上人民政府环境保护主管部门确定为重点监控企业的;(2)具有试验、分析、检测等功能的化学、医药、生物类省级重点以上实验室、二级以上医院、污染物集中处置单位等污染物排放行为引起社会广泛关注的或者可能对环境敏感区造成较大影响的;(3)三年内发生较大以上突发环境事件或者因环境污染问题造成重大社会影响的;(4)其他有必要列入的情形。

(二) 环境信息公开的内容

1. 政府环境信息公开的内容

《环境保护法》第54条规定了政府主动公开的环境信息范围。国务院环境保护行政主管部门统一发布国家环境质量、重点污染源监测信息及其他重大环境信息。省级以上人民政府环境保护行政主管部门定期发布环境状况公报。县级以上人民政府环境保护主管部门和其他负有环境保护监督管理职责的部门依法公开环境质量、环境监测、突发环境事件以及环境行政许可、行政处罚、排污费的征收和使用情况、环境违法信息以及违法者名单。

2. 企业环境信息公开的内容

《企业事业单位环境信息公开办法》规定了企业环境信息公开的内容。其中,重点排污单位应当如实向社会公开其主要污染物的名称、排放方式、排放浓度和总量、超标排放情况以及防治污染设施的建设和运行情况,其他企业事业单位自愿公开有利于保护生态、防治污染、履行社会环境责任的相关信息。企业事业单位环境信息涉及国家秘密、商业秘密或者个人隐私的,依法可以不公开。具体来说,重点排污单位应当公开以下信息:(1) 基础信息,包括单位名称、组织机构代码、法定代表人、生产地址、联系方式,以及生产经营和管理服务的主要内容、产品及规模;(2) 排污信息,包括主要污染物及特征污染物的名称、排放方式、排放口数量和分布情况、排放浓度和总量、超标情况,以及执行的污染物排放标准、核定的排放总量;(3) 防治污染设施的建设和运行情况;(4) 建设项目环境影响评价及其他环境保护行政许可情况;(5) 突发环境事件应急预案;(6) 其他应当公开的环境信息。

(三) 环境信息公开的方式和程序

1. 政府环境信息公开的方式和程序

政府环境信息公开可以分为政府主动公开和依申请公开两种方式。其中,政府主动公开不需要依申请,由政府按照一定程序进行。依申请公开,是指公众依据自身的需要,向生态环境保护行政主管部门和其他环境保护职责部门提出申请,相关部门依照程序向申请人公开相关环境信息。

2. 企业环境信息公开的方式和程序

企业环境信息公开可分为自愿公开和强制公开两种方式。纳入重点排污单位名录的企业必须公开企业环境信息,其他企业自愿公开。《企业事业单位环境信息公开办法》第10条规定,重点排污单位应当通过其网站、企业事业单位环境信息公开平台或者当地报刊等便于公众知晓的方式公开环境信息,同时可以采取以下一种或者几种方式予以公开:(1) 公告或者公开发行的信息专刊;(2) 广播、电视等新闻媒体;(3) 信息公开服务、监督热线电话;(4) 本单位的资料索取点、信息公开栏、信息亭、电子屏幕、电子触摸屏等场所或者设施;(5) 其他便于公众及时、准确获得信息的方式。重点排污单位应当在环境保护主管部门公布重点排污单位名录后90日内公开环境信息;环境信息有新生成或者发生变更情形的,重点排污单位应当自环境信息生成或者变更之日起30日内予以公开。

(四) 环境信息公开的监督

政府环境信息公开的监督包括政府系统内部的监督和政府系统外部的监督。系统内部的监督指上级行政机关的监督、信息公开部门的监督和监察部门的监督;系统外部的监督包括权力机关的监督、司法机关的监督和社会监督。《环境保护法》第57条第二款和第三款规定,公民、法人和其他组织发现地方各级人民政府、县级以上人民政府环境保护主管部门和其他负有环境保护监督管理职责的部门不依法履行职责的,有权向其上级机关或者监察机关举报。接受举报的机关应当对举报人的相关信息予以保密,保护举报人的合法权益。

重点排污单位环境信息公开活动由生态环境保护行政主管部门进行监督检查,被检查者应当如实反映情况,提供必要的资料。国家鼓励公众监督企业事业单位环境信息公开工作。《企业事业单位环境信息公开办法》第15条规定,公民、法人和其他组织发现重点排污单位未依法公开环境信息的,有权向环境保护主管部门举报。接受举报的环境保护主管部门应当对举报人的相关信息予以保密,保护举报人的合法权益。

第五节 生态环境保护督察制度

一、生态环境保护督察制度概述

(一)生态环境保护督察制度的概念

生态环境保护督察制度简称生态环保督察,是指生态环保督察组以地方党委、政府和相关部门的职责为对象,由督察组进驻地方,通过听取当地环保工作汇报、受理群众举报、实地调查等方式,对生态环保法律政策落实情况进行调查,并对生态环保整改情况开展"回头看",以追究当地党政领导干部的生态环保责任为手段、以解决突出的环境问题为目标的一项生态环保制度。生态环保督察制度是我国推进生态文明建设的重大制度创新,是强化生态环保责任、解决突出环境问题的重要举措。

与一般的环保行政执法不同,生态环保督察制度不仅以企业为监督对象,更以地方党委、政府和相关行政部门的履职情况为监督对象。督察结果与领导干部考核评价挂钩,促使地方领导干部提高对环保的重视程度。

(二)生态环境保护督察制度的目的与功能

生态环保督察制度的目的是了解省级党委和政府贯彻落实国家环境保护决策部署的情况,发现并解决突出的环境问题,通过追究党政同责和一岗双责,推动各地区生态文明建设和环境保护,促进绿色发展。该制度有如下功能。

1. 落实生态环保责任

长期以来,由于监督制约机制不健全,地方党委和政府的生态环保责任落实不到位,不利于生态文明建设的推进。生态环保督察制度通过党政同责和一岗双责的责任追究机制,①能

---

① 《关于全面加强生态环境保护坚决打好污染防治攻坚战的意见》中提出"生态环境保护出了问题,首先要问责省、市、县委书记,问责省、市、县长"。党政同责的"党政"指的是各级党委和政府,包括从省一级到乡镇街道一级的党政机关;"同责"指的是无论是党委还是政府部门,在环境保护管理或者监管方面都同样承担职责。各级行政(转下页)

够扭转地方干部重经济轻环保的政绩观,让生态环保责任成为地方领导干部的"紧箍咒"。2016年至2018年第一轮中央(生态)环保督察进驻期间,督察重点逐渐由监督企业(督企)转为监督政务(督政)。

2. 解决突出的生态环保问题

一方面,生态环保督察对突出环境问题整治情况等展开"回头看",发现"表面整改""假装整改""敷衍整改""环保一刀切"等生态环境保护领域的形式主义、官僚主义问题,是切实解决污染防治问题的重要手段;另一方面,以大气污染、水污染等突出环境问题展开的专项生态环保督察能够抓住关键,有的放矢地解决生态环境保护面临的突出问题。例如,第一轮中央生态环保督察进驻期间共受理群众环境举报13.5万件,直接推动解决群众身边的生态环境问题8万多个;推出并实施了以京津冀及周边地区、汾渭平原及长三角地区等重点区域(以下简称重点区域)环境空气质量为督察内容的大气污染防治强化督察方案——《2018—2019年蓝天保卫战重点区域强化督察方案》。

3. 促进地方产业结构转型升级

生态环保督察通过整治散、乱、污企业,内化环境成本,让守法企业参与更加公平的市场竞争,缓解地方经济发展中"劣币驱逐良币"的问题,进而推动绿色发展和产业转型,推进供给侧结构性改革。同时,也促进地方树立新发展理念,推动高质量发展。

(三) 生态环境保护督察制度的形成

2008年原环境保护部成立了6个环境保护督察中心。2015年8月以来,党中央、国务院先后出台了《生态文明体制改革总体方案》《党政领导干部生态环境损害责任追究办法(试行)》《环境保护督察方案(试行)》等生态文明体制改革"1+6"系列重要文件,①要求建立国家环境保护督察制度和生态环境损害责任追究制度。2015年7月,中央深改组第十四次会议审议通过《环境保护督察方案(试行)》,要求建立环境保护督察工作机制,作为推动生态文明建设的重要抓手,督促地方党委和政府认真履行环境保护主体责任,切实落实环境保护"党政同责"和"一岗双责"。② 2015年12月,中央环保督察试点在河北展开。

(接上页)首长对于上级党委或政府的要求和安排要贯彻落实,对于同级党委常委会的环境保护决议要认真执行,对于本行政区域的事项要负全责。在发生环境事故或环境保护目标没有实现时,行政首长要成为政府系统的第一责任人,要承担政治责任、纪律责任甚至法律责任。如果党委常委会部署了环境保护工作,各常委也尽到了联系或者支持环境保护工作的职责,一般会免责。但如果发生重特大环境保护事故或者环境保护目标完全没有实现,可以归咎于党委的路线、政策、人事安排、工作部署和思想工作存在问题,党委负责人则要成为党委系统内的第一责任人。一岗双责则是指一个岗位两套责任,"一岗"是指一个领导干部的职务所对应的岗位;"双责"是指一个领导干部既要对所在岗位应当承担的具体业务工作负责,又要对所在岗位应当承担的党风廉政建设负责。也就是一个单位的领导干部应当对这个单位的业务工作和党风廉政建设负双重责任,当工作班组成员因党风或政务原因需要承担环境保护工作责任时,该班组的主要负责人也要承担相应的领导责任。

① 生态文明体制改革总体方案和相关配套方案的"1+6"组合拳,"1"就是《生态文明体制改革总体方案》,"6"包括《环境保护督察方案(试行)》《生态环境监测网络建设方案》《开展领导干部自然资源资产离任审计试点方案》《党政领导干部生态环境损害责任追究办法(试行)》《编制自然资源资产负债表试点方案》《生态环境损害赔偿制度改革试点方案》。

② 由于2014年《环境保护法》的修订先于2015年的环保督察制度的形成,因此还没有正式立法明确提出环保督察制度,《国家环境保护督察条例》并未正式颁布实施。但可以想见,我国今后将进一步以行政法规的形式明确环保督察机构的法律地位,使环境保护督察工作有法可依。

2019年6月,中共中央办公厅、国务院办公厅印发《中央生态环境保护督察工作规定》,明确了中央、省级两级督察体制,确定例行督察、专项督察和"回头看"三种督察方式。

第一轮中央(生态)环保督察于2016年正式开始,至2018年全部结束。2016年至2017年中央环保督察组分四批完成对31个省市的督察进驻,推动解决了大概8万多个群众身边突出的环境问题。2018年,中央生态环保督察组针对前期督察整改情况完成两批"回头看"督察进驻,开展了对河北等20个省(区)中央环保督察"回头看",共筛选了103个典型案例,对"虚假整改""表面整改""敷衍整改""环保一刀切"进行问责(第一轮中央环保督察的时间进程和督察结果详见表10)。

2019年,第二轮中央生态环保督察正式启动,预计用时4年左右。

表10 2016—2018年第一轮中央生态环保督察和"回头看"时间线与督察结果

环保督察	2016年5月	2015年12月,中央环保督察在河北展开试点;2016年5月,首批8个中央环保督察组进驻内蒙古、黑龙江、江苏、江西、河南、广西、云南、宁夏等8个省、自治区开展督察工作
	2016年11月	第二批7个中央环保督察组分别对北京、上海、湖北、广东、重庆、陕西、甘肃等7省、直辖市进行督察
	2017年4月	第三批7个中央环保督察组陆续进驻天津、山西、辽宁、安徽、福建、湖南、贵州等7个省、直辖市
	2017年8月	第四批8个中央环保督察组陆续进驻吉林、浙江、山东、海南、四川、西藏、青海、新疆(含兵团)等8个省、自治区开展督察
	督察结果:共受理群众信访举报13.5万余件,累计立案处罚2.9万家,罚款约14.3亿元;立案侦查1 518件,拘留1 527人;约谈党政领导干部18 448人,问责18 199人。其中,处级以上干部875人;科级干部6 386人;其他人员10 938人①	
"回头看"	2018年5月	第一批6个中央环境保护督察组对河北、河南、内蒙古、宁夏、黑龙江、江苏、江西、广东、广西、云南等10个省、自治区开展督察"回头看"
	2018年11月	第二批5个督察组对山西、辽宁、吉林、安徽、山东、湖北、湖南、四川、贵州、陕西等10个省开展督察"回头看"。值得注意的是,由于2018年的国务院机构改革,第二批"回头看"的5个督察组名称由原来的"中央环保督察组"增加"生态"二字,改为"中央生态环保督察组"②
	"回头看"结果:第一批"回头看"督察组受理的37 640件群众生态环境问题举报已基本办结,10个省、自治区罚款7.1亿元,约谈3 695人,问责6 219人;第二批"回头看"督察组受理群众举报38 133件,截至2018年12月6日,各地已办结26 873件,罚款2.1亿元,约谈1 804人,问责2 177人③	

① 《首轮中央环保督察全反馈 31省份有这些通病》(2018年1月4日),中国新闻网,http://www.chinanews.com/gn/2018/01-04/8415677.shtml,最后浏览日期:2020年12月29日。
② 根据生态环境部的"三定"方案,原国家环境保护督察办公室更名为"中央生态环境保护督察办公室",是生态环境部的21个内设机构之一,负责监督生态环境保护党政同责、一岗双责落实情况,拟订生态环境保护督察制度、工作计划、实施方案并组织实施,承担中央生态环境保护督察组协调工作和国务院生态环境保护督察工作领导小组日常工作。
③ 《中央环保督察组今年共对20个省份实施"回头看"》(2018年12月26日),中国新闻网,http://www.chinanews.com/gn/2018/12-26/8713165.shtml,最后浏览日期:2020年12月29日。

二、生态环境保护督察制度的内容

(一) 生态环境保护督察的层级

1. 中央生态环境保护督察

环保督察这一制度设计出自中央全面深化改革领导小组,是党中央、国务院关于推进生态文明建设和环境保护工作的一项重大制度安排。督察工作采用中央环保督察组的形式,对省(自治区、直辖市)党委、政府及其有关部门的环保工作开展督察,并下沉至部分地市级党委政府部门。

2. 省级生态环境保护督察

除了中央生态环保督察以外,各省也在本行政区域内开展生态环保督察。各省可以出台地方环保督察方案。省级生态环保督察的工作机制与中央生态环保督察的相同,通过听取汇报、调阅资料、个别谈话、走访询问、受理举报、现场抽查、下沉督察等方式,了解和掌握被督察市党委和政府贯彻落实党中央、国务院环境保护重大决策部署情况,市级有关部门环境保护职责落实和工作推进情况,县区党委和政府环境保护工作实施情况。通过建立中央和省两级督察体系,不断完善环境保护长效机制。①

(二) 生态环境保护督察的制度安排

中央生态环保督察和省级生态环保督察的制度安排及工作流程是相似的,可以分为三个步骤:督察、整改和"回头看"。以中央生态环保督察为例,基本步骤如图3所示。

1. 督察

(1) 督察主体与对象

中央生态环保督察的督察主体是中央环保督察组。中央环保督察组总规模约70人,督察组长均由正部级干部担任,副组长由生态环境部副部级干部担任,成员来自中纪委、中组部、生态环境部等部门。督察的对象包括:① 省级党委、政府及相关行政管理部门;② 部分市级党委、政府及相关行政管理部门;③ 部分企业,督察重点由以往

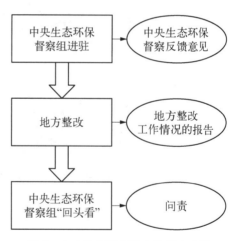

图3 中央生态环保督察的制度安排

---

① 以辽宁省为例,依据《辽宁省环境保护督察方案(试行)》,督察工作以辽宁省环境保护督察组名义开展,组织协调工作由辽宁省环境保护厅牵头负责,具体实施方案经辽宁省委、省政府批准后实施。省级督察主要针对各市党委和政府及其有关部门开展,根据需要可下沉至部分区县党委及其有关部门,延伸到部分重点排污单位。督察时间根据任务需要确定,原则上不超过一个月。对存在突出环境问题的地方,可不定期开展专项督察。督察将围绕国家和省环境保护决策部署贯彻落实情况、突出环境问题及处理情况、环境保护责任落实情况以及中央环保督察反馈意见整改情况等方面开展。督察组将通过听取汇报、调阅资料、调研座谈、个别谈话、受理举报和现场抽查等方式开展工作。督察结果将移交省委组织部,作为对被督察市领导班子和领导干部考核评价、领导干部任免的重要依据。对生态环境问题十分突出、生态环境质量明显恶化,达不到国家和省重点任务目标考核要求,或者党政领导干部在环境保护方面不作为、乱作为甚至失职渎职、滥用职权,需要追究党纪政纪责任的,按程序移交纪检监察机关处理。

的"督企"转向"督政"。

(2) 督察内容与程序

中央生态环保督察组进驻地方,督察内容包括:党委、政府对国家和省环境保护重大决策部署贯彻落实情况;突出环境问题及处理情况;环境保护责任落实情况。通过听取地方工作汇报,接受群众信访,发现环境问题,通过实地调查、查阅文件等方式,获得证据,形成督察反馈意见,将问题移交地方整改。

如图4所示,中央生态环保督察工作可以分为6个步骤:① 督察准备;② 督察进驻;③ 形成督察报告;④ 督察反馈;⑤ 移交问题及线索;⑥ 整改落实。

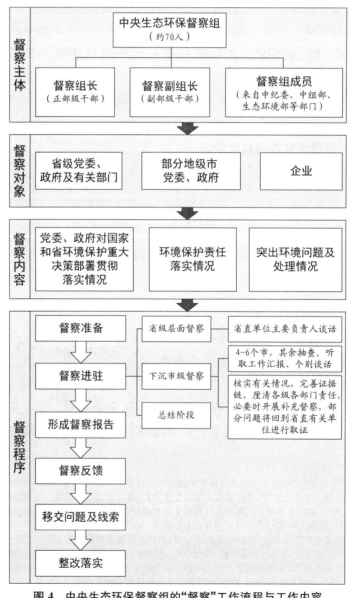

图4 中央生态环保督察组的"督察"工作流程与工作内容

其中,督察进驻一般持续30日,分为3个阶段,各阶段10天左右。

第一阶段:省级层面督察。工作内容与方式包括:① 听取汇报;② 调阅资料;③ 个别谈话;④ 走访问询;⑤ 受理举报;⑥ 现场抽查。

第二阶段:下沉市级督察。中央环保督察组在下沉市级督察阶段将分组对第一阶段梳理出的问题线索进行核实,并实地调查取证,其中正式下沉4—6个地市,其他地市可能组织抽查。下沉地市督察时主要听取各地工作汇报,并与各地党政领导个别谈话,谈话主要以问题为导向。针对下沉督察准备和省级层面督察梳理出的问题和线索,通过下沉督察,核实有关情况。通过交流座谈、调阅资料、现场抽查和重点约谈等方式进行取证和核实,完善证据链,并厘清各级各部门责任,必要时开展补充督察,部分问题将再回到省直有关单位进行取证。

第三阶段:整理总结阶段,撰写工作报告。

督察进驻期间公布电话、邮箱,全程受理群众来信来电举报,每日向省级相关部门转交受理的信访件,限时反馈并要求信息公开。督察期间将抽取部分信访件进行复查,核实查办情况,对信访查处失实、查处反馈不一致等问题将直接要求问责。

2. 整改

地方接到中央生态环保督察组的督察反馈意见后,形成整改方案并上报国务院,经党中央、国务院批准后,全文向社会公开,并公开整改进展情况。

3. "回头看"

"回头看"是指中央生态环保督察组对地方整改方案落实情况进行督察,针对整改不力、表面整改、假装整改、敷衍整改等问题对党委和政府干部进行问责。"回头看"有利于消除地方干部和整改企业的侥幸心理。但值得思考的是,"回头看"并不是一种常态化的生态环保监督机制。

(三)监督机制

2017年8月23日,原环境保护部党组印发《中央环境保护督察纪律规定(试行)》。2019年5月,生态环境部党组对《中央环境保护督察纪律规定(试行)》进行修订,并印发《中央生态环境保护督察纪律规定》(以下简称《纪律规定》)。该规定对中央生态环保督察工作提出了党风廉政建设等方面的具体要求,并明确规定生态环保督察工作接受被督察对象和社会监督。督察进驻当天,督察组组长、副组长将在进驻动员大会上向被督察对象全体参会人员表态,接受他们的监督。同时,通过生态环境部门户网站,并协调被督察对象门户网站,将《纪律规定》全文以及受理举报信箱向社会公开,接受社会监督。①

---

① 中央纪委国家监委驻生态环境部纪检监察组举报方式如下。举报邮箱:jb@mee.gov.cn;举报通信地址:北京市西直门内南小街115号中央纪委国家监委驻生态环境部纪检监察组办公室;邮编:100035。参见《中央生态环境保护督察办公室负责人就〈中央生态环境保护督察纪律规定〉答记者问》(2019年7月11日),中国政府网,http://www.gov.cn/zhengce/2019-07/11/content_5408175.htm,最后浏览日期:2020年12月31日。

第六节　生态环境问责制度

一、生态环境问责制度概述

(一) 生态环境问责制度的概念

狭义的生态环境问责特指依据《党政领导干部生态环境损害责任追究办法(试行)》，要求县级以上地方各级党委和政府及其有关工作部门的领导成员、中央和国家机关有关工作部门领导成员以及上列工作部门的有关机构领导人员就生态环境损害分不同情形承担不同的政治责任。问责的方式包括：(1) 诫勉、责令公开道歉；(2) 组织处理，包括调离岗位、引咎辞职、责令辞职、免职、降职以及其他党纪政纪处分。广义的生态环境问责包括政治责任和法律责任的追究。

广义的生态环境问责制度具有以下特点：

(1) 二元责任。既针对违法行为追究法律责任，也针对执行法律政策不力的行为追究政治责任。

(2) 多层责任。既对主要领导成员追究宏观或中观层面决策、协调不力的责任，也对其他领导成员追究微观层面有法不依、执法不严、违法不究的责任。

以下所述的生态环境问责制度主要是狭义的生态环境问责。

(二) 生态环境问责制度的形成

2009年6月30日，中共中央办公厅、国务院办公厅印发了《关于实行党政领导干部问责的暂行规定》，并开始实施。2015年8月17日，中共中央办公厅、国务院办公厅印发《党政领导干部生态环境损害责任追究办法(试行)》。随后，湖北、安徽、江西、福建、四川等地都相继出台《党政领导干部生态环境损害责任追究办法(试行)》的实施细则。生态环境问责制度是生态文明体制改革"1+6"重要制度之一。

二、生态环境问责制度的内容

(一) 适用范围

1. 适用级别

生态环境问责适用级别包括：(1) 县级以上地方各级党委和政府及其有关工作部门的领导成员；(2) 中央和国家机关有关工作部门领导成员；(3) 上列工作部门的有关机构领导人员。

2. 适用人员及其责任划分

生态环境问责适用人员及其责任划分情形如下：

(1) 地方各级党委和政府对本地区生态环境和资源保护负总责，党委和政府主要领导成员承担主要责任；其他有关领导成员在职责范围内承担相应责任。

(2)中央和国家机关有关工作部门、地方各级党委和政府的有关工作部门及有关机构领导人员按照职责分别承担相应责任。

(二)问责原则

生态环境损害责任追究坚持依法依规、客观公正、科学认定、权责一致、终身追究,具体来说包括以下原则。

1. 终身追责原则

终身追责原则,即对违背科学发展要求、造成生态环境和资源严重破坏的,责任人不论是否已调离、提拔或者退休,只要是在任期内造成的,都必须严格追责。

政府负有生态环境和资源保护监管职责的工作部门、纪检监察机关、组织(人事)部门对发现问责办法规定的追责情形应当调查而未调查,应当移送而未移送,应当追责而未追责的,追究有关责任人员的责任。

2. 允许申诉原则

允许申诉原则,是指受到责任追究的人员对责任追究决定不服的,可以向作出责任追究决定的机关和部门提出书面申诉。作出责任追究决定的机关和部门应当依据有关规定受理并作出处理。申诉期间不停止责任追究决定的执行。

(三)责任关系

1. "党政同责"

"党政同责"的"党政"指的是各级党委和政府,包括从省一级到乡镇街道一级的党政机关;"同责"指的是无论党委还是政府部门,在环境保护管理或者监管方面都同样承担职责。各级行政首长对于上级党委或政府的要求和安排要贯彻落实,对于同级党委常委会的环境保护决议要认真执行,对于本行政区域的事项要负全责。在发生环境事故或环境保护目标没有实现时,行政首长要成为政府系统的第一责任人,要承担政治责任、纪律责任甚至法律责任。如果党委常委会部署了环境保护工作,各常委也尽到了联系或者支持环境保护工作的职责,则一般会免责。但如果发生重特大环境保护事故或者环境保护目标完全没有实现,可以归咎于党委的路线、政策、人事安排、工作部署和思想工作存在问题,则党委负责人要成为党委系统内的第一责任人。

2. "一岗双责"

"一岗双责"是指一个岗位两套责任。"一岗"是指一个领导干部的职务所对应的岗位;"双责"是指一个领导干部既要对所在岗位应当承担的具体业务工作负责,又要对所在岗位应当承担的党风廉政建设负责。也就是一个单位的领导干部应当对这个单位的业务工作和党风廉政建设负双重责任,当工作班组成员因党风或政务原因需要承担环境保护工作责任时,该班组的主要负责人也要承担相应的领导责任。

(四)问责情形

1. 应当追究相关地方党委和政府主要领导成员的责任的情形

(1)贯彻落实中央关于生态文明建设的决策部署不力,致使本地区生态环境和资源

问题突出或者任期内生态环境状况明显恶化的;

(2)作出的决策与生态环境和资源方面政策、法律法规相违背的;

(3)违反主体功能区定位或者突破资源环境生态红线、城镇开发边界,不顾资源环境承载能力盲目决策造成严重后果的;

(4)作出的决策严重违反城乡土地利用、生态环境保护等规划的;

(5)地区和部门之间在生态环境和资源保护协作方面推诿扯皮,主要领导成员不担当、不作为,造成严重后果的;

(6)本地区发生主要领导成员职责范围内的严重环境污染和生态破坏事件,或者对严重环境污染和生态破坏(灾害)事件处置不力的;

(7)对公益诉讼裁决和资源环境保护督察整改要求执行不力的;

(8)其他应当追究责任的情形。

有上述情形的,在追究相关地方党委和政府主要领导成员责任的同时,对其他有关领导成员及相关部门领导成员依据职责分工和履职情况追究相应责任。

2. 应当追究相关地方党委和政府有关领导成员的责任的情形

(1)指使、授意或者放任分管部门对不符合主体功能区定位或者生态环境和资源方面政策、法律法规的建设项目审批(核准)、建设或者投产(使用)的;

(2)对分管部门违反生态环境和资源方面政策、法律法规行为监管失察、制止不力甚至包庇纵容的;

(3)未正确履行职责,导致应当依法由政府责令停业、关闭的严重污染环境的企业事业单位或者其他生产经营者未停业、关闭的;

(4)对严重环境污染和生态破坏事件组织查处不力的;

(5)其他应当追究责任的情形。

3. 应当追究政府有关工作部门领导成员的责任的情形

(1)制定的规定或者采取的措施与生态环境和资源方面政策、法律法规相违背的;

(2)批准开发利用规划或者进行项目审批(核准)违反生态环境和资源方面政策、法律法规的;

(3)执行生态环境和资源方面政策、法律法规不力,不按规定对执行情况进行监督检查,或者在监督检查中敷衍塞责的;

(4)对发现或者群众举报的严重破坏生态环境和资源的问题,不按规定查处的;

(5)不按规定报告、通报或者公开环境污染和生态破坏(灾害)事件信息的;

(6)对应当移送有关机关处理的生态环境和资源方面的违纪违法案件线索不按规定移送的;

(7)其他应当追究责任的情形。

有上述情形的,在追究政府有关工作部门领导成员责任的同时,对负有责任的有关机构领导人员追究相应责任。

4. 党政领导干部不当利用职务影响,应当追究其责任的情形

(1) 限制、干扰、阻碍生态环境和资源监管执法工作的;

(2) 干预司法活动,插手生态环境和资源方面具体司法案件处理的;

(3) 干预、插手建设项目,致使不符合生态环境和资源方面政策、法律法规的建设项目得以审批(核准)、建设或者投产(使用)的;

(4) 指使篡改、伪造生态环境和资源方面调查和监测数据的;

(5) 其他应当追究责任的情形。

(五) 责任形式

1. 限制提拔和转任

党委及其组织部门在地方党政领导班子成员选拔任用工作中,应当按规定将资源消耗、环境保护、生态效益等情况作为考核评价的重要内容,对在生态环境和资源方面造成严重破坏负有责任的干部不得提拔使用或者转任重要职务。

受到调离岗位处理的,至少一年内不得提拔;单独受到引咎辞职、责令辞职和免职处理的,至少一年内不得安排职务,至少两年内不得担任高于原任职务层次的职务;受到降职处理的,至少两年内不得提升职务。同时受到党纪政纪处分和组织处理的,按照影响期长的规定执行。

2. 限制评优

受到责任追究的党政领导干部取消当年年度考核评优和评选各类先进的资格。

3. 组织处理、党纪处分等其他责任形式

党政领导干部生态环境损害责任追究形式有:诫勉、责令公开道歉;组织处理,包括调离岗位、引咎辞职、责令辞职、免职、降职等;党纪政纪处分。组织处理和党纪政纪处分可以单独使用,也可以同时使用。追责对象涉嫌犯罪的,应当及时移送司法机关依法处理。

(六) 问责程序

1. 调查

各级政府负有生态环境和资源保护监管职责的工作部门发现有本问责办法规定的追责情形的,必须按照职责依法对生态环境和资源损害问题进行调查。

2. 移送

在根据调查结果依法作出行政处罚决定或者其他处理决定的同时,对相关党政领导干部应负责任和处理提出建议,按照干部管理权限将有关材料及时移送纪检监察机关或者组织(人事)部门。

3. 处理

需要追究党纪政纪责任的,由纪检监察机关按照有关规定办理;需要给予诫勉、责令公开道歉和组织处理的,由组织(人事)部门按照有关规定办理。

第七节 生态环境损害赔偿制度

一、生态环境损害赔偿制度概述

(一) 生态环境损害赔偿的概念

生态环境损害,是指污染环境、破坏生态造成大气、地表水、地下水、土壤、森林等环境要素和植物、动物、微生物等生物要素的不利改变,以及上述要素构成的生态系统功能退化。

生态环境损害赔偿,是指违反国家规定造成生态环境损害的单位或个人应当承担恢复生态环境或赔偿生态环境损害替代性修复费用的责任。其中,替代性修复是指当受损害的生态环境无法恢复或没有恢复的必要时,采取异地重建或修复其他生态环境的方式履行修复责任。从性质上看,生态环境损害不同于传统的人身损害和财产损害,它是环境要素、生物要素及其组成的生态系统本身的损害。《民法典》第1234条和第1235条规定了生态环境损害修复和赔偿责任。

生态环境损害赔偿制度,是生态文明体制改革"6+1"制度体系的组成部分,是生态文明体制改革的重要内容,是满足人民日益增长的美好生活需要的重要举措。

(二) 生态环境损害赔偿制度的目的和功能

1. 目的是修复生态环境

生态环境损害赔偿制度的目的是修复受损的生态环境,恢复生态服务功能。不能修复的,进行金钱赔偿,用于替代性修复。金钱赔偿只是恢复生态环境的手段,不是最终目的,赔偿款应当用于替代性生态修复。

2. 功能是补充行政责任和刑事责任,贯彻"损害担责"原则

生态环境损害赔偿责任是对环境行政责任和刑事责任的补充。第一,在生态环境损害赔偿制度建立以前,当生态环境遭到损害,通常由政府先应急处置,再向损害者追偿相关费用,称为"行政代履行"。① 行政代履行的缺点在于,事后追偿费用比较困难,损害者可以轻易逃脱责任。这是因为行政代履行诉讼与其他行政诉讼一样,适用举证责任倒置的规则。② 行政机关有责任证明生态环境损害与行政相对人的行为之间存在因果关系,并

---

① 我国《行政强制法》第50条至第52条直接为行政机关的环境行政代履行提供了法律依据。第50条规定:"行政机关依法作出要求当事人履行排除妨碍、恢复原状等义务的行政决定,当事人逾期不履行,经催告仍不履行,其后果已经或者将危害交通安全、造成环境污染或者破坏自然资源的,行政机关可以代履行,或者委托没有利害关系的第三人代履行。"第51条是行政机关追偿代履行费用的依据。第51条后半段规定:"代履行的费用按照成本合理确定,由当事人承担。但是,法律另有规定的除外。代履行不得采用暴力、胁迫以及其他非法方式。"第52条是立即代履行的依据。该条规定:"需要立即清除道路、河道、航道或者公共场所的遗洒物、障碍物或者污染物,当事人不能清除的,行政机关可以决定立即实施代履行;当事人不在场的,行政机关应当在事后立即通知当事人,并依法作出处理。"

② 依据我国《行政诉讼法》第2条第二款的规定,行政代履行属于行政诉讼的受案范围。《行政诉讼法》第34条、第37条规定了举证责任倒置规则。

有义务自证所为行为之合法性,包括代履行费用的必要性和合理性,而无论是因果关系还是费用合理性的证明在生态环境损害和修复中都存在一定的科学上的不确定性,要进行充分且确定的举证非常困难,因此行政代履行追偿并不容易,进而出现了"企业污染,政府担责"的情况。第二,依据《刑事诉讼法》的规定,检察机关可以提起生态环境损害赔偿公益诉讼,但是刑事诉讼不能缺席审判,如果共同责任人无法到案,就难以追偿。例如,一起环保刑事附带民事诉讼案件中,一审法院判决被告人崔某某赔偿危险废物处置费人民币13万元,但二审法院裁定撤销原判,发回重审过程中,检察院以单独追究被告人崔某某民事责任不妥为由,要求撤回起诉。① 检察院之所以撤回起诉,是因为刑事附带民事诉讼的求偿对象仅限于被告人,如果连带责任人不在案或不是共同被告,就无法追究连带责任人的赔偿责任。

生态环境损害赔偿制度的初衷是借鉴民事侵权的核心规则,及时、充分地填补生态环境损害,打破"企业污染、群众受害、政府担责"的困局,贯彻"损害担责"原则,使生态环境损害赔偿责任落实到位。

二、生态环境损害赔偿制度的形成

(一) 该制度在我国的形成

2013年,党的十八届三中全会提出,造成生态环境损害的责任者应当承担严格的赔偿责任。2015年中共中央办公厅、国务院办公厅印发《生态环境损害赔偿制度改革试点方案》,2016年起在7个省市开展生态环境损害赔偿制度试点。2017年,中共中央办公厅、国务院办公厅印发《生态环境损害赔偿制度改革方案》,生态环境损害赔偿制度在全国试行。2019年6月,最高法院发布《最高人民法院关于审理生态环境损害赔偿案件的若干规定(试行)》(2020年修正),明确了生态环境损害赔偿诉讼案件的受理条件,并规定了生态环境损害赔偿协议的司法确认规则。2020年5月,十三届全国人大第三次会议审议通过《民法典》,其第1234条和第1235条确立了生态环境损害赔偿制度,明确规定了生态环境损害的索赔主体和损害赔偿范围。2020年9月,生态环境部联合多部门发布了《关于推进生态环境损害赔偿制度改革若干具体问题的意见》,将生态环境损害赔偿的索赔主体扩大到环保职能部门。我国生态环境损害赔偿制度的演进过程见表11。

(二) 相关的国际公约和国外立法

国际上最早提出生态环境损害赔偿制度的相关文件可以追溯到1969年的《国际油污损害民事责任公约》及其1992年议定书。而2001年开展的联合国"千年评估"提出的生态系统价值评估的方法和框架为生态环境损害赔偿提供了技术支持。国外立法方面,美国的《综合环境反应、赔偿与责任法》(又称为《超级基金法》)和欧盟的《关于预防和补救环境损害的环境责任指令》都是较为典型的立法实践。相关的国际公约和国外立法参见表12。

① 参见(2018)冀0582刑初59号刑事裁定书。

表 11　我国生态环境损害赔偿制度的演进过程

时间	报告/文件/立法	内　容
2013 年	党的十八届三中全会	对造成生态环境损害的责任者严格实行赔偿制度
2015 年	《生态环境损害赔偿制度改革试点方案》	提出建立责任明确、途径畅通、技术规范、保障有力、赔偿到位、修复有效的生态环境损害赔偿制度,列举了确定赔偿范围、明确赔偿义务人、确定赔偿权利人、建立生态环境损害赔偿磋商机制、完善相关诉讼规则、加强赔偿和修复的执行和监督、规范鉴定评估、加强资金管理等八项试点内容
2016 年	《关于在部分省份开展生态环境损害赔偿制度改革试点的报告》	授权在吉林、江苏、山东、湖南、重庆、贵州、云南 7 省市开展生态环境损害赔偿制度改革试点
2017 年	《生态环境损害赔偿制度改革方案》	在全国试行生态环境损害赔偿制度,争取到 2020 年在全国范围内初步构建生态环境损害赔偿制度体系
2019 年	《最高人民法院关于审理生态环境损害赔偿案件的若干规定(试行)》	明确了生态环境损害赔偿诉讼案件的受理条件;规定了生态环境损害赔偿协议的司法确认规则
2020 年	《民法典》	第 1234 条　违反国家规定造成生态环境损害,生态环境能够修复的,国家规定的机关或者法律规定的组织有权请求侵权人在合理期限内承担修复责任。侵权人在期限内未修复的,国家规定的机关或者法律规定的组织可以自行或者委托他人进行修复,所需费用由侵权人负担 第 1235 条　违反国家规定造成生态环境损害的,国家规定的机关或者法律规定的组织有权请求侵权人赔偿下列损失和费用: (1) 生态环境受到损害至修复完成期间服务功能丧失导致的损失; (2) 生态环境功能永久性损害造成的损失; (3) 生态环境损害调查、鉴定评估等费用; (4) 清除污染、修复生态环境费用; (5) 防止损害的发生和扩大所支出的合理费用
2020 年	《关于推进生态环境损害赔偿制度改革若干具体问题的意见》	赔偿权利人可以根据相关部门职能指定生态环境、自然资源、住房城乡建设、水利、农业农村、林业和草原等相关部门或机构负责生态环境损害赔偿的具体工作

表 12　相关的国际公约和国外立法

	时间	事件/文件	内　容
国际	1969 年	《国际油污损害民事责任公约》及其 1992 年议定书	建立了海洋生态环境损害赔偿制度。
	2001 年	联合国"千年生态系统评估"	提出生态系统具有供给服务、调节服务、文化服务、支持服务四个功能,确立了生态系统价值评估的基本框架。

续表

	时间	事件/文件	内容
国外	1980 年	美国《综合环境反应、赔偿与责任法》《超级基金法》	依据"污染者付费原则",对历史遗留的污染场地的潜在责任人追究溯及既往的严格责任。
	2004 年	欧盟《关于预防和补救环境损害的环境责任指令》	依据"污染者付费原则",对生态环境损害进行追偿。

(三) 我国海洋环境保护法的发展

在我国的海洋环境保护法中,生态环境损害赔偿制度形成得更早、更系统,这是因为我国海洋领域的环境立法受国际条约的影响较大(参见表13)。例如,我国现行《海洋环境保护法》第89条第二款就是我国第一条生态环境损害赔偿条款。

表 13 我国海洋领域生态环境损害赔偿制度的现行法律

阶段	时间	立法/文件	内容
最早提出	1982 年	《海洋环境保护法》	第41条提出"责令赔偿"国家损失的污染损害赔偿责任①
初步形成	1999 年	《海洋环境保护法》	第90条第二款提出由行使海洋环境监督管理权的部门代表国家对责任者"提出赔偿要求"。② 除此之外,还建立了船舶油污赔偿保险制度和责任限制基金制度③
逐渐完善	2014 年	《海洋生态损害国家损失索赔办法》	列举了12种导致海洋环境污染或生态破坏的行为,提出了国家损失范围内的五类费用,并规定了索赔分工、索赔协议方式、纠纷解决机制、索赔监督机制、信息保密机制和社会监督机制
	2017 年	《最高人民法院关于审理海洋自然资源与生态环境损害赔偿纠纷案件若干问题的规定》	明确了海洋生态环境损害赔偿的司法程序

---

① 1982年的《海洋环境保护法》第41条规定:"凡违反本法,造成或者可能造成海洋环境污染损害的,本法第五条规定的有关主管部门可以责令限期治理,缴纳排污费,支付消除污染费用,赔偿国家损失",但"责令"仍然是行政命令色彩更浓的概念。1982年《海洋环境保护法》规定的造成损害的原因行为仅包括"污染"行为,不包括"破坏生态"行为;"海洋环境污染损害"范围较宽泛,没有区分公民个人损害和环境本身损害;法律后果仅仅提出了"赔偿国家损失",但没有界定损失的范围、索赔的主体等具体内容,也没有明确提出"损害赔偿"的概念,这对生态环境损害赔偿制度的完整性要求来说,显然是不够的。
② 1999年《海洋环境保护法》第90条第二款规定:"对破坏海洋生态、海洋水产资源、海洋保护区,给国家造成重大损失的,由依照本法规定行使海洋环境监督管理权的部门代表国家对责任者提出损害赔偿要求。"在 1982年《海洋环境法》第41条较为笼统的"国家损失"的基础上,进一步明确了"海洋生态、海洋水产资源、海洋保护区"是国家海洋生态环境损害的内容,提出"行使海洋环境监督管理权的部门"是代表国家提出损害赔偿要求的适格主体。
③ 责任限制基金,是指设立基金后,债权人不能再对债务人的财产提出任何主张。我国建立了船舶油污损害保险制度和责任限制基金制度,但是没有加入《设立油污损害赔偿国际基金国际公约》。

三、生态环境损害赔偿制度的内容

(一) 法律关系的主体

1. 生态环境损害赔偿的权利人

《生态环境损害赔偿制度改革方案》提出，由国务院授权的省级、市地级政府(包括直辖市所辖的区县级政府，下同)作为索赔主体，主要包括：(1) 省级、市地级政府是本行政区域内生态环境损害赔偿权利人；(2) 省域内跨市地的生态环境损害由省级政府管辖；(3) 其他工作范围划分由省级政府根据本地区实际情况确定。经授权的主体可以指定相关部门或机构开展索赔工作。例如，在江苏省人民政府诉安徽海德化工一案中，江苏省人民政府作为独立原告起诉，是全国首个以判决方式结案的由省级政府独立提起的生态环境损害赔偿诉讼案件，①同时也是第一个以分期付款方式支付赔偿金的案件。分期付款的执行方式有利于保护民营企业，也有利于赔偿到位。②

《民法典》第1234条规定，"国家规定的机关或法律规定的组织"是索赔主体。《关于推进生态环境损害赔偿制度改革若干具体问题的意见》扩大了索赔主体的范围，赔偿权利人可以根据相关部门职能指定生态环境、自然资源、住房城乡建设、水利、农业农村、林业和草原等相关部门或机构负责生态环境损害赔偿的具体工作。有关生态环境损害赔偿索赔主体的具体规定还有待进一步确定。除了政府及其相关部门，依据《民事诉讼法》第55条第一款和第二款，环保公益组织和检察机关也可以提起生态环境损害民事公益诉讼。

2. 生态环境损害赔偿的义务人

生态环境损害赔偿的义务人是造成生态环境损害的企业或个人。在纠纷解决过程中，企业和个人与生态环境损害赔偿的权利人具有平等的主体地位。

(二) 生态环境损害赔偿责任的构成

1. 事实构成要件

《民法典》第1234条和第1235条规定，违反国家规定造成生态环境损害的，应当承担生态环境损害修复和赔偿责任。因此，生态环境损害赔偿责任的事实构成要件包括：

(1) 原因行为，具有形式违法性，即应当是"违反国家规定"的污染环境和破坏生态行为。所谓"国家规定"大部分是环保行政法律法规，但应当包括但不仅限于自然资源利用类法律、污染防治类法律和生态保护类法律，具体的范围还有待进一步探讨。③

---

① 江苏省人民政府诉安徽海德化工科技有限公司生态环境损害赔偿案一审民事判决书，(2017)苏12民初51号。
② 安徽海德化工科技有限公司与江苏省人民政府环境污染责任纠纷二审民事判决书，(2018)苏民终1316号。
③ 需要使用相应的立法技术和立法规范，用抽象程度更高的一般规则来描述生态环境损害赔偿原因行为和损害结果。目前，《生态环境损害赔偿制度改革方案》提出的生态环境损害赔偿的适用范围为："1. 发生较大及以上突发环境事件的；2. 在国家和省级主体功能区规划中划定的重点生态功能区、禁止开发区发生环境污染、生态破坏事件的；3. 发生其他严重影响生态环境后果的。各地区应根据实际情况，综合考虑造成的环境污染、生态破坏程度以及社会影响等因素，明确具体情形。"不适用于："1. 涉及人身伤害、个人和集体财产损失要求赔偿的，适用侵权责任法等法律规定；2. 涉及海洋生态环境损害赔偿的，适用海洋环境保护法等法律及相关规定。"这种列举式的规定未能够形成较为周延的生态环境损害赔偿适用范围。因此，应当结合概括性规定，保持条文一定的开放性，以较高的弹性应对现实中环境法律规范的大量出台和快速变化。

(2) 损害结果,行为应当导致生态环境损害,包括对环境要素、生物要素的不利改变以及生态系统功能退化。生态环境损害不局限于技术性全部损害,①还要考虑损害可以部分修复的情况,因为生态环境损害赔偿以修复生态环境和恢复生态服务功能为责任目的,应当考虑修复方案的经济性。

(3) 因果关系,主要依据生态环境损害赔偿鉴定评估报告进行判断。相关技术标准的主要依据包括:《生态环境损害鉴定评估技术指南 总纲和关键环节 第1部分:总纲》(GB/T 39791.1-2020)、《生态环境损害鉴定评估技术指南 总纲和关键环节 第2部分:损害调查》(GB/T 39791.2-2020)、《生态环境损害鉴定评估技术指南 环境要素 第1部分:土壤和地下水》(GB/T 39792.1-2020)、《生态环境损害鉴定评估技术指南 环境要素 第2部分:地表水和沉积物》(GB/T 39792.2-2020)、《生态环境损害鉴定评估技术指南 基础方法 第1部分:大气污染虚拟治理成本法》(GB/T 39793.1-2020)、《生态环境损害鉴定评估技术指南 基础方法 第2部分:水污染虚拟治理成本法》(GB/T 39793.2-2020)等。②

2. 归责原则与免责事由

生态环境损害赔偿责任是一种无过错责任。这里"无过错责任"中的"过错"仅指主观过错。在存在"违反国家规定"的客观过失时,可以不要求行为人具有主观过失,并对举证免责作严格的规定,等同于无过错责任。③ 在完成客观归责后,④仍然需要向主观归责过渡,主要是通过设立免责事由,对可以例外阻却责任承担的具体情形吸收为责任阻却事由,做排除性规定,例如第三人过错、不可抗力、技术限制抗辩等。⑤ 因此,如果采用过失客观化方式,通过行为构成要件的构建,将过失定型为原因行为后,在主观归责方面只需要考虑责任阻却事由即可。⑥

(三) 责任承担方式

生态环境损害赔偿制度的规范目的是恢复生态环境的"整体利益"。⑦ 生态环境的"整体利益"不仅包括因环境要素和生物要素不利改变而损失的经济价值,还包括整体上的生态系统功能退化;不仅包括人与人之间的经济利益,还包括人与自然之间的生态利

---

① 技术性全部损害是指损害十分严重,修复在技术上不可能;经济性全部损害是指技术上可行,但是修复费用过巨,致害人可以拒绝修理,而向赔偿人提出赔偿价值利益;准全部损害是指虽然技术上可行,经济上可负担,但是对被害人不可苛求,例如新车被撞,修理后被视为事故车辆。参见[德]迪特尔·梅迪库斯:《德国债法总论》,法律出版社2004年版,第463—464页。
② 参见《生态环境部和国家市场监督管理总局联合发布六项生态环境损害鉴定评估技术标准》(2020年12月31日),生态环境部官网,http://www.mee.gov.cn/xxgk/hjyw/202012/t20201231_815766.shtml,最后浏览日期:2021年1月1日。
③ 王泽鉴著:《侵权行为》(第三版),北京大学出版社2016年版,第629页。
④ 客观归责是对存在事实因果关系的情况下,对结果归属于行为的例外的排除。客观罪责理论主要阐释对过失行为的实质违法性的认识。
⑤ 现有科学技术和预防水平无法预测或认识某风险的发生,如未知化学物质致害。
⑥ 行为,是类型性的风险,过失,是对风险的预见性。当行为人采取了防范措施,首先,在认识层面,证明行为人认识并预见到了行为有可能产生社会危害结果的风险,其次,在意志层面,证明行为人的主观意志状态对风险和危害结果持反对态度,因此,可以依据这种客观行为判断行为人主观罪过状态,即依据行为人采取了防范措施这一事实,排除行为人具有"放任"或"希望"危害结果发生的意志状态,进而排除行为人的主观故意。
⑦ 与"差额假设说"主张的"价值利益"不同,依据"组织说",损害并非单纯地体现为财产受损,还包括由此给受害人造成的其他不利益。参见曾世雄:《损害赔偿法原理》,中国政法大学出版社2001年版,第124页。

益。人与人之间的经济利益主要是环境要素的价值利益减损,如渔业损失。人与自然之间的生态利益主要是生态系统为人类提供的整体价值。①

因此,生态环境损害赔偿责任的承担方式以"恢复原状"优先,包括"恢复原状请求权"和"恢复原状花费请求权"。② 值得注意的是,从生态经济学的角度来看,生态系统服务功能的价值是可以详尽计算的,③虽然这并不意味着"恢复原状"和"金钱赔偿"作为责任承担方式具有等价性,但是这为"恢复原状,差额赔偿"提供了可能。就解决生态环境损害赔偿纠纷而言,相比于"金钱赔偿",要求"恢复原状"或赔偿"恢复原状花费"的优势在于:受害人可以要求加害人预付恢复原状的花费;如果恢复原状费用超出原评估费用的,还可以向加害人追偿。

另外,《生态环境损害赔偿制度改革方案》规定:"赔偿义务人对受损的生态环境进行修复,生态环境损害无法修复的,实施货币赔偿,用于替代修复。"实际上,将受损的生态环境损害划分为修复和不可修复,未免过于笼统。我国侵权责任法中的恢复原状需要符合两个条件:一是受到损害的财产存在恢复原状的可能性;二是恢复原状有必要,即受害人认为恢复原状是必要的且具有经济合理性。④ 生态环境损害赔偿不仅应当考虑修复方案的经济性,还要考虑损害可以部分修复的情况。

(四) 纠纷解决机制

生态环境损害赔偿纠纷解决机制是制度落地的关键。增强生态环境损害赔偿制度的现实可操作性,提升人们的制度信心和积极性,才能让生态环境损害赔偿制度的效果得到充分发挥。当前,我国主要运用磋商和诉讼两种方式解决生态环境损害修复和赔偿纠纷,并且适用磋商前置原则。

1. 磋商

磋商是指"经调查发现生态环境损害需要修复或赔偿的,赔偿权利人根据生态环境损害鉴定评估报告,就损害事实和程度、修复启动时间和期限、赔偿的责任承担方式和期限等具体问题与赔偿义务人进行磋商,统筹考虑修复方案技术可行性、成本效益最优化、赔偿义务人赔偿能力、第三方治理可行性等情况,达成赔偿协议"。磋商是生态环境损害赔偿制度特有的纠纷解决机制。

生态环境损害赔偿磋商具有"前置性"和"民事性"两个特征。首先,磋商是诉讼的前置程序。2017年实施的《生态环境损害赔偿制度改革方案》删除了2015年《生态环境损害赔偿制度改革试点方案》中"赔偿权利人也可以直接提起诉讼"的表述,改为"磋商前置",即在提起生态环境损害赔偿诉讼前,必须先经过磋商。其次,磋商是具有民事性质的

---

① 所谓"价值利益",是指财产总额的减少;而"整体利益"可以视为权利主体对于自己具体的权益乃至实际生活目的所拥有的利益。参见[德]迪特尔·梅迪库斯库:《德国债法总论》,法律出版社2004年版,第432页。
② 参见程啸、王丹:"损害赔偿的方法",《法学研究》2013年第3期。
③ 段昌群著:《生态科学进展》(第四卷),高等教育出版社2008年版,第127—139页。
④ 全国人大常委会法制工作委员会民法室著:《〈中华人民共和国侵权责任法〉条文说明、立法理由及相关规定》,北京大学出版社2010年版,第54—55页。

前合同行为,磋商协议是具有民事合同性质的文书。《生态环境损害赔偿制度改革方案》提出,"对经磋商达成的赔偿协议,可以依照民事诉讼法向人民法院申请司法确认,赋予赔偿协议强制执行效力",磋商协议申请司法确认的法律依据是《民事诉讼法》,由此确定了磋商协议的民事合同性质。

(1) 磋商主体

生态环境损害赔偿磋商的主体包括赔偿义务人、赔偿权利人和其他参与人。

赔偿义务人是生态环境损害赔偿磋商的主要参与主体之一。赔偿义务人是指"违反法律法规,造成生态环境损害的单位或个人"。

国务院授权省级和市地级政府在行政管辖区域内作为赔偿权利人。省内跨市损害的,由省级政府管辖;跨省损害的,由省级政府协商;国家自然资源资产管理试点地区损害的,省级政府指定相关职责部门管辖;国务院直接行使国有自然资源资产所有权的,由相关职责部门管辖。跨省损害和自然资源资产损害的相关规定,是《生态环境损害赔偿制度改革方案》在试点经验以及国家自然资源资产产权管理制度改革的背景下提出的新制度。

其他参与人,如公众、NGO、人民调解委员会、律师、行业协会等,可以参与磋商过程,提供专业知识咨询并对磋商过程进行监督,但没有单独或与他人联合提出磋商请求的权利,也无权提起下一步程序。

(2) 磋商内容与依据

《生态环境损害赔偿制度改革方案》规定,经调查发现生态环境损害需要修复或赔偿的,赔偿权利人依据生态环境损害鉴定评估报告,就损害事实和程度、修复启动时间和期限、赔偿的责任承担方式和期限等具体问题与赔偿义务人进行磋商,统筹考虑修复方案技术可行性、成本效益最优化、赔偿义务人赔偿能力、第三方治理可行性等情况,达成赔偿协议。因此,磋商的内容包括技术磋商和责任磋商。磋商的依据是生态环境损害鉴定评估报告,需要由有资质的机构出具。

(3) 磋商协议的效力

磋商协议具有民事合同性质,经司法确认后可以申请法院强制执行。《生态环境损害赔偿制度改革方案》规定:"对经磋商达成的赔偿协议,可以依照民事诉讼法向人民法院申请司法确认。经司法确认的赔偿协议,赔偿义务人不履行或不完全履行的,赔偿权利人及其指定的部门或机构可向人民法院申请强制执行。"司法确认制度是《生态环境损害赔偿制度改革方案》在试点经验的基础上提出的新制度,试点方案中并没有司法确认的规定。

(4) 公众参与

《生态环境损害赔偿制度改革方案》提出鼓励公众参与磋商,不断创新公众参与方式,邀请专家和利益相关的公民、法人、其他组织参加生态环境修复或赔偿磋商工作。依法公开生态环境损害调查、鉴定评估、赔偿、诉讼裁判文书、生态环境修复效果报告等信息,保障公众知情权。

【经典案例】

贵州省人民政府、息烽劳务有限公司、贵阳开磷化肥有限公司生态环境损害赔偿协议司法确认案①

(2017)黔0181民特6号

【基本案情】

2012年6月,开磷化肥公司委托息烽劳务公司承担废石膏渣的清运工作。按要求,污泥渣应被运送至正规磷石膏渣场集中处置。但从2012年底开始息烽劳务公司便将污泥渣运往大鹰田地块内非法倾倒,形成长360米,宽100米,堆填厚度最大50米,占地约100亩,堆存量约8万立方米的堆场。环境保护主管部门在检查时发现上述情况。贵州省环境保护厅委托相关机构进行评估并出具的《环境污染损害评估报告》显示,此次事件前期产生应急处置费用134.2万元,后期废渣开挖转运及生态环境修复费用约为757.42万元。2017年1月,贵州省人民政府指定贵州省环境保护厅作为代表人,在贵州省律师协会指定律师的主持下,就大鹰田废渣倾倒造成生态环境损害事宜,与息烽劳务公司、开磷化肥公司进行磋商并达成《生态环境损害赔偿协议》。2017年1月22日,上述各方向清镇市人民法院申请对该协议进行司法确认。

【裁判结果】

清镇市人民法院依法受理后,在贵州省法院门户网站将各方达成的《生态环境损害赔偿协议》、修复方案等内容进行了公告。公告期满后,清镇市人民法院对协议内容进行了审查并依法裁定确认贵州省环境保护厅、息烽劳务公司、开磷化肥公司于2017年1月13日在贵州省律师协会主持下达成的《生态环境损害赔偿协议》有效。一方当事人拒绝履行或未全部履行的,对方当事人可以向人民法院申请强制执行。

【典型意义】

本案是生态环境损害赔偿制度改革试点开展后,全国首例由省级人民政府提出申请的生态环境损害赔偿协议司法确认案件。该案对磋商协议司法确认的程序、规则等进行了积极探索,提供了可借鉴的有益经验。人民法院在受理磋商协议司法确认申请后,及时将《生态环境损害赔偿协议》、修复方案等内容通过互联网向社会公开,接受公众监督,保障了公众的知情权和参与权。人民法院对生态环境损害赔偿协议进行司法确认,赋予了赔偿协议强制执行效力。一旦发生一方当事人拒绝履行

---

① 2019年6月5日最高人民法院发布人民法院保障生态环境损害赔偿制度改革典型案例之三。

或未全部履行赔偿协议情形的,对方当事人可以向人民法院申请强制执行,有力保障了赔偿协议的有效履行和生态环境修复工作的切实开展。本案的实践探索已为《生态环境损害赔偿制度改革方案》所认可和采纳,《最高人民法院关于审理生态环境损害赔偿案件的若干规定(试行)》也对生态环境损害赔偿协议的司法确认作出明确规定。

【点评专家】

肖建国,中国人民大学法学院教授。

【点评意见】

本案的亮点在于探索生态环境损害赔偿协议的司法确认规则,化解了试点阶段磋商协议的达成及司法确认的若干法律难题,为最高人民法院出台相关司法解释提供了实践素材。贵州法院的这一实践样本彰显了法院的司法智慧。一方面,首创了由第三方主持磋商的制度,即由省律师协会主持、赔偿权利人与义务人展开磋商程序,并促成赔偿协议的达成。双方磋商过程中的第三方介入有助于维持程序中立、促进当事人沟通、协助当事人发现其利益需求。另一方面,首创了法院作出司法确认裁定前对生态环境损害赔偿协议进行公告的制度。鉴于生态环境损害赔偿协议涉及损害事实和程度、赔偿的责任承担方式和期限、修复启动时间与期限等内容,不仅涉及赔偿权利人与赔偿义务人之间利益的调整,也会波及不特定公众环境权益的保护问题,人民法院将赔偿协议内容公告,具有十分重要的意义。

2. 诉讼

生态环境损害赔偿诉讼是政府基于自然资源国家所有及相应管理职能,对生态环境损害发起的损害赔偿之诉。与救济公民人身损害和财产损害的环境侵权之诉相比,生态环境损害赔偿诉讼的诉讼主体、请求权基础都有所不同,因此应当是一种独立的诉讼类型。

(1) 原告

生态环境损害赔偿诉讼的适格原告有两类:一是经授权的省级、市地级政府。国务院授权的省级、市地级政府(包括直辖市所辖的区县级政府,下同),作为本行政区域内生态环境损害赔偿权利人,省域内跨市地的生态环境损害由省级政府管辖;其他工作范围划分由省级政府根据本地区实际情况确定。二是经授权的主体"指定"的相关部门或机构。省级、市地级政府及其指定的部门或机构均有权提起诉讼。

(2) 被告

生态环境损害赔偿诉讼的被告是责任承担的主体。生态环境损害具有累积性、扩散性的特点,往往导致"一因多果""多因一果"的因果关系认定困境,难以通过传统的因果关系认定理论和方法完成责任的归属。现实中,由于无法确定是"谁干的好事",导致"企业污染,政府买单"的现实窘况,不合理地消耗着政府的行政管理资源,严重损害了社会公共利益,因此,有必要合理扩大赔偿义务人的范围。

一方面,在纵向上形成全过程治理责任链。我国《环境保护法》第65条规定:"环境影响评价机构、环境监测机构以及从事环境监测设备和防治污染设施维护、运营的机构,在有关环境服务活动中弄虚作假,对造成的环境污染和生态破坏负有责任的,除依照有关法律法规规定予以处罚外,还应当与造成环境污染和生态破坏的其他责任者承担连带责任。"

另一方面,在横向上以增加连带责任人为思路,突破自己责任。① 典型的如"揭开公司面纱"的股东责任、共同责任和保险人的赔偿责任等。② 在"揭开公司面纱"的情形下,债权人可以要求滥用公司法人独立地位和股东有限责任的股东连带承担公司的赔偿责任。

(3) 共同责任

生态环境损害赔偿的共同责任较为复杂,包括第三人直接责任和多人共同责任。第三人直接责任是特殊的直接行为责任,当存在有过错的第三人时,传统归责理论以因果关系中断为理由,否认直接行为人的可归责性。③ 多人共同责任可以分为共同侵权责任、共同危险责任和替代责任。生态环境损害赔偿的共同责任人应当重点考虑无意思联络的共同危险人责任。除此之外,还应当在确立强制责任保险后,重点关注保险人的赔偿责任。

【经典案例】

重庆市人民政府、重庆两江志愿服务发展中心诉重庆藏金阁物业管理有限公司、重庆首旭环保科技有限公司生态环境损害赔偿、环境民事公益诉讼案④

(2017)渝01民初773号

【基本案情】

藏金阁公司的废水处理设施负责处理重庆藏金阁电镀工业园园区入驻企业产生的废水。2013年12月,藏金阁与首旭公司签订为期4年的《委托运行协议》,由首旭公司承接废水处理项目,使用藏金阁公司的废水处理设备处理废水。2014年8月,藏金阁公司将原废酸收集池改造为废水调节池,改造时未封闭池壁120 mm口径管网,该未封闭管网系埋于地下的暗管。首旭公司自2014年9月起,在明知池中有

---

① 自己责任,即直接责任,是指违法行为人对于自己的过错造成的他人人身损害和财产损害由自己承担责任。在一般侵权行为中,行为人和责任人是同一人,行为人对自己实施的行为承担后果。参见杨立新著:《侵权责任法》,北京大学出版社2014年版,第171页。
② "揭开公司面纱",也称为法人人格否定。我国《公司法》第20条第三款规定:"公司股东滥用公司法人独立地位和股东有限责任,逃避债务,严重损害公司债权人利益的,应当对公司债务承担连带责任。""揭开公司面纱"时,股东承担连带或直索责任。通常情况下,法人以其全部财产独立承担民事责任。
③ 参见程啸:"论侵权法上的第三人行为",《法学评论》2015年第3期。
④ 最高人民法院2019年6月5日发布的人民法院保障生态环境损害赔偿制度改革典型案例之二。

管网可以连通外部环境的情况下,利用该管网将未经处理的含重金属废水直接排放至外部环境。2016年4月、5月,执法人员在两次现场检查藏金阁公司的废水处理站时发现,重金属超标的生产废水未经处理便排入外部环境。经测算2014年9月1日至2016年5月5日,违法排放废水量共计145 624吨。受重庆市人民政府委托,重庆市环境科学研究院以虚拟治理成本法对生态环境损害进行量化评估,二被告造成的生态环境污染损害量化数额为1 441.677 6万元。

2016年6月30日,重庆市环境监察总队以藏金阁公司从2014年9月1日至2016年5月5日将含重金属废水直接排入港城园区市政废水管网进入长江为由,对其作出行政处罚决定。2016年12月29日,重庆市渝北区人民法院作出刑事判决,认定首旭公司及其法定代表人、相关责任人员构成污染环境罪。

重庆两江志愿服务发展中心对二被告提起环境民事公益诉讼并被重庆市第一中级人民法院受理后,重庆市人民政府针对同一污染事实提起生态环境损害赔偿诉讼,人民法院将两案分别立案,在经各方当事人同意后,对两案合并审理。

【判决结果】

重庆市第一中级人民法院审理认为,重庆市人民政府有权提起生态环境损害赔偿诉讼,重庆两江志愿服务发展中心具备合法的环境公益诉讼主体资格,二原告基于不同的规定而享有各自的诉权,对两案分别立案受理并无不当。二被告违法排污的事实已被生效刑事判决、行政判决所确认,本案在性质上属于环境侵权民事案件,其与刑事犯罪、行政违法案件所要求的证明标准和责任标准存在差异,故最终认定的案件事实在不存在矛盾的前提条件下,可以不同于刑事案件和行政案件认定的事实。鉴于藏金阁公司与首旭公司构成环境污染共同侵权的证据已达到高度盖然性的民事证明标准,应当认定藏金阁公司和首旭公司对于违法排污存在主观上的共同故意和客观上的共同行为,二被告构成共同侵权,应当承担连带责任。遂判决二被告连带赔偿生态环境修复费用1 441.677 6万元,由二原告结合本区域生态环境损害情况用于开展替代修复等。

【典型意义】

本案系第三方治理模式下出现的生态环境损害赔偿案件。藏金阁公司是承担其所在的藏金阁电镀工业园区废水处置责任的法人,亦是排污许可证的申领主体。首旭公司通过与藏金阁公司签订《委托运行协议》,成为负责前述废水处理站日常运行维护工作的主体。人民法院依据排污主体的法定责任、行为的违法性、客观上的相互配合等因素进行综合判断,判定藏金阁公司与首旭公司之间具有共同故意,应当对造成的生态环境损害承担连带赔偿责任,有利于教育和规范企业切实遵守环境保护法律法规,履行生态环境保护的义务。同时,本案还明确了生态环境损害赔偿诉讼与行政诉讼、刑事诉讼应适用不同的证明标准和责任构成要件,不承担刑事责任或者行政责任并不当然免除生态环境损害赔偿责任,对人民法院贯彻落实习近平总书记提出的"用最严格制度最严密法治保护生态环境"的严密法治观,依法处理三类案件诉讼衔接具有重要指导意义。

【点评专家】

张梓太,复旦大学教授。

【点评意见】

本案是重庆市首例、全国第二例生态环境损害赔偿诉讼案件,对全面落实生态环境损害赔偿制度提供有益的制度经验,具有十分重要的意义。

首先,本案实现了生态环境损害赔偿诉讼与环境公益诉讼的有效衔接。两种诉讼制度在诉讼主体、适用范围上都有差别,如何实现两者的有效衔接一直是困扰理论界和实务界的一道难题。重庆市第一中级人民法院将其合并审理,既支持了政府提起生态环境损害赔偿诉讼,又鼓励了社会组织提起环境民事公益诉讼,表达了人民法院对环境公共利益保护的决心,实现了法律效果和社会效果的统一。

其次,本案明确了第三方治理模式下生态环境损害赔偿责任应当如何认定的问题。排污主体取得排污许可证后,可以委托第三方进行排污,但排污主体监督第三方的法律责任并不因民事合同约定而免除。如果排污主体未尽法定监督义务,其仍应承担相应的法律责任。

最后,本案还指明了生态环境损害赔偿诉讼的证明标准和责任标准不同于刑事诉讼和行政诉讼。不承担刑事责任或者行政责任并不必然免除生态环境损害赔偿责任,对此,可结合具体的案件情况进行更进一步的司法实践探索。

3. 仲裁

就解决生态环境损害赔偿纠纷而言,磋商前置和诉讼"两点一线"的结构过于单薄。除了磋商和诉讼,还需要补足流程高效、具有强制执行力、技术专业性强的独立纠纷解决机制。

表14 当前我国生态环境损害赔偿纠纷解决机制的不足与改进方式

纠纷解决方式	不足	改进方式
磋商	效率较低	增加时间限制
	强制力欠缺	司法确认
	合意瑕疵与责任风险	第三方介入
诉讼	法院司法服务供给不足	司法专门化
	法官专业性有限	技术专家介入
	附带民事诉讼限制诉求实现	纠纷解决独立化

国际上生态环境损害赔偿纠纷解决方式主要有磋商、仲裁、调解和诉讼四种,见下表15。

表15 国际上生态环境损害赔偿纠纷解决方式比较

纠纷解决机制	磋商	调解	仲裁	诉讼
概念	由当事方自行协商解决纠纷的方式	第三方从中斡旋,促成当事方自愿达成合意	当事方自愿达成协议,将纠纷提交第三方作出有约束力决定的一种纠纷解决方式	通过法院司法审判来解决纠纷
国外立法例	美国《超级基金法》规定的谈判磋商程序	日本《公害纠纷处理法》规定的调解程序	美国《超级基金法》规定的小额仲裁程序;日本的公害纠纷裁定制度	《国际油污损害民事责任公约》和欧盟《环境责任指令》
流程效率	流程灵活,但易拖延	流程简单	流程相对简单	流程规范
强制执行力	司法确认后,可申请法院强制执行	司法确认后,可申请法院强制执行	可申请法院强制执行	可申请强制执行
专业技术性	邀请专业技术人员参与	邀请专业技术人员参与	聘任专业技术人员为仲裁员或成立专家咨询委员会	邀请专家辅助人出庭作证
性质	民间性,合意型	民间性,合意型	准司法性,裁判型	司法性,裁判型
第三方机构	无	调解委员会	仲裁委员会或仲裁庭	法院
参与人员	公众、NGO、律师、行业协会等	律师、基层组织、行业从业人员	法律专家、技术专家	司法人员
优势	非对抗性的纠纷处理机制能够弱化当事人消极抵抗的态度或行为	第三方从中斡旋,消除双方因情绪激动或信息不畅导致的误解和对立,促进当事者自主自愿解决纠纷	1. 尊重当事人意思自治;2. 仲裁员具备技术专业知识,判断更准确;3. 流程简洁,效率高;4. 裁决有强制执行力;5. 裁决的国际承认和执行阻碍更小	1. 两审终审制保障当事人利益;2. 具有权威性;3. 具有强制性;强制应诉,强制执行;4. 具有司法终局性
局限性	1. 效率问题 2. 无强制执行力	1. 调解方案需双方当事人同意,如磋商不成,调解作用也相对有限;2. 当调解人比较强势时,可能出现强制合意,损害当事人利益	1. 仲裁协议需要双方同意;2. 需要构建新的仲裁机构;3. 需要聘任专业技术人员作为仲裁员;4. 需要解释生态环境损害的可仲裁性	1. 法官的知识结构和审判经验难以对复杂的科学和技术事实作出良好判断;2. 诉讼耗时过长
体系定位	先行	暂缓	主要机制	监督、救济

除协商和诉讼之外,我国解决环境纠纷的方式还有人民调解、仲裁、环境信访、行政调解等。环境信访和行政调解不适合解决生态环境损害赔偿纠纷,因为在生态环境损害赔偿纠纷中,行政机关是纠纷当事人,不宜采用行政机关主导的纠纷解决方式。人民调解、仲裁均可以用于解决生态环境损害赔偿纠纷,都可以引入有专门知识的第三方。但是,在流程高效性、强制执行力、技术专业性方面,仲裁比人民调解更有优势。因此,应当建立生态环境损害赔偿仲裁制度。人民调解与仲裁的比较见表16。

表16 人民调解与仲裁的比较

特点	人民调解	仲裁
流程效率	启动和方案需经双方同意,不必然达成调解协议	需双方达成仲裁协议;一旦启动,一裁终局
强制执行力	需经司法确认	具有强制执行力
技术专业性	技术专家担任人民调解员,没有裁判权	1. 技术专家担任仲裁员,有裁判权; 2. 技术专家作为专家咨询委员会成员,没有裁判权
裁决机构	建立新的人民调解委员会	建立新的仲裁机构

我国生态环境损害赔偿制度尚在形成阶段,缺少生态环境损害赔偿仲裁的实践经验。但是,我国从20世纪80年代起就在环境纠纷仲裁方面进行不断探索。例如,最早在1980年,苏州市环保局就试行了《环境保护仲裁条例》。① 1981年的苏州电器厂废水污染案和1986年的上海普陀区大气污染案是环境仲裁的成功尝试。2004年,《中国海事仲裁委员会仲裁规则》将海洋资源开发利用、海洋环境污染争议纳入受案范围。2007年,江苏省东台市设立了国内首家环境纠纷仲裁机构,成立东台市环境纠纷仲裁委员会,并出台了对环境仲裁进行专门性规定的《东台市环境纠纷仲裁暂行办法》,解决了一些历史遗留的"老大难"环境纠纷。

(1) 生态环境损害赔偿的可仲裁性

可仲裁性是指争议事项可以通过仲裁的方式解决,没有被立法禁止以仲裁解决或由司法审判保留管辖权。如果生态环境损害赔偿不具有可仲裁性,则不能通过仲裁来解决纠纷。我国《仲裁法》将可仲裁事项限定为"平等主体之间的合同纠纷和其他财产权益纠纷"。以此为标准,生态环境损害赔偿的可仲裁性主要表现在以下两个方面。

一是从主体地位来看,生态环境损害赔偿以损害填补为目的,是行政责任和刑事责任的补充,具有民事纠纷的特点。政府的索赔行为并没有行使行政管理职能,不属于具体行政行为。作为索赔主体的政府与作为加害人的企业和个人,在生态环境损害赔偿纠纷中应视为平等主体,符合我国《仲裁法》对仲裁主体的规定。

二是从权益性质来看,学界对生态环境损害赔偿的权属性质存在公权说和私权说的理论分野。但从生态经济学的角度看,生态系统服务功能的价值可以通过多种方法进行

---

① 参见蔡守秋:"用仲裁方式解决环境纠纷的探讨",《中国环境管理》1983年第1期。

详尽计算。例如 COSTANZA 等对全球 16 个生物地理群落地带的 17 种生态系统服务功能进行了估价。2001 年开展的联合国"千年生态系统评估"确立了生态系统服务功能价值评估的基本方法和评估框架。生态学方法能够将"功能损害"转化为"价值利益",将生态环境损害解释为"财产权益"。

另外,从仲裁的功能来看,仲裁的适用范围并不当然地局限于平等主体之间的合同或其他财产纠纷。首先,从国际国外的立法来看,争议事项的可仲裁性并没有统一标准。例如,《纽约公约》虽然承认"不可仲裁事项"的概念,但并未给出准确定义;《国际商事仲裁示范法》第 7 条第一款规定,仲裁同时适用于契约性和非契约性法律关系上的争议。可见,从功能上看,仲裁并不仅仅是为了解决"商事"或"合同"争议。其次,争议事项的可仲裁性并不是一成不变的,而是受时代和政策的影响而调整。例如,美国曾禁止通过仲裁来解决反托拉斯法的争议,但是在 1985 年,美国最高法院通过判例解除了这一禁止。不仅如此,人身权争议曾由司法审判保留管辖权,但是在由贿赂行为引发的国际投资争端中,尽管涉及当事人的刑事责任认定,国际投资仲裁庭仍然倾向于认为该争议具可仲裁性。①

综上,在我国《仲裁法》框架下,生态环境损害赔偿具有可仲裁性。虽然在学理解释上暂时存在一些争议,但是我们应当充分认识到仲裁的优势。仲裁只是纠纷解决的诸多机制之一,研究重点应当放在目的和作用上,而不是囿于可仲裁性。

(2) 仲裁机构

有学者认为,我国在环境仲裁上经验积累较少,且生态环境损害赔偿仲裁也不同于传统的民商事仲裁和劳动仲裁,建立专门的仲裁机构可行性不高,因此可以考虑临时仲裁。② 但是,在我国的商事仲裁历史中,临时仲裁从未被立法机关所确认。③ 不过,2016 年起,我国在自贸区内推行"三特定"的临时仲裁试点。尽管如此,建立生态环境损害赔偿临时仲裁的具体可行性还有待进一步考证。

实际上,建立全国性的生态环境损害赔偿仲裁机构是可行的。随着仲裁的功能被社会所广泛认识和接受,不同领域的全国性仲裁机构也逐步建立。例如,2018 年 5 月,国内首家专业计量仲裁机构——中国海事仲裁委员会计量争议仲裁中心在浙江舟山揭牌成立。因此,建立全国性的生态环境损害赔偿纠纷仲裁机构也值得期待。在当前的过渡阶段可以考虑成立生态环境损害赔偿纠纷巡回仲裁庭。

(3) 技术专家的仲裁员资格

生态环境损害赔偿的仲裁庭应由法律人士和技术专家共同组成,并建立技术专家的仲裁员资格认定制度。2001 年 10 月在巴西里约热内卢成立的环境仲裁院即由专家组成,专家也都具有仲裁员资格。依据我国《仲裁法》第 13 条,仲裁员一般由具有一定从业

---

① 参见蒋围:"涉及贿赂的国际投资争端之可仲裁性问题研究",《国际经济法学刊》2012 年第 2 期。
② 参见王岚:"论生态环境损害赔偿的仲裁",《江汉论坛》2017 年第 8 期。
③ 参见孙巍:"中国临时仲裁的最新发展及制度完善建议——《最高人民法院关于为自由贸易试验区建设提供司法保障的意见》与《横琴自由贸易试验区临时仲裁规则》解读",《北京仲裁》2017 年第 3 期。

年限的法律人士担任。所以,接下来应当确立技术专家担任生态环境损害赔偿仲裁员的资格条件,例如相关技术工作的从业年限,解决类似纠纷的经验等,并建立配套的全国认证制度。在过渡时期可以组建专家咨询委员会。生态环境损害赔偿仲裁庭应采取合议制,并可以依据纠纷标的额的数量设定仲裁庭组成数量的下限。仲裁员的选任规则可以参照现行的民商事仲裁的相关规则。

(4) 仲裁调解

仲裁调解(包括和解)是我国的特色制度。仲裁调解及和解流程见图 5。不论是否有仲裁协议,都可以进行仲裁调解。① 不论是基于当事人合意、仲裁协议还是法院委派或委托,争议事项都可以进行仲裁调解。仲裁调解是衔接当事人合意、仲裁和诉讼的纠纷解决

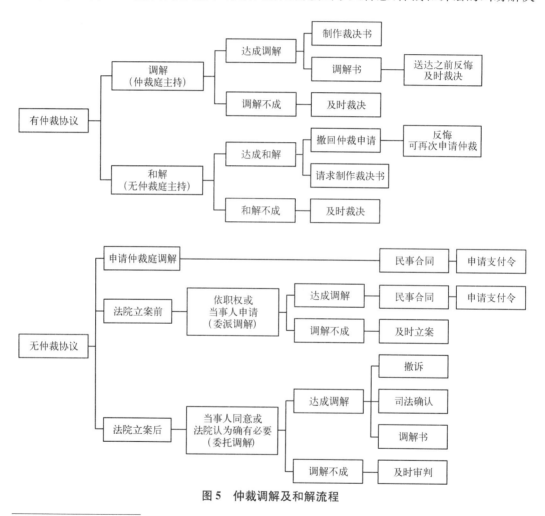

图 5 仲裁调解及和解流程

---

① 在有仲裁协议的情况下,当事人可以自愿达成和解或接受仲裁庭调解。调解成功的,制作裁决书或调解书,调解书送达前当事人反悔的应当及时裁决;调解不成的,应当及时裁决。达成和解的,当事人可以撤回仲裁申请或请求制作裁决书,撤回仲裁申请后反悔的,当事人可以再次申请仲裁,和解不成的应当及时裁决。仲裁调解也可以在没有仲裁协议的情况下单独适用。在不存在仲裁协议的情况下,当事人可以请求仲裁庭调解。法院立案前,可依职权或当事人申请,委派仲裁机构调解。法院立案后,经当事人同意或法院认为确有必要的可以委托仲裁机构调解。达成调解的,当事人可以撤诉、请求司法确认或制作调解书;调解不成的应当及时审判。

方式。构建生态环境损害赔偿仲裁机制可以在一定程度上减轻磋商和诉讼的压力。

综上,生态环境损害赔偿纠纷解决机制构建应当分三步走:(1)构建生态环境损害仲裁机制,灵活运用仲裁调解;(2)取消磋商的强制性,并对磋商各步骤进行时间限制;(3)保留诉讼机制,提高诉讼门槛。① 我国生态环境损害赔偿纠纷解决机制应当形成磋商先行、仲裁为主、诉讼救济的层级化体系。在纠纷处理的数量上,磋商、仲裁和诉讼三种方式应当呈现纺锤形的结构,即大部分生态环境损害赔偿纠纷应当通过仲裁的方式解决。

(五)执行监督机制

生态环境损害赔偿制度的实施效果很大程度上取决于生态环境修复执行或赔偿执行的效果。修复与赔偿的执行内容和方式见图6。生态环境损害修复的执行与一般民事执行不同,具有技术性强、周期性长等特点;生态环境损害赔偿具有赔偿金额高、责任主体复杂等特点,使得执行活动面临更多困难,也需要更为有效的执行监督机制。生态环境损害修复和赔偿执行的这些特点都会给执行效率带来很大挑战。虽然执行效率受到诸多因素的影响和制约,但是,监督机制的健全是确保执行效果的一个决定因素。生态环境损害修复执行监督机制见图7。

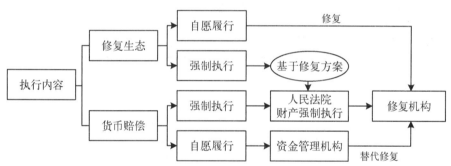

图6 生态环境损害修复与赔偿的执行内容和方式

(六)资金运行机制

依据《生态环境损害赔偿制度改革方案》和《生态环境损害赔偿资金管理办法(试行)》的规定,赔偿义务人造成的生态环境损害无法修复的,其赔偿资金作为政府非税收入实行国库集中收缴,全额上缴赔偿权利人指定部门、机构的本级国库,纳入一般公共预算管理。赔偿权利人负责生态环境损害赔偿资金的使用和管理。赔偿权利人指定的相关部门、机构负责执收生态环境损害赔偿协议确定的生态环境损害赔偿资金;人民法院负责执收由人民法院生效判决确定的生态环境损害赔偿资金。损害结果发生地涉及多个地区的,由损害结果第一发生地赔偿权利人牵头组织地区间政府协商确定赔偿资金分配,无法达成

---

① 生态环境损害赔偿诉讼有三个来源:第一种是磋商破裂,无法达成磋商协议,直接通过诉讼机制解决纠纷;第二种是磋商协议损害了社会公共利益,被检察机关提起行政公益诉讼附带民事公益诉讼;第三种是磋商协议或仲裁裁决出现无效、可撤销的情形,从而进入诉讼程序。以上三种情形都体现了生态环境损害赔偿诉讼机制的司法终局功能、监督功能和救济功能。鉴于我国司法服务供给能力的有限性,应当提高诉讼的门槛,尽量引导纠纷通过仲裁的方式得到解决。诉讼门槛可以通过确立仲裁前置程序来实现,也可以通过提高诉讼费用或是由败诉方承担费用等诉讼成本转嫁的方式来实现。

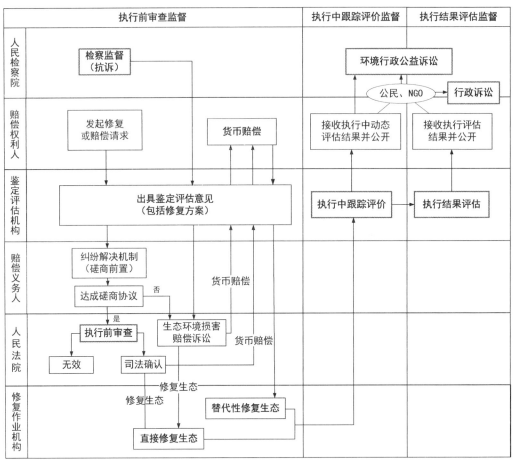

图 7　生态环境损害修复执行监督机制

一致的,报共同的上级人民政府决定。污染造成的损害可以替代修复的,由赔偿权利人及其指定的部门或机构根据磋商或判决要求,结合本区域生态环境损害情况开展替代修复。通过磋商谈判、调解结案等方式确定的生态环境损害赔偿资金,能够确定管辖区域的,明确由生态环境损害结果发生地的有关单位或部门负责收取,由财政部门进行监督,实现赔偿资金的使用功能和规范管理,另外各地、各相关部门要在财政预算中预留相关生态损害赔偿工作资金,确保生态损害赔偿工作顺利开展。

(七) 强制责任保险

生态环境损害修复往往需要巨额资金的支撑,当责任人偿付能力不强时,难免出现赔偿不充分、修复不到位的问题。应对单个主体偿付能力不足问题,较为稳妥的做法是构建社会共担机制。这样的思路在海洋法领域的相关立法中已经得到了实践,形成了包括强制责任保险制度在内的社会共担机制。① 生态环境损害强制责任保险制度可以以环境风

---

① 2011 年 5 月 4 日,最高人民法院发布《关于审理船舶油污损害赔偿纠纷案件若干问题的规定》(法释[2011]14号)。该规定主要依据《1992 年国际油污损害民事责任公约》制定。

险分类管理为指导思想,以保险机构、保险主管部门、保险对象、保险险种、覆盖范围等为主要研究内容,探索构建重点突出、险种多元、风险分担、赔偿到位的生态环境损害赔偿强制责任保险制度。

生态环境损害赔偿强制责任保险机制的重点内容应该包括:(1)依据对环境高风险领域的评估,确定强制投保对象;(2)依据不同类型的潜在环境损害风险,设计生态环境损害赔偿强制责任保险机制的险种;(3)依据环境风险和事件发生情况,确定生态环境损害赔偿强制责任保险机制的覆盖范围,特别是对生态环境损害的覆盖;(4)强化生态环境损害赔偿强制责任保险的资金管理。

第七章 环境法律责任

第一节 环境法律责任概述

一、环境法律责任的概念

环境法律责任是指违反环境法律法规的单位或个人对其造成或可能造成环境污染与生态破坏的行为所应承担的法律后果。单位或个人所应承担的法律后果通常表现为受到某种法律制裁。行为违反环境保护法律法规的规定或造成环境污染及其他危害是承担环境责任的前提，法律制裁是环境责任的必然结果。

环境法律规范与其他法律规范一样在逻辑上由三部分组成，即假定、处理和制裁。法律制裁是保证法律规范得到遵守的最有效手段，是法律规范所具有的国家强制性的最集中体现。因此，环境法律责任是环境法律规范的重要组成部分。我国《环境保护法》《海洋环境保护法》《水污染防治法》《大气污染防治法》等所有重要的环境法律法规都设立了"法律责任"专章，即使在不设章节的环境法律法规中也会明确法律责任条款，对环境法律责任作出具体规定。

二、环境法律责任的特点

从相关法律、法规的责任条款来看，环境法律责任与其他法律责任相比较有一定的特殊性，具体如下。

（一）综合性

环境法是一门综合性的法律学科，与行政法、民法、刑法等法律有诸多交叉、重叠，环境法律法规也是由多种法律规范综合而成的。环境法的这一特征决定了环境法的法律责任不可能像民法、行政法、刑法的法律责任那样成为一种特定的法律责任，而是由多种特定法律责任组合而成的综合性法律责任体系。对行为人追究什么样的法律责任要视其所违反的环境法律规范的性质及社会危害后果而定。从我国目前的环境法律法规的规定来看,环境法律责任体系由环境民事责任、环境行政责任和环境刑事责任这三种法律责任构成。

(二)法律制裁的严厉性

由于环境污染和生态破坏直接危及人类的生存,危害人体的健康,具有极大的社会危害性,因此对违反环境法律法规的行为必须予以严厉的法律制裁。我国环境法对法律责任的规定在许多方面体现了这种严厉性。如在环境行政法律责任中规定,对一些严重污染环境的企事业单位可以责令停业、关闭;在环境民事法律责任中规定,对于污染行为追究民事责任时实行无过错责任原则;对于污染环境构成犯罪的行为依法追究刑事责任,《刑法》设"破坏环境资源保护罪"专章。

(三)承担环境法律责任的独特性

这一点集中体现在环境民事责任中。环境民事责任与一般民事责任相比具有自身的独特性,这种独特性突出表现在两个方面:(1)一般的法律责任必须以行为人的行为违法为前提,若行为不违法就不需要承担法律责任。但环境民事责任则不同,除了对行为人违反环境法律法规的行为追究法律责任外,考虑到环境侵害行为的复杂性与间接性,对行为人一些符合环境行政管理法律法规规定但仍然造成他人人身或财产损害的行为,也要求其承担一定的环境民事责任。(2)承担环境民事责任不以主观上有过错为前提,不管行为人主观上有无过错(包括故意和过失),只要在客观上污染了环境或破坏了生态,且进一步造成他人财产或人身损害,就需要承担相应的民事责任。

第二节 环境侵权责任

一、环境侵权责任概述

环境侵权责任是指因产业活动或其他人为原因造成环境污染或生态破坏,侵害他人财产与人身权利从而应当承担的民事法律责任。我国《民法典》第9条规定:"民事主体从事民事活动,应当有利于节约资源、保护生态环境。"这条规定也称为《民法典》的"绿色原则"。

2014年修订的《环境保护法》第64条规定:"因污染环境和破坏生态造成损害的,应当依照《侵权责任法》的有关规定承担侵权责任。"而2009年颁布的《侵权责任法》第65条规定:"因污染环境造成损害的,污染者应当承担侵权责任。"因此,《环境保护法》的上述规定在一定程度上扩大了《侵权责任法》环境侵权条款的适用范围。2021年1月1日《民法典》生效后,《侵权责任法》同时废止。《民法典》侵权责任编第7章明确规定了污染环境和破坏生态的民事责任。该法第1229条规定:"因污染环境、破坏生态造成他人损害的,侵权人应当承担侵权责任。"据此,环境侵权既包括环境污染侵权,也包括生态破坏侵权。

环境侵权的民事责任可以单独适用,也可以同环境行政责任或刑事责任同时适用。我国《民法典》第187条规定:"民事主体因同一行为应当承担民事责任、行政责任和刑事责任的,承担行政责任或者刑事责任不影响承担民事责任;民事主体的财产不足以支付的,优先用于承担民事责任。"

二、环境侵权责任的无过错责任原则

(一) 无过错责任的概念

环境侵权的无过错责任原则,是指一切污染环境的单位或个人只要其污染环境的行为给他人造成了财产或人身损害,即使主观上没有故意或过失,也应当对所造成的损害承担赔偿责任。我国的侵权责任一般适用过错原则,加害人主观上有故意或过失是承担民事责任的必要条件。无过错责任实质上是一种不幸损害的共担机制。当某些活动具有损害他人财产或人身健康的风险,那么只有从事这些活动的人在事前同意无条件地分担可能产生的损害,社会大众才允许他们从事这些高风险的活动。环境侵权的无过错责任就是这样一种风险共担机制。

(二) 无过错责任的限制

一些采用无过错责任原则的国家在实行该项原则时往往规定了某些限制条件。例如,原民主德国《民法典》在规定污染损害赔偿实行无过错责任原则的同时,还规定只有在超出正常水平或超过法定标准排放污染物,或没有采取技术上、经济上允许的消除措施而造成损害时,受害人才享有赔偿的请求权。再如,日本法律在公害的损害赔偿方面只对因大气污染和水质污染造成的损害实行无过错责任原则,且只限于生命健康的损害,不包括财产损失。而我国对侵权的无过错责任未明确规定限制条件。

(三) 环境侵权中的无过错责任原则

在环境污染危害中,世界上许多国家都实行无过错责任原则,我国环境法也是如此。我国《民法典》第1166条规定:"行为人造成他人民事权益损害,不论行为人有无过错,法律规定应当承担侵权责任的,依照其规定。"第1229条规定:"因污染环境、破坏生态造成他人损害的,侵权人应当承担侵权责任。"综上,我国环境侵权适用的是无过错责任原则。又如,我国《海洋环境保护法》第89条规定:"造成海洋环境污染损害的责任者,应当排除危害,并赔偿损失。"而造成污染损害的一方主观上的故意或过失不是赔偿的必要条件。

(四) 在环境侵权责任中实行无过错责任原则的原因

过错责任原则是侵权责任的基本归责原则。过错责任原则于19世纪末20世纪初在世界各国的勃兴"是人类法制史乃至人类文明史的一大进步"。① "契约自由原则系积极地促进个人之自由活动,而过失责任主义则消极地保护个人之自由活动,两者相得益彰,

---

① 张新宝:《侵权责任法原理》,中国人民大学出版社2005年版,第30页。

对于近世文明之贡献,实在不少。"①其主要理由有三：(1) 道德观念。个人就自己过失行为所导致的损害应负赔偿责任,乃正义的要求;反之,若行为非出于过失,行为人已尽充分注意时,在道德上无可非难,应不负侵权责任。(2) 社会价值。任何法律必须调和"个人自由"与"社会安全"两个基本价值。过失责任被认为最能达成此项任务,因为个人若已尽其注意,即可免负侵权责任,则自由不受束缚,聪明才智可得发挥。人人尽其注意,损害亦可避免,社会安全亦足维护。(3) 人的尊严。过失责任肯定人的自由,承认个人抉择、区别是非的能力。个人基于其自由意思决定从事某行为,造成损害,因具有过失,法律予以制裁,承担赔偿责任,最足表现对个人尊严的尊重。②

但是,20世纪开始,工业化国家的工业损害问题日趋尖锐,大量的工厂事故、交通事故、环境污染、产品致损等产业类侵权造成的大规模侵权事件层出不穷,不仅给广大社会成员尤其是劳工群众造成深重的灾难,③而且严重影响了社会的稳定与发展。民法典的价值理性就是对人的终极关怀。④ 当社会安全与行为自由产生尖锐冲突,侵权法必然随着社会变迁而作出相应的调整：对于一些特定类型的侵权行为无论主观有无过错,加害人均应对受害人之损害承担侵权责任。无过错责任应运而生。

无过错责任之所以能取代过错责任,被引入环境侵权责任制度,理论界主要有以下几种学说：(1) 报偿责任主义,即所谓"利之所生,损之所归"主义。该观点认为,在取得利益的过程中给他人造成损害者从该利益中予以赔偿是公平的。(2) 危险责任主义。该观点认为,危险物的所有人或管理人既然制造了危险,就应对危险物所生的损害承担赔偿责任。(3) 公平责任主义。该观点认为,法律只保护"无过失"的加害人,而对"无过失"的处于弱者地位的受害人却不提供保护,这是不公平的,因此基于公平的考虑,不论加害人有无过失,均应该承担责任。(4) 风险分担主义。该观点认为,加害人,特别当加害人是企业的时候,让加害人承担给他人造成的损失是更为合理的,因为,加害企业可以有两种途径分散其损失,一是通过价格机制来分散损失,即加害企业可以将赔偿费打入生产成本,从而使损失分摊到顾客和消费者身上;二是通过保险机制来分散损失,即加害企业可以通过预先加入责任保险,使事故发生的损失在保险群体中分散。因此,由加害企业负担损失比起由不拥有损失分散方法的受害人负担更为妥当。

上述各种理论从不同的角度阐释了环境侵权责任采用无过错责任原则的理论根据。危险责任主义指出了"相关产业活动具有较高的危险性"这一特征,而报偿责任主义、公平责任主义以及风险分担主义则不仅概括了"加害主体与受害主体不具有平等性和互换性"这一特征,而且指出了私法上的环境严格责任调整的始终是环境污染方对私法主体的补

---

① 郑玉波：《民法债编总论》,台北三民书局1978年版,第136页。
② 王泽鉴：《侵权行为》(第三版),北京大学出版社2016年版,第13页。
③ 参见王家福主编：《中国民法学·民法债权》,法律出版社1991年版,第434页。
④ [美] 艾伦·沃森：《民法法系的演变及形成》,李静冰、姚新华译,中国法制出版社2005年版,第269页。

偿这一特征。① 将无过错责任的适用范围限制在对生命、健康损害的范围内,一方面是考虑公民生命健康较公民财产是更为重要的法益;另一方面是为了调和法益保护和行为自由价值之间的内在冲突,通过限制无过错责任原则的适用范围,可以将无过错责任对企业行为自由的影响降低到最小程度。综上所述,环境侵权责任适用无过错责任原则,主要有三个缺一不可的条件:(1)侵害客体为公民人身、财产等私法上的权益。对环境公共利益的侵害适用无过错责任值得商榷。(2)相关产业活动具有较高的危险性。其他采用无过错责任原则的产品责任侵权、高度危险作业侵权均符合此条件。德国、法国、日本、中国台湾等国家或地区的学者甚至直接将之称为危险责任的原因。(3)加害主体与受害主体不具有平等性和互换性。梁慧星教授认为,近代民法所有的基本原则和基本制度都是奠基于"民事主体具有平等性和互换性"这两个基本判断之上。过错责任原则也不例外。在加害人不具有故意过失的情况下,依法不承担责任,实际上由受害人自己承担了损害,这对于受害人来说似乎有失公正。但因为民事主体存在互换性,这一个事故的受害人在另外的场合造成他人损害时也适用同样的原则,如果他不具有故意过失也同样不承担责任。可见,正是因为有互换性这一基本判断,使自己责任或过失责任原则获得了公正性和合理性。从19世纪末开始,人类经济生活发生了深刻的变化,首先是作为近代民法基础的两个基本判断即所谓平等性和互换性已经丧失,出现了严重的两极分化和对立。其一是企业主与劳动者的对立,其二是生产者与消费者的对立,劳动者和消费者成为社会生活中的弱者。② 在过错责任原则下,劳动者和消费者"无可补偿"的损害案件占有很大比例。③ 为加强对弱者的保护,提高原告投诉求偿的成功率,将以人为本理念作为终极价值的《侵权责任法》在一些特定领域对传统的归责原则进行改造也就成为历史之必然。

三、环境侵权责任的构成

一般而言,民事法律责任有四个构成要件:行为具有违法性、发生损害事实、行为与损害事实之间具有因果关系以及行为人主观上有过错。但环境民事责任在行为的违法性、因果关系、主观过错三个要件上与一般侵权责任有所不同。

(一)环境侵权的事实构成要件

1. 排污行为

环境侵权责任不要求行为违法。这里的行为违法是指行为在形式上违反了法律法规等实定法。例如,企业在符合国家污染物排放标准的情况下排放工业废水,但是如果该排放行为对周围居民的财产或人身造成损害,即使排放行为符合行政法的规定,同样可以要求排放污染物的企业承担损害赔偿责任。我国《环境保护法》第64条规定:"因污染环境和破坏生态造成损害的,应当依照《侵权责任法》的有关规定承担侵权责任。"2021年1月

---

① [德]克雷斯蒂安·冯·巴尔著:《欧洲比较侵权行为法》,焦美华译,法律出版社2001年版,第507页。
② 梁慧星:《从近代民法到现代民法——二十世纪民法回顾》,《中外法学》1997年第2期。
③ 王家福:《中国民法学·民法债权》,法律出版社1991年版,第454—456页。

1日《民法典》施行后,环境侵权依照侵权编第七章追究责任。《民法典》第1229条规定:"因污染环境、破坏生态造成他人损害的,侵权人应当承担侵权责任。"这里并未规定侵权人只有从事了违法行为才承担赔偿责任,而只是规定污染环境、破坏生态造成他人损害的,不论其行为是合法还是非法,都应当承担损害赔偿责任。与此同时,我国《最高人民法院关于审理环境侵权责任纠纷案件适用法律若干问题的解释》(以下简称《环境侵权解释》)第1条第一、二款规定:"因污染环境造成损害,不论污染者有无过错,污染者应当承担侵权责任。污染者以排污符合国家或者地方污染物排放标准为由主张不承担责任的,人民法院不予支持。"除此之外,我国的《水污染防治法》第96条、《大气污染防治法》第125条也都有类似的规定。可见,我国的环境侵权责任不要求行为具有形式上的违法性。

关于不把行为违法性作为环境侵权责任的构成要件,有以下三方面原因。

其一,合行政法不能阻却环境侵权的实质违法性。环境侵权行为所侵害的对象,通常是个人的人身权益和财产权益,属于绝对权。侵害绝对权则推定行为具有实质违法性,除非存在违法阻却事由。但是,获得环境行政许可不能作为环境侵权的抗辩事由。通常来说,污染环境是有害行为,应当被法律禁止。然而,排污是生产经营活动中不可避免的环节,所以行政机关通过颁发许可证,在某种限度内解除行为人的不作为义务。符合标准进行排污,占用环境资源,是被法律允许的。① 但是,在环境侵权中,排污者不能以获得环境许可进行抗辩,因为环境许可是对生态环境和自然资源的处分,不是对公民人身权利和财产权利的处分,所以不能阻却环境侵权行为的实质违法性。

其二,合法行为也可能造成人身损害或财产损害。与传统侵权相比,环境侵权行为与损害结果之间的因果关系往往难以判断,损害结果通常是在多个因素共同作用下,经过长时间累积才逐渐形成的,即使行为人没有从事违法活动,也可能污染环境或破坏生态。例如,某企业符合国家标准往河流中排污,这原本是合法的行为,但是因暴雨造成河水倒灌,污水造成上游鱼塘中的鱼苗死亡。如果将违法性作为环境侵权责任的要件,就很难追究行为人的环境侵权责任。

其三,环境侵权责任本质上是一种分配正义。王泽鉴先生曾指出:"无过失责任制度的基本思想,不是在于对具有'反社会性'行为之制裁。盖企业之经营、汽车之使用、商品之产销、原子能装置之持有,系现代社会必要经济活动,实无不法性之可言。无过失责任之基本思想乃是在于对不幸损害之合理分配。"② 因此,环境侵权责任是对不幸损害的分配,无论加害人是否违反相关的行政管理规定,受害人都可以根据侵权法的规定向加害人求偿。

2. 损害结果

损害结果是环境侵权责任的要件之一。如果行为尚未造成实际损害,就不构成环境

---

① 受害人承诺是指受害人事前明确作出自愿承担某种损害结果的意思表示。参见王利明著:《侵权行为法研究》(上卷),中国人民大学出版社2004年版,第563页。

② 王泽鉴著:《民法学说与判例研究》(第二册),中国政法大学出版社1998年版,第162页。

侵权,行为人也就不需要承担环境民事责任。

环境损害可分为直接损害与间接损害。直接损害是指侵权行为直接引起的受害人财产的损害或生命健康的损害,如农作物减产、养殖鱼虾死亡、人身伤亡等。间接损害是指由于侵权行为间接导致的正常情况下可以期待获得而现在未能获得的那部分收入,如鱼苗死亡而未能得到成鱼的收入等。从公平原则出发,不补偿受害人遭受的间接损失是不合适的,尤其是当间接损害远远超出直接损害的情况下。

环境损害还可分为物质损害与精神损害。前者是经济利益上的损失;后者是精神上、心理上的损伤,如对舒适权、观赏权、宁静权的损害。

一般认为,侵权责任法所保护的权利仅限于私权,而不包括公法上的权利。① 侵权行为所侵害的权利或利益必须是特定的民事主体的权利或利益,而非社会公共利益或受公法保护的利益。② 但是,《最高人民法院关于审理环境民事公益诉讼案件适用法律若干问题的解释》第18条规定:"对污染环境、破坏生态,已经损害社会公共利益或者具有损害社会公共利益重大风险的行为,原告可以请求被告承担停止侵害、排除妨碍、消除危险、恢复原状、赔偿损失、赔礼道歉等民事责任。"由此可见,该司法解释的上述规定对侵权责任法中的"损害"进行了扩张解释,已明确将环境公共利益损害纳入侵权责任法的救济范围,扩大了侵权责任的适用范围。

3. 因果关系

因果关系的认定,一般可采用两分法的基本方法:(1) 确定被告的行为或者依法应由他负责的事件是否在事实上属于造成损害发生的原因;(2) 确定已构成事实上原因的行为或事件是否在法律上成为应对该损害负责的原因。

关于事实因果关系一般通过必要条件规则予以判断。所谓必要条件规则是指,如果没有甲情况出现,便不会有乙情况(无甲必无乙),则甲为乙的必要条件,即甲为乙的原因。③ 当两个以上污染者同时排污并致他人损害,无法采取必要条件规则,此时可采用实质要素公式。所谓实质要素又称作实在因素,是指被告的行为如果是实实在在地足以引起损害结果发生的因素,就构成事实上的原因。④ 但是,必须注意的是,实质要素公式不是对必要条件规则的排斥,也不是对它的修正,而只是对它的补充。在任何可能的场合,都应当首先考虑适用必要条件规则。环境侵权具有间接性、技术性、复合性、复杂性等特点,排污行为与损害结果之间是否具有事实上因果关系,普通民众通常无法通过必要条件规则或实质要素公式予以证明。为保护受害人的利益,《民法典》第1230条规定:"因污染环境、破坏生态发生纠纷,行为人应当就法律规定的不承担责任或者减轻责任的情形及其行为与损害之间不存在因果关系承担举证责任。"由此可见,《民法典》对环境侵权事实上

---

① 参见王泽鉴:《侵权行为》(第三版),北京大学出版社2016年版,第114页。
② 王利明:《侵权责任法研究》(上卷),中国人民大学出版社2010年版,第68页。
③ 王家福:《中国民法学·民法债权》,法律出版社1991年版,第479页。
④ 同上书,第481页。

因果关系的证明采因果关系推定规则。所谓因果关系推定规则是指在某些特殊情况下,当运用通常方法无法证明实际因果关系时,为了保护受害人的利益,可以在某种程度上确定事实上原因时将举证责任转移给被告承担。如果他不能作出这种证明,即推定因果关系成立。当然,因果关系推定不同于举证责任倒置规则,受害人仍须承担一定的举证责任。《环境侵权解释》第6条规定:"被侵权人根据侵权责任法第六十五条规定请求赔偿的,应当提供证明以下事实的证据材料:(一)污染者排放了污染物;(二)被侵权人的损害;(三)污染者排放的污染物或者其次生污染物与损害之间具有关联性。"当受害人举证证明污染者排放的污染物或者其次生污染物与损害之间具有关联性时,方可推定事实因果关系的成立。国外环境侵权责任关于事实因果关系的证明多采因果关系推定规则,实务上常常采用盖然性因果关系说、疫学因果关系说、间接反正说等认定方法。

关于法律上的因果关系,各国法律并没有明确规定,而是由法院在实务中根据具体案情通过相关学说予以认定。相关的学说包括直接结果说、预见力说、危险说、规则范围说、相当因果关系说等。实务中,相当因果关系说为通说。相当因果关系理论可以从积极和消极两个方面来表述。从积极的方面来看,如果被告的行为在通常情况下会导致已经发生的某个损害结果,或者至少它在相当程度上增加了某个结果发生的可能性,那么这一行为就是损害发生的相当原因。从消极的方面来看,如果被告的行为造成了损害,但是这种损害的发生仅仅在非常特殊的情况下发生,或者按照事物发展的正常过程是非常不可能发生的,那么被告的行为就不构成损害发生的相当原因。① 相当因果关系的判断往往需要结合社会一般观念,采用经验法则进行判断。因此,对因果关系的确定能够最大限度地符合一般的社会观念和一般人的正义观念。在司法实务中,当排污行为与损害结果事实上的因果关系得以证明后,根据相当因果关系说认定法律上的因果关系并没有遇到很大的障碍。

(二)环境侵权的免责事由

环境侵权的免责事由是指因污染环境造成他人财产或人身损害时,因具备法律规定的可以免除责任的条件而不承担民事法律责任。从各国的法律规定来看,无过错责任的免责事由主要有战争行为、不可抗力、正当防卫、紧急避险、第三人过错、受害人故意等。我国环境保护法所规定的免责条件主要有以下几种。

1. 不可抗力

不可抗力强调造成损害的原因不能被行为人预先认识,也不受行为人意志的支配或控制,强调加害人主观上无过错的状态。如《水污染防治法》第96条第二款规定:"由于不可抗力造成水污染损害的,排污方不承担赔偿责任;法律另有规定的除外。"

2. 受害者故意

如果损害是由受害人故意引起的,排污者不承担责任。《水污染防治法》第96条第三

---

① 王利明:《侵权责任法研究》(第二版),中国人民大学出版社2016年版,第388页。

款规定:"水污染损害是由受害人故意造成的,排污方不承担赔偿责任。"

3. 第三人过错

第三人过错引起污染损害的免责情况较为复杂。《民法典》第1233条规定:"因第三人的过错污染环境、破坏生态的,被侵权人可以向侵权人请求赔偿,也可以向第三人请求赔偿。侵权人赔偿后,有权向第三人追偿。"也就是说,存在第三人过错的情况下,污染者与第三人承担不真正的连带责任。在环境单行法层面,《水污染防治法》第96条第四款规定:"水污染损害是由第三人造成的,排污方承担赔偿责任后,有权向第三人追偿。"有学者将之理解为"污染者的先付责任",但从字面看,《水污染防治法》上述规定与《民法典》规定的不真正连带责任并不冲突,因为它并未明确排除受害人直接向有过错的第三人进行索赔的权利。但是《海洋环境保护法》第89条第一款的规定与《民法典》的规定确有不同——"造成海洋环境污染损害的责任者,应当排除危害,并赔偿损失;完全由于第三者的故意或者过失,造成海洋环境污染损害的,由第三者排除危害,并承担赔偿责任。"

4. 战争行为

根据《海洋环境保护法》第91条的规定,完全因为战争引起,经过及时采取合理措施,仍然不能避免对海洋环境造成污染损害的,造成污染损害的有关责任者免予承担责任。

5. 主管部门的过失行为

根据《海洋环境保护法》第91条的规定,完全因为负责灯塔或者其他助航设备的主管部门在执行职责时的疏忽或者其他过失行为引起,经过及时采取合理措施,仍然不能避免对海洋环境造成污染损害的,造成污染损害的有关责任者免予承担责任。

四、环境侵权责任的承担方式

根据《民法典》第179条的规定,承担民事法律责任的方式有:停止侵害,排除妨碍,消除危险,返还财产,恢复原状,修理、重作、更换,继续履行,赔偿损失,支付违约金,消除影响、恢复名誉,赔礼道歉。根据最高人民法院《环境侵权解释》第13条的规定,在环境侵权案件中,"人民法院应当根据被侵权人的诉讼请求以及具体案情,合理判定污染者承担停止侵害、排除妨碍、消除危险、恢复原状、赔礼道歉、赔偿损失等民事责任"。在司法实践中,由于环境损害的特殊性,最常见的环境民事法律责任形式主要有以下3种。

(一) 赔偿损失

赔偿损失主要是指金钱赔偿。环境侵权的损害赔偿应当既包括直接损失,也包括间接损失;既包括经济损失,也包括精神损失。赔偿损失是承担环境民事法律责任最常见的一种形式,即加害人因自己的污染环境或破坏生态的行为给他人造成了财产或人身损害时,加害人应依法以其财产补偿受害人的损失。一般情况下,只要加害人实施了污染环境或破坏生态的行为并给他人造成了财产或人身损害,不管主观上是否有过错,都要承担赔偿责任。在确定赔偿范围时,对财产损失要全部赔偿,包括直接损失和间接损失,损失多少应当赔偿多少,而不以行为人是否有过错、过错的形式如何或者是否得利作为赔偿的依据。另外,最高人民法院《关于确定民事侵权精神损害赔偿责任若干问题的解释》对我国精神损害赔偿方面的问题作了较为具体的规定,这个规定同样适用于环境侵权引致的精神损害赔偿。

(二) 恢复原状

最高人民法院《环境侵权解释》第 14 条规定:"被侵权人请求恢复原状的,人民法院可以依法裁判污染者承担环境修复责任,并同时确定被告不履行环境修复义务时应当承担的环境修复费用。污染者在生效裁判确定的期限内未履行环境修复义务的,人民法院可以委托其他人进行环境修复,所需费用由污染者承担。"

(三) 排除妨碍、消除危险

"排除妨碍、消除危险",主要适用于公民、法人的财产或人身权利已经受到环境污染或生态破坏的损害,或者可能受到环境污染或生态破坏的危害的情形。在环境污染纠纷中,绝大多数受害人首先提出的要求就是要加害人立即停止已经引发人身或财产损害的环境污染或生态破坏行为,或者立即排除可能引发环境污染或生态破坏结果的妨碍或危险。《海洋环境保护法》第 89 条规定:"造成海洋环境污染损害的责任者,应当排除危害,并赔偿损失。""排除妨碍、消除危险"可以减轻或者避免对生态环境的污染或破坏,对保护人体健康、保障受害人合法权益及促进经济发展都具有积极的意义。

上述环境侵权责任形式及其他民事责任形式可以单独适用,也可以合并适用。在实践中,常常是两种以上责任形式同时适用。特别是"赔偿损失"多数是加害人在承担其他责任形式时一并承担的。

五、追究环境侵权责任的途径

《水污染防治法》《土壤污染防治法》等环境单行法规定了调解、诉讼等环境民事责任的追究途径。另外,根据《民事诉讼法》以及我国参加的一些国际环境保护条约的规定,有些环境污染赔偿纠纷特别是涉外环境污染赔偿纠纷还可以通过仲裁途径解决。因此,追究环境侵权责任的途径主要有调解(处理)、仲裁、诉讼等。

(一) 调解

调解是指环境纠纷的当事人在有关机关或人员的主持下自愿协商达成协议,确认加害人应负的环境侵权民事责任。由于调解程序简便,尊重当事人的意愿,并有利于纠纷的彻底解决,因而被广泛运用。调解分为人民调解、行政调解、法院调解和仲裁调解等种类。

在环境纠纷中使用最多的是行政调解,即根据当事人的请求,由环境保护行政主管部门或其他依照法律规定行使环境监督管理权的部门对当事人之间的环境纠纷进行调解,当调解不成时,当事人可以向法院起诉。例如,《水污染防治法》第 97 条规定:"因水污染引起的损害赔偿责任和赔偿金额的纠纷,可以根据当事人的请求,由环境保护主管部门或者海事管理机构、渔业主管部门按照职责分工调解处理；调解不成的，当事人可以向人民法院提起诉讼。当事人也可以直接向人民法院提起诉讼。"《土壤污染防治法》第96条第三款规定："土壤污染引起的民事纠纷，当事人可以向地方人民政府生态环境等主管部门申请调解处理，也可以向人民法院提起诉讼。"需要特别注意的是，在实践中，当事人不服行政机关的处理意见而提起诉讼时，诉讼的性质是污染纠纷双方当事人之间的民事诉讼，不能以作出调解处理决定的环境保护行政主管部门为被告提起行政诉讼。

(二) 仲裁

仲裁是指双方当事人自愿把争议提交第三者审理，由其作出裁决。该第三者或为双方选定的仲裁人，或为仲裁机构。我国环境保护法律法规虽然没有将仲裁作为一种法定途径，但根据《民事诉讼法》及其他有关法律的规定，在处理涉外环境纠纷时，可以通过仲裁途径解决。《民事诉讼法》第271条规定："涉外经济贸易、运输和海事中发生的纠纷，当事人在合同中订有仲裁条款或者事后达成书面仲裁协议，提交中华人民共和国涉外仲裁机构或者其他仲裁机构仲裁的，当事人不得向人民法院起诉。当事人在合同中没有订有仲裁条款或者事后没有达成书面仲裁协议的，可以向人民法院起诉。"根据该条规定，在处理如船舶污染、海上石油勘探开发或其他海事活动中因污染发生的涉外赔偿纠纷时，处理程序必须依据《民事诉讼法》的上述规定执行。若在合同中订有仲裁条款或者事后达成书面仲裁协议，就不得向人民法院起诉。

(三) 环境侵权诉讼

环境侵权诉讼，即由人民法院受理当事人的环境纠纷案件，经过法庭审理，根据查明和认定的事实，通过正确适用法律，并以国家审判机关的名义确定当事人应当承担的民事法律责任，对整个案件争议作出权威性的判决或裁定。如前所述，《水污染防治法》第97条和《土壤污染防治法》第96条都规定，发生水污染纠纷或土壤污染纠纷可以向生态环境保护相关的行政主管部门请求行政调解，调解不成的，当事人可以向人民法院提起诉讼；当事人也可以不经调解，直接向人民法院提起诉讼。诉讼是解决环境民事纠纷最主要的也是最后的一种途径。

第三节　环境行政责任

一、环境行政责任概述

(一) 环境行政责任的概念

环境行政责任是指环境行政法律关系主体由于违反环境法律规范或不履行环境行政法律义务而应承担的不利法律后果。环境行政法律关系的主体包括环境行政主体及其工作人员和行政相对人，因此环境行政责任包括环境行政主体及其工作人员的责任和环境行政相对人的责任。

(二) 环境行政责任的分类

环境行政责任是一种复合型、多层次的责任,根据不同标准可以划分为不同类型。

1. 根据责任承担主体的不同,分为行政主体及其工作人员的责任和行政相对人的责任

这是环境行政责任最重要的分类,因为不同的主体承担责任的法律依据、责任要件、追责程序和责任形式存在差异。行政主体的环境行政责任指具有环境管理权的行政机关和法律法规授权的组织怠于或疏于履行环境管理职责、滥用行政权力或者做出不当行政行为而应承担的责任。行政主体工作人员的环境行政责任指具有环境管理权的行政机关和法律法规授权组织的工作人员在职务行为中违反环境法律法规或内部规定而应承担的责任。行政相对人的环境行政责任指行政相对人以作为或不作为的方式违反环境法律规范而应承担的责任。

2. 根据责任目的不同,分为惩罚性责任和补救性责任

惩罚性责任指环境违法行为导致的在法律上对违法主体进行惩罚的法律后果,如行政处罚、行政处分等。补救性责任指环境违法主体履行自己的法定义务或补救自己的违法行为所造成的危害后果的法律责任,如履行职务、撤销违法行政行为、行政赔偿、停产整治、支付治理费用等。

3. 根据责任关系主体的不同,分为内部行政责任和外部行政责任

内部行政责任是内部行政法律关系中一方主体对另一方主体的责任,包括行政主体工作人员对行政主体的责任、受委托组织对委托组织的责任。一般而言,行政主体工作人员和受委托组织不是外部行政法律关系主体,不承担外部行政责任,责任形式有行政处分、通报批评、行政追偿等。外部行政责任是外部行政法律关系主体之间的责任,包括行政主体对行政相对人承担的责任和行政相对人对行政主体承担的责任,责任形式有行政赔偿、行政处罚等。

4. 根据归责主体不同,分为权力机关、行政机关和司法机关确认和追究的责任

权力机关确认和追究的行政责任主要针对的是环境行政主体及其工作人员,责任方式主要有依法撤销环境行政主体发布的违法规范性文件、依法罢免政府组成人员等。行政机关确认和追究的行政责任针对的既可能是环境行政主体、受委托组织、行政机关工作人员,也可能是环境行政相对人,其归责方式多种多样。司法机关确认和追究行政责任的主要途径是行政诉讼,其对象主要是环境行政主体,归责方式可以是确认具体行政行为违法、依法撤销具体行政行为、判决环境行政主体履行法定职责或判决其承担行政赔偿责任。

5. 根据责任内容的不同,分为财产性责任和非财产性责任

财产性环境行政责任指以财产的给付作为责任内容的环境行政责任,如罚款、行政赔偿、行政追偿等。非财产性环境行政责任指不以财产给付而以人身、名誉、行为等作为责

任内容的环境行政责任,如警告、责令停产停业、暂扣或吊销许可证照、行政拘留等。

二、行政主体的环境行政责任

行政主体的环境行政责任指具有环境管理权的行政机关和法律法规授权组织违反环境法律规范而应承担的责任,包括怠于或疏于履行环境管理职责、做出违法或不当行政行为而应承担的责任。

(一) 责任要件

1. 违法或不当行政行为

依法行政是行政主体应当遵循的首要原则,行政主体做出的行政行为必须符合现行法的规定才具有正当性,这是维持政府公信力、保障行政法秩序的要求。违法行政行为损害了行政主体行政行为的正当性,因而不应当具有效力,并且做出该行为的行政主体应当被追究行政责任。违法行政行为具体到环境法领域,包括怠于或疏于履行环境管理职责、滥用环境行政权力、事实依据错误、适用法律错误、违反法定程序等行为类型。环境违法行政行为是导致行政主体环境行政责任的必要条件,在法律未规定需要危害后果和因果关系时,环境违法行为就是行政主体环境行政责任的充要条件。

对环境违法行政行为的规制在《环境保护法》和单行法中都有体现,如《环境保护法》第 68 条列举了不符合行政许可条件而准予行政许可、对环境违法行为进行包庇等八种行为,并在第九项进行兜底规定。依据《水污染防治法》第 80 条的规定,环境保护行政主管部门和相关职能部门的主要行政违法情形包括:不依法作出行政许可或者办理批准文件、发现违法行为或者接到对违法行为的举报后不予查处等。

2. 过错并非行政主体环境行政责任的要件

在环境行政责任的构成中,过错是否可以作为责任要件不能一概而论,应视不同主体而定。对环境行政主体而言,只要其行为客观上违反了环境法律规范,就应当追究其行政责任,而不问其主观上是否存在过错。行政法的重要价值在于规范政府权力的行使,保障行政相对人的权利。对行政主体课以责任,正是为了督促行政主体依法行政,保障行政相对人的权利。不论行政主体是否存在过错,只要该行为违反法律法规,侵害了行政相对人的合法权利,就应当被追究责任,没有过错不应当成为行政主体环境行政责任的免责事由。

3. 危害后果和因果关系并非行政主体环境行政责任的要件

与过错相似,危害后果及因果关系是否可以作为环境行政责任的要件应当视不同主体而定。对环境行政主体而言,只要存在违法或不当行政行为,不论是否造成危害后果,都应当承担相应的法律责任,这是依法行政原则的要求。环境保护的现行法中也并未规定行政主体的违法或不当行政行为需要造成危害后果才承担责任的情形。在不需要危害后果就承担责任的情形下,自然也不需要危害后果和行为之间存在因果关系。因此,危害后果和因果关系并非行政主体承担环境行政责任的必要条件。

(二) 责任方式

根据《行政复议法》《行政诉讼法》《国家赔偿法》和其他法律法规的规定,行政主体承担环境行政责任有多种形式。

1. 行政赔偿

行政赔偿是指环境行政主体及其工作人员违法行使职权,导致行政相对人的合法权益受到侵害,由行政主体依法进行赔偿的制度。它具有以下特点:(1)违法行使职权的主体是行政主体及其工作人员;(2)必须是在职务行为中违法行使职权,行政主体工作人员在非职务行为中滥用权力造成行政相对人权利损害的责任由其自行负担;(3)赔偿主体是违法行使职权的行政主体或其工作人员所在机关,即赔偿义务机关。

行政赔偿必须具有明确的法律依据,即行政相对人遭遇环境违法行政行为必须在法律规定可赔偿的范围内才可以获得赔偿,范围之外的不可以获得赔偿。《国家赔偿法》规定,行政机关及其工作人员在行使行政职权时有违法拘留等五种侵犯人身权情形或者违法实施罚款、吊销许可证等四种侵犯财产权情形的,受害人有取得赔偿的权利。① 具体到环境法领域,只有行政机关及其工作人员于环境行政管理中存在符合《国家赔偿法》规定的侵犯人身权或财产权情形的,受害人才可以通过行政赔偿追究其环境行政责任。

申请行政赔偿的一般程序为向赔偿义务机关或复议机关申请—受理并审查—决定—不服并起诉,也可以直接就其认为违法的行政行为向法院提起行政诉讼。申请行政赔偿可以在行政复议或行政诉讼时一并提出,也可以单独提起行政赔偿请求,单独提起的应当先向赔偿义务机关申请赔偿。

赔偿义务机关应当自收到申请之日起 2 个月内作出是否赔偿的决定。赔偿义务机关作出赔偿决定应当充分听取赔偿请求人的意见,并可以与赔偿请求人就赔偿方式、赔偿项目和赔偿数额依法进行协商。赔偿义务机关决定赔偿的,应当制作赔偿决定书,并自作出决定之日起 10 日内送达赔偿请求人。赔偿义务机关决定不予赔偿的,应当自作出决定之日起 10 日内书面通知赔偿请求人,并说明不予赔偿的理由。

赔偿义务机关在规定期限内未作出是否赔偿的决定,赔偿请求人可以自期限届满之日起 3 个月内向人民法院提起诉讼。赔偿请求人对赔偿的方式、项目、数额有异议的,或者赔偿义务机关作出不予赔偿决定的,赔偿请求人可以自赔偿义务机关作出赔偿或者不予赔偿决定之日起 3 个月内向人民法院提起诉讼。

2. 其他责任方式

除了行政赔偿,行政主体承担环境行政责任的方式还包括撤销行政行为、确认行政行为违法、确认行政行为无效、变更行政行为、履行给付义务、继续履行、采取补救措施等。

① 参见《国家赔偿法》(2012 年修正)第 3 条、第 4 条。

(三)责任追究程序

追究行政主体的环境行政责任需要通过一定的程序,包括由行政相对人发起的程序、行政主体自身发起和上级机关审查发起的程序,后两者均为行政主体内部发起的程序,不作为探讨重点,本书主要探讨行政相对人发起的程序,包括环境行政复议和环境行政诉讼两大类。

1. 环境行政复议

环境行政复议是指在环境行政管理中,行政相对人认为具有环境管理权的行政机关做出的行政行为侵犯其合法权益或者未履行相关职责而向复议机关提出申请,复议机关对行政机关的行政行为或不作为进行审查并作出决定的程序。

行政复议的一般程序参见《行政复议法》《行政复议法实施条例》,环境行政复议的特别规定可参见《环境行政复议办法》等。

复议机关根据审查结果,可以决定维持,决定履行,决定撤销、变更或者确认该具体行政行为违法并责令被申请人在一定期限内重新做出具体行政行为。

申请人在申请行政复议时可以一并提出行政赔偿请求,行政复议机关对符合国家赔偿法有关规定应当给予赔偿的,在决定撤销、变更具体行政行为或者确认具体行政行为违法时,应当同时决定被申请人依法给予赔偿。

2. 环境行政诉讼

环境行政诉讼是指在环境行政管理中,行政相对人认为具有环境管理权的行政机关和法律法规授权组织做出的行政行为侵犯其合法权益或者未履行相关职责而向法院起诉,由法院对行政行为或不作为进行审查并作出决定的诉讼程序。

行政诉讼的一般程序可以参见《行政诉讼法》《最高人民法院关于适用〈中华人民共和国行政诉讼法〉的解释》《最高人民法院关于行政诉讼应诉若干问题的通知》等。

环境行政诉讼的最新发展是环境行政公益诉讼,相关具体内容参见环境公益诉讼一章。

3. 环境行政复议与环境行政诉讼的关系

一般情况下,行政相对人认为行政机关的行政行为侵犯其合法权益,可以申请行政复议,也可以申请行政诉讼,但特定情形下需要复议前置。如《行政复议法》第 30 条第一款规定,公民、法人或者其他组织认为行政机关的具体行政行为侵犯其已经依法取得的土地、矿藏、水流、森林、山岭、草原、荒地、滩涂、海域等自然资源的所有权或者使用权的,应当先申请行政复议;对行政复议决定不服的,可以依法向人民法院提起行政诉讼。

对部分特殊的行政行为不服只能提起行政复议,不能提起行政诉讼。如《行政复议法》第 30 条第二款规定,根据国务院或者省、自治区、直辖市人民政府对行政区划的勘定、调整或者征用土地的决定,省、自治区、直辖市人民政府确认土地、矿藏、水流、森林、山岭、草原、荒地、滩涂、海域等自然资源的所有权或者使用权的行政复议决定为最终裁决。

【典型案例】

常州德科化学有限公司诉原江苏省环境保护厅、原国家环境保护部及光大高新环保能源(常州)有限公司环境评价许可案①

【基本案情】

光大高新环保能源(常州)有限公司(以下简称光大公司)拟在江苏省常州市投资兴建生活垃圾焚烧发电 BOT 项目。2014 年,光大公司向原江苏省环境保护厅(以下简称江苏省环保厅)报送《环境影响报告书》《技术评估意见》《预审意见》等材料,申请环境评价许可。江苏省环保厅受理后,先后发布受理情况及拟审批公告,并经审查作出同意项目建设的《批复》。常州德科化学有限公司(以下简称德科公司)作为案涉项目附近经营范围为化妆品添加剂制造的已处于停产状态的企业,不服该《批复》,向原环境保护部(以下简称环境保护部)申请行政复议。环境保护部受理后,向江苏省环保厅发送《行政复议答复通知书》《行政复议申请书》等材料,并向原江苏省常州市环境保护局发送《委托现场勘验函》。环境保护部在收到《行政复议答复书》《现场调查情况报告》后,作出维持《批复》的《行政复议决定书》。

【裁判结果】

江苏省南京市中级人民法院一审认为,德科公司位于案涉项目附近,其认为《批复》对生产经营有不利影响,有权提起行政诉讼,具有原告主体资格。案涉项目环评编制单位和技术评估单位均是具有甲级资质的独立法人,在《环境影响报告书》编制期间,充分保障了公众参与权。江苏省环保厅依据光大公司报送的《环境影响报告书》《技术评估意见》《预审意见》等材料,进行公示、发布公告,并根据反馈情况经审查后作出《批复》,并不违反相关规定。环境保护部作出的案涉行政复议行为亦符合《行政复议法》及实施条例的规定。一审法院判决驳回德科公司的诉讼请求。江苏省高级人民法院二审认为,江苏省环保厅在审批《环境影响报告书》时已经履行了对项目选址、环境影响等问题的审查职责,故判决维持一审判决。最高人民法院再审审查认为,德科公司并非案涉项目厂界周围的环境敏感保护目标,且当时处于停产状态,没有证据证明德科公司与光大公司之间就案涉环境保护行政许可存在重大利益关系。案涉项目环评过程中保障了公众参与权,江苏省环保厅在作出环境评价许可过程中履行了对项目选址、污染物排放总量平衡等问题的审查职责,亦未侵犯德科公司的权利。江苏省环保厅的环境评价许可行政行为、环境保护部的行政复议行为均符合相关法律、法规的规定。最高人民法院裁定驳回德科公司的再审申请。

---

① 最高人民法院 2019 年 3 月 2 日发布的十大生态环境保护典型案例之五。

> 【典型意义】
> 案涉项目系生活垃圾焚烧发电项目,对社会整体有益,但也可能对周围生态环境造成一定影响。此类项目周边的居民或者企业往往会对项目可能造成的负面影响心存担忧,不希望项目建在其附近,由此形成"邻避"困境。随着我国城市化和工业化进程,"邻避"问题越来越多,"邻避"冲突逐渐呈现频发多发趋势。本案的审理对于如何依法破解"邻避"困境提供了解决路径,即对于此类具有公共利益性质的建设项目,建设单位应履行信息公开义务,政府行政主管部门应严格履行监管职责,充分保障公众参与权,尽可能防止或者减轻项目对周围生态环境的影响;当地的公民、法人及其他组织则应依照法律规定行使公众参与权、维护自身合法环境权益。

三、行政主体工作人员的环境行政责任

行政主体工作人员的环境行政责任,指具有环境管理权的行政机关和法律法规授权组织的工作人员在职务行为中违反环境法律法规或内部规定而应承担的责任。

(一)责任要件

1. 违法行为

违法主体的不同决定了对违法行为的解释存在差异。这里的"违法"应当做扩大解释,不仅包括违反环境法律规范,也包括违反环境行政机关内部规定,因为行政机关工作人员的行政责任是一种内部行政责任,即行政机关工作人员对所在机关所负的责任,只要违反该机关的内部规定,即便没有违反法律,仍然要承担相应责任。

同时,"违法"的含义还应当包括未履行或未合格履行环境管理职责。身负环境管理职责而不履行构成违法自不待言,而未合格履行职责即履责不力传统上并不构成公务员的行政责任。实践中部分公务员因担心开展行政执法要承担责任或者出于包庇违法行为的动机,表面上履行职责,实则虚与委蛇,没有真正尽到环境监管职责,造成诸多危害后果。近年来随着环境保护监管加强,对于履责不力的行为也开始追究责任。2015年中共中央办公厅和国务院办公厅联合发布《党政领导干部生态环境损害责任追究办法(试行)》,该办法规定了多种履责不力需要承担责任的情形,不过对该类责任的追究目前仅限于党政领导干部,对于行政机关一般工作人员并未涉及。

2. 过错

行政工作具有较大的自由裁量权,如行政相对人的行为是否构成违法、行政处罚的力度宜轻宜重,这些问题在实践中未必有清晰的界限,而行政主体工作人员需要在弹性中做出判断,难免会出现错误,导致行为在客观上违法。为了保障行政主体工作人员的履责积极性,应当在行政责任的追究上予以限制,仅在其具有故意和重大过失时才课以责任。

3. 危害后果和因果关系作为选择性要件

在行政法上,法律法规的存在可以维持一个正常的法秩序,而违法本身就已经打破了原本稳定的法秩序,应当课以责任,一般不需要造成危害后果才导致行政责任。只有在法律明确规定履责不力应追究责任的情形下,危害后果和因果关系才作为责任要件。履责不力意味着相关责任人员已经履行了部分责任,但没有尽力履行,如果没有造成一定的危害后果,不宜过于严苛地追究责任。

在现行法中,对行政主体工作人员追究行政责任的规定大多数并不要求造成危害后果,因而也不需要因果关系,少数情况下需要造成不利后果和存在因果关系才可以追究责任。例如,《海洋环境保护法》第93条规定:"海洋环境监督管理人员滥用职权、玩忽职守、徇私舞弊,造成海洋环境污染损害的,依法给予行政处分;构成犯罪的,依法追究刑事责任。"

(二) 责任方式

1. 行政处分

行政处分是行政主体工作人员责任形式中最普遍的一种。根据《公务员法》第62条的规定,处分分为警告、记过、记大过、降级、撤职、开除。处分的程序和决定在该法中均有详细规定。

对某种行为应当予以何种处分在环境法律法规中有具体规定。如《环境保护法》第68条规定,地方各级人民政府、县级以上人民政府环境保护主管部门和其他负有环境保护监督管理职责的部门有该条所列情形的,对直接负责的主管人员和其他直接责任人员给予记过、记大过或者降级处分;造成严重后果的,给予撤职或者开除处分,其主要负责人应当引咎辞职。

2. 问责

问责指有关机关对不履行职责或履责不力,造成严重后果和不良社会影响的党政机关领导人员追究责任的制度。目前,问责制度尚未有法律层面的规制,只有党内法规和地方政府规章等,法律层级不高。党内法规如《中国共产党问责条例》《关于实行党政领导干部问责的暂行规定》,地方政府规章如《湖北省行政问责办法》《济南市行政过错问责暂行办法》《哈尔滨市行政问责规定》《北京市行政问责办法》等。

问责主体一般包括各级地方政府、纪检监察机关、组织部门、人大及其常委会,既包括行政机关内部问责,也包括异体问责。根据问责主体的不同,问责程序也分为行政程序、党内监督程序、人大监督程序等。问责对象包括应当受到党纪追究的党组织、党员和党政领导干部。问责形式通常包括:诫勉、责令公开道歉;组织处理,包括调离岗位、引咎辞职、责令辞职、免职、降职等;党纪政纪处分等。组织处理和党纪政纪处分可以单独使用,也可以同时使用。由此可见,问责制度是一个多层次、多形式的复合制度,但是各种规范尚不成熟,仍然有待进一步完善。环境领域的行政问责是问责制度的重要组成部分,遵循问责的一般规定。

2015年中共中央办公厅和国务院办公厅联合发布《党政领导干部生态环境损害责任追究办法(试行)》(以下简称《办法》),专门对环境领域的问责予以规定。《办法》规定了环境保护党政同责的原则,并规定问责对象为党政机关有关领导人员。《办法》分别规定了追究地方党委和政府主要领导成员、有关领导成员、政府有关工作部门领导成员和一般党政领导干部责任的各种情形,使环境问责更加细致化、科学化。对于问责主体、问责形式,《办法》的规定与一般问责规定基本一致。特殊之处在于,《办法》规定实行生态环境损害责任终身追究制。对违背科学发展要求、造成生态环境和资源严重破坏的,责任人不论是否已调离、提拔或者退休,都必须严格追责。

3. 行政追偿

行政追偿指行政主体工作人员滥用职权严重侵害行政相对人权利,行政主体进行行政赔偿后对有故意或重大过失的责任人员追偿部分或全部赔偿费用的制度。行政追偿在行政主体赔偿后对相关工作人员个人进行追偿,是一种个人责任,能够在一定程度上防止行政主体工作人员在行政执法中滥用权力,督促其依法执法、文明执法。《国家赔偿法》第16条规定,赔偿义务机关赔偿损失后,应当责令有故意或者重大过失的工作人员或者受委托的组织或者个人承担部分或者全部赔偿费用。对有故意或者重大过失的责任人员,有关机关应当依法给予处分。

四、行政相对人的环境行政责任

行政相对人的环境行政责任是指行政相对人违反环境法律规范,污染环境或破坏生态,或者不履行环境保护义务而应承担的责任。行政相对人可以是公民个人、法人或其他组织。通过单位实施违法行为时,单位和主要负责人都可能成为被追究环境行政责任的主体。

(一) 责任要件

1. 违法行为

行政相对人违反环境法律规范,以积极的方式污染环境、破坏生态或者不履行环境保护的义务,应当承担环境行政责任。《环境保护法》和各单行法规定了若干违法行为的类型。

2. 过错

过错是行政相对人实施违法行为时的心理状态,包括故意和过失。故意包括直接故意和间接故意,前者指希望通过自己的行为达到某种结果,后者指放任不利结果的发生。过失分为疏忽大意的过失和过于自信的过失,前者指应当预见行为会导致不利结果而未预见,后者指已经预见行为会导致不利结果但轻信可以避免。过错是行政相对人环境行政责任的要件,无过错可以免责。行政主体环境行政责任不以过错为要件,与行政相对人环境行政责任需要以过错为要件,结论不同而出发点一致,都是为了保障行政相对人权利,前者是为了给予行政相对人更便利的行政救济,后者是为了使行政相对人免于承受过于严苛或任意的惩罚,均体现了行政法保障行政相对人合法权益的价值追求。不过,为了保证行政效率,在对行政相对人的责任追究中实行过错推定原则,只要其行为客观上违反环境法律规范即推定存在过错,如果行政相对人否定该项推定则应当承担举证责任。

3. 环境违法主体具有相应责任能力

对于作为环境行政相对人的个人来说,是否具有责任能力应从其年龄和智力状态等方面加以判断。目前我国行政法和环境法并无关于行政责任能力的统一规定,仅个别法律有零星规定。例如《行政处罚法》第30条、第31条分别规定了不满14周岁的人有违法行为和精神病人在不能辨认或者不能控制自己行为时有违法行为的,不予行政处罚。《治安管理处罚法》除了有与前述相似的规定之外,第14条还规定:盲人或者又聋又哑的人违反治安管理的,可以从轻、减轻或者不予处罚。据此,若不满14周岁的,精神病人在不能辨认或者不能控制自己行为时,盲人或又聋又哑的人以破坏环境的方式违法应当受到行政处罚的,或是违反治安管理的,也可以视具体情节从轻、减轻或不予处罚。因此,承担环境行政责任的行政相对人应当是具备责任能力的自然人或法人。

4. 危害后果和因果关系作为选择性要件

行政法律规范的重要功能之一是维持良好秩序,违法行为本身已经打破秩序并产生不良社会影响,应当追究责任,不再需要以产生实际危害后果作为追究责任的要件,环境领域的现行行政法律法规也大多如此规定。但特定情况下,为了防止对行政相对人过于苛责,可以在要求其承担某种较重的行政责任时以危害后果为责任要件,因果关系随之成为责任要件。例如,依据《土壤污染防治法》第86条的规定,有下列行为之一,造成严重后果的,处20万元以上200万元以下的罚款:(1)土壤污染重点监管单位篡改、伪造监测数据的;(2)拆除设施、设备或者建筑物、构筑物,企业事业单位未采取相应的土壤污染防治措施或者土壤污染重点监管单位未制定、实施土壤污染防治工作方案的;(3)尾矿库运营、管理单位未按照规定采取措施防止土壤污染的;(4)建设和运行污水集中处理设施、固体废物处置设施,未依照法律法规和相关标准的要求采取措施防止土壤污染的。

(二) 责任方式

1. 环境行政处罚

(1) 环境行政处罚的概念

环境行政处罚是环境行政主体对违反环境法律规范的行为人所实施的一种行政制裁,它不以行为人的行为尚未构成犯罪为条件。例如,某企业违反国家规定,排放、倾倒或者处置有放射性的废物、含传染病病原体的废物、有毒物质或者其他有害物质,严重污染环境的构成污染环境罪,除依照刑法规定追究该企业及直接责任人员的刑事责任外,还可对该企业进行行政处罚,如依法责令停产、停业或关闭等。

(2) 环境行政处罚的原则

环境行政处罚的原则是指集中体现有关处罚法的立法目的和基本精神,环境执法主体在实施行政处罚的过程中必须遵循的指导思想和基本准则。它对法的制定和实施均有指导作用,是克服成文法局限性、弥补立法漏洞的一个重要工具。根据《行政处罚法》《环境行政处罚办法》和环境法有关行政处罚的规定,环境行政处罚的原则应包括处罚法定原则、处罚与教育相结合原则、公正公开原则、过罚相当原则、一事不再罚原则和处罚救济原则等。

(3) 环境行政处罚的种类与形式

根据有关法律规定和学理,环境行政处罚主要有下列种类和具体形式。

一是声誉罚,主要形式是警告;

二是财产罚,包括罚款、没收违法所得和非法财物等;

三是行为罚,包括责令停产、停业、关闭,暂扣、吊销许可证、执照等;

四是人身罚,即行政拘留。

(4) 环境行政处罚的程序

环境行政处罚的程序是指环境行政主体对污染环境或破坏生态的违法相对人实施行政处罚的步骤、过程和方式的总称。根据《行政处罚法》《环境行政处罚办法》等相关法律法规和规章,环境行政处罚的程序包括处罚决定程序和处罚执行程序,其中决定程序又可分为简易程序、一般程序和听证程序。

《行政处罚法》第40条、第41条规定了决定程序的共同原则。这些原则在简易程序、一般程序和听证程序中都必须遵循。

一是只有查明事实后,才能给予处罚;

二是行政主体负有告知义务,即行政主体在作出处罚决定之前,应当告知当事人作出处罚决定的事实、理由及依据,并告知当事人依法享有的权利;

三是当事人享有陈述权和申辩权,行政主体必须充分听取当事人的意见,并不得因当事人申辩而加重处罚。

简易程序适用于违法事实确凿并有法定依据,对公民处以200元以下、对法人或者其他组织处以3 000元以下罚款或者警告的行政处罚,此时行政处罚可以当场作出。一般程序包括立案—调查取证—审查调查结果—告知并听取申辩—制作处罚决定书—送达等环节。

听证程序主要适用于下列几种行政处罚:责令停产停业、吊销许可证或执照、较大数额的罚款、没收较大数额违法所得等。关于"较大数额",依据《环境行政处罚办法》第78条的规定,对公民是指人民币(或者等值物品价值)5 000元以上;对法人或者其他组织是指人民币(或者等值物品价值)50 000元以上;地方性法规、地方政府规章对"较大数额"罚款和没收的限额另有规定的,从其规定。

环境行政处罚执行程序是指环境行政主体对受罚人执行已经发生法律效力的行政处罚决定的程序。环境行政处罚决定依法作出后,当事人应当在行政处罚决定的期限内予以履行。当事人逾期不履行行政处罚决定的,作出行政处罚决定的环境行政主体可以采取下列措施:到期不缴纳罚款的,每日按罚款数额的3%加处罚款;根据法律规定,将查封、扣押的财物拍卖或者将冻结的存款划拨抵缴罚款;申请人民法院强制执行。

(5) 按日计罚

按日计罚是环境行政处罚的突出特点。为了解决"守法成本高,违法成本低"的问题,《环境保护法》第 59 条规定:"企业事业单位和其他生产经营者违法排放污染物,受到罚款处罚,被责令改正,拒不改正的,依法作出处罚决定的行政机关可以自责令改正之日的次日起,按照原处罚数额按日连续处罚。"该法条看似清晰实则存在歧义,按日计罚到底是每天都给予新的行政处罚,还是二次处罚时依据持续时间确定罚款数额,其表述并不明确,学界对这一制度的性质也存在争议。

"行政处罚说"认为按日计罚是对违法行为做出的行政处罚,而不是执行罚,按日计罚的起算日应当是违法行为开始日。① 该说的主要问题在于,在行政法上,连续性违法行为属于一次违法行为,按日计罚违反了"一事不再罚"原则。"执行罚说"认为按日计罚是对受到行政处罚仍不改正的企业做出的执行罚,而执行罚不受"一事不再罚"原则的制约。② "执行罚说"似乎与行政法原理更为契合,但该说的缺点也很明显,执行罚本身就是对受到处罚的行政相对人加处的罚款,如果采纳该说,按日计罚就没有任何独立的理论创见,也就没有存在必要。"一事调整说"主张重新界定"一事不再罚"中的"一事",把每天的违法行为都视为一个独立的违法行为,则按日计罚不再与"一事不再罚"原则冲突。③ 但如此重新界定显然违背了"一事"的经典内涵,如果每天的违法行为都是独立的,则连续性违法行为将不复存在。"计罚方式说"认为按日计罚只是一种计罚方式,违法持续时间是影响罚款数额的一个依据。④ 但该说并未言明行政处罚后的二次处罚的性质如何。各种观点莫衷一是。

《新〈环境保护法〉实施情况评估报告》课题组抽样调查发现,实施按日计罚的案件处罚后的改正率在 85% 以上,有的地方甚至高达 95%,这表明按日计罚措施大大增加了企业的违法成本,对于督促违法者尽快停止违法起到了良好的作用,同时对预防环境违法行为具有重要意义。⑤ 由此可见,按日计罚制度已经在立法上得到确认,实践中得到肯定,但是在理论上还需要得到进一步的证成,唯有如此,按日计罚才能从一种立法安排下的行政措施进化成为具有法学理论支撑的完善法律制度。

2. 责令改正

《行政处罚法》第 28 条规定:"行政机关实施行政处罚时,应当责令当事人改正或者限期改正违法行为。"环境保护单行法中规定了诸多改正型的责任形式,如责令恢复原状,责

---

① 参见汪劲、严厚福:"构建我国环境立法中的按日连续处罚制——以《水污染防治法》的修改为例",《法学》2007 年第 12 期。
② 参见吴宇:"论按日计罚的法律性质及在我国环境法上的适用",《理论月刊》2012 年第 4 期。
③ 参见汪劲、严厚福:"构建我国环境立法中的按日连续处罚制——以《水污染防治法》的修改为例",《法学》2007 年第 12 期。
④ 参见姜明安:"《水污染防治法》中实施'按日计罚'的可行性——行政法学家视角的评述",《环境保护》2007 年第 24 期。
⑤ 参见王灿发主编:《新〈环境保护法〉实施情况评估报告》,中国政法大学出版社 2016 年版,第 219 页。

令停止生产、限期整治,责令停止违法作业等。2010年公布的《环境行政处罚办法》也规定了多种改正型的责任形式,如责令停止建设、责令停止试生产、责令限期拆除等。

责令改正这一责任形式与环境行政处罚不同。首先,二者的性质和功能不同。环境行政处罚是一种制裁,主旨在于对违法行为予以惩罚。责令改正并非一种制裁,主旨在于要求违法行为人停止违法行为,消除不良后果。其次,二者的内容不同。环境行政处罚要求行政相对人接受并履行惩罚决定,而责令改正只要求行为人停止违法行为,履行既有义务。责令改正与环境行政处罚的区别,恰恰使其成为惩罚性环境行政责任的重要补充,使得行政相对人承担行政责任的方式更为多元化,从而有利于实现污染治理和保护生态的目标。

第四节 环境刑事责任

一、环境刑事责任概述

(一) 环境刑事责任的概念

环境刑事责任,是指对违反生态环境保护相关法律、法规的规定,严重污染环境或破坏生态构成犯罪的行为实行刑事制裁。环境刑事责任是最严厉的法律制裁方式。

将刑事责任运用到环境保护领域是近几十年的事情。在这之前,环境污染和破坏生态的行为虽已出现,但其社会危害性还没有达到需要用刑罚手段加以制裁的程度,因此并未类型化为刑法分则的具体罪名。然而,随着我国经济的迅速发展,环境形势日益严峻。在市场逐利背景下,污染环境和破坏生态的不法行为越来越频繁,其社会危害性也越来越突出,特别是一些严重的污染或破坏行为往往会给人们的身心健康或公私财产造成重大损失,其社会危害性绝不亚于其他犯罪行为。因此,对这些行为必须予以刑事制裁。实践证明,刑事制裁是保护生态环境的一种强有力的手段。

环境问题涉及各种社会活动,环境犯罪的表现形式也自然多种多样,因此,各国在规定环境犯罪及其刑事责任时方式也有所不同。概括起来,主要有以下四种形式:(1)制定环境特别刑法,对环境犯罪及其处罚以单行刑事法律的形式作出专门规定,例如日本的《公害犯罪处罚法》;(2)在环境保护法中规定刑事条款,对罪名及刑罚种类和幅度直接作出规定,如美国的《综合环境反应、赔偿与责任法》;(3)在一般刑法中补充环境犯罪的犯罪构成和制裁措施,如德国的《刑法典》;(4)将环境保护法与一般刑法结合起来,既在环境保护法中作出刑事法律规定,又在一般刑法中规定环境方面的犯罪,适用时将两者结合在一起。

起初,我国刑法并没有设置环境犯罪的相关罪名,对环境犯罪的规定主要采用两种方式:(1)类推方式,即在环境保护法中规定比照刑法中最相类似的条文定罪量刑,如

1987年《大气污染防治法》第38条规定:"造成重大大气污染事故,导致公私财产重大损失或者人身伤亡的严重后果的,对有关责任人员可以比照《刑法》第115条或者187条的规定,追究刑事责任。"(2) 颁布专门的规定,对刑法进行补充、解释,如1987年最高人民法院、最高人民检察院《关于办理盗伐、滥伐林木案件应用法律的几个问题的解释》规定:"对情节特别严重的盗伐、滥伐林木犯罪行为,可以处10年以上有期徒刑、无期徒刑或者死刑。"

然而,1997年的《刑法》取消了类推制度,并在第六章第六节设置了"破坏环境资源保护罪",列有14种罪名。2011年《刑法修正案(八)》将"重大环境污染事故罪"修改为"污染环境罪"。当前,我国仅在《刑法》中规定了环境犯罪,没有附属环境刑法或单行环境刑法,但在环境单行法中还存在一些责任条款。如2017年《水污染防治法》第101条规定:"违反本法规定,构成犯罪的,依法追究刑事责任。"

(二) 环境刑法的目的

通常认为,刑法的目的是保护法益,只有当行为侵害了刑法所保护的法益,即行为产生了法益侵害的结果或具有侵害法益的危险,才承担刑事责任。而对"环境刑法究竟保护什么"这一问题,学界有不同的观点。

1. 环境权保护说

环境权保护说认为,环境刑法的目的是保护环境权。刑法的保护清单是从宪法性权利中选取的,而环境权正是一项宪法性权利,[①]因此,环境权应当作为环境刑法的保护对象。也有学者提出,环境刑法保护环境权,同时也保护自然人的自然权利。[②] 但是,将保护环境权纳入刑法的保护范围还存在学理上的困难:首先,环境权理论本身尚有争议,环境权的权利属性还有待明晰。[③] 其次,学界对环境权的权利主体和权利内容还缺乏统一的认识。[④] 如何理解环境权的内涵对环境犯罪的犯罪构成至关重要。究竟环境权是一项独立的公民权利,还是一种无法归属于个人的公共利益?不把这个问题解释清楚,就很难确定环境犯罪的构成要件。环境权保护说符合刑法保护人权的目的,但是环境权的保护暂时无法通过保障某个单一权利来实现。不过,环境权保护说可以为环境刑法提供价值判断上的指引,为具体权益的正当性提供理论支持。

2. 环境法益保护说

环境法益保护说认为,环境刑法的目的是保护环境法益。学界对环境法益的内涵有三种界定:生态法益、人类法益和复合法益,分别对应三种环境法益保护说。

[①] 参见吴卫星:"环境权入宪之实证研究",《法学评论》2008年第1期;陈泉生:"环境侵害及其救济",《中国社会科学》1992年第4期。

[②] 参见张锋:"论自然权利的刑法保护",《政法论丛》2009年第2期。

[③] 参见周斌:"环境:理念而非权利",《学术交流》2008年第5期;徐祥民:"环境权论——人权发展历史分期的视角",《中国社会科学》2004年第4期;巩固:"环境权热的冷思考——对环境权重要性的疑问",《华东政法大学学报》2009年第4期。

[④] 参见吴卫星:"我国环境权理论研究三十年之回顾、反思与前瞻",《法学评论》2014年第5期。

(1) 生态法益保护说

生态法益保护说认为,环境刑法保护生态法益。生态法益是指生态环境本身的价值。生态法益说的伦理学依据是生态中心主义环境观。所谓生态中心主义,就是将生态系统的整体利益置于人类利益之上,认为人只是生态系统的组成部分,而不是世界的中心。生态法益保护说认为,刑法并不保护纯粹的人类法益,而是保护人类赖以生存的生态环境。生态法益保护说的优点在于,将环境刑法的保护范围拓展到个人以外的集体利益和公共利益;缺点则在于,当面对人与自然的利益冲突时,很难给出令人满意的衡量结论。

(2) 人类法益保护说

人类法益保护说认为,环境刑法保护纯粹的人类法益。行为只有造成人身损害或财产损失或具有损害风险时才值得刑罚处罚。人类法益保护说的伦理基础是人类中心主义环境观,认为人才是价值评判的中心,保护环境的目的是保障人的生存与发展。人类法益保护说符合传统刑法保护人的权益的目的。

(3) 复合法益保护说

人类法益保护说和生态法益保护说都不能缓解人与生态环境之间的矛盾,因此诞生了复合法益保护说。复合法益保护说内部也有不同观点。有学者认为,环境刑法同时保护人类法益和生态法益,生态法益是独立于人类法益的刑法法益,而且人类法益的保护优先于生态法益的保护,只有当生态法益与人类中心的法益不相抵触时,才保护生态法益。① 也有学者提出,环境刑法同时保护环境权和国家环境污染防治的管理制度。②

(三) 环境刑事责任的行政附属性

几乎所有环境刑法的事实构成要件都以行政附属性为特征。刑法和行政法的结合是多方面的。环境刑事责任的附属性包括概念层面的附属性、行为规范层面的附属性和行为层面的附属性。

1. 概念层面的附属性

概念层面的附属性是指在不参考环境行政法的情况下,就无法解释环境犯罪构成要件中的某些概念。例如,尽管《刑法》第 339 条第一款给出了"固体废物"的概念,但是如果不参考《固体废物污染环境防治法》第 124 条第 1 项,就无法准确理解这一概念,因为究竟什么是"固体废物",通常是开放理解的。

2. 行为规范层面的附属性

行为规范层面的附属性是指在环境犯罪的事实构成要件中,明确提出要参照环境行政法的相关规定。例如,我国《刑法》第 338 条规定的污染环境罪强调"违反国家规定",排放、倾倒或者处置有放射性的废物、含传染病病原体的废物、有毒物质或者其他有害物质,

---

 ① 参见张明楷:"污染环境罪的争议问题",《法学评论》2018 年第 2 期。
 ② 参见栗相恩:"污染环境罪探析",《兰州学刊》2012 年第 4 期。

严重污染环境的，才构成犯罪。这里的"违反国家规定"表明，认定环境刑事责任必须遵循环境资源单行法的规定。

3. 行为层面的附属性

行为层面的附属性是指环境犯罪的事实构成要件通常涉及行政行为，特别是环境许可。例如，《刑法》第343条第一款规定的"未取得采矿许可"。在认定"未经许可"行为构成环境犯罪时，许可是最重要的构成要件要素。这些行政附属性不仅存在于事实构成要件阶层，还存在于违法性判断阶层。

将环境行政法引入环境犯罪的事实要件可能降低刑法的确定性，因为刑法的确定性首先应当通过更加清晰的事实要件来满足。不过，只要这些事实要件能够明确地指引到行政法的具体规定，就不会对刑法的确定性产生威胁。如果想要实现环境刑法与环境行政法的脱钩，就必须找到独立的刑事入罪标准，据此确定可罚的行为，并且不与环境行政法的相关规定相矛盾。但是，这样的标准是难以实现的，所以将刑法与行政法联系起来是唯一可行的方式。

二、污染环境类犯罪的构成、认定与处罚

广义的环境犯罪可以分为两大类：一类是污染环境类犯罪，另一类是破坏资源类犯罪。狭义的环境犯罪特指污染环境类犯罪。除了刑法分则，2016年《最高人民法院、最高人民检察院关于办理环境污染刑事案件适用法律若干问题的解释》（以下简称《2016年环境刑事司法解释》）也是认定和处罚污染环境类犯罪的重要依据。

（一）污染环境罪的构成、认定和处罚

《刑法》第338条规定了污染环境罪："违反国家规定，排放、倾倒或者处置有放射性的废物、含传染病病原体的废物、有毒物质或者其他有害物质，严重污染环境的，处三年以下有期徒刑或者拘役，并处或者单处罚金；后果特别严重的，处三年以上七年以下有期徒刑，并处罚金。"

1. 行为

污染环境罪的犯罪行为必须"违反国家规定"。所谓"国家规定"，是指与生态环境保护有关的法律规范，内容主要涉及环境行政许可、环境标准以及其他环境综合管理规范，例如，违反《危险废物经营许可证管理办法》，在未取得危险废物经营许可证的情况下，收集、贮存或处置危险废物；超过《国家电镀污染物排放标准》规定的排放浓度，向外环境排放废水等。而那些依照国家规定排放、倾倒或处置污染物的行为，即使造成了严重的环境污染，也不符合污染环境罪构成要件中有关行为要素的规定，不构成污染环境罪。

2. 结果

污染环境罪的犯罪结果是"严重污染环境"。《2016年环境刑事司法解释》第一条列举了17种"严重污染环境"的情形和1项兜底条款。

《2016年环境刑事司法解释》第一条内容节选

为依法惩治有关环境污染犯罪,根据《中华人民共和国刑法》《中华人民共和国刑事诉讼法》的有关规定,现就办理此类刑事案件适用法律的若干问题解释如下:

第一条 实施刑法第三百三十八条规定的行为,具有下列情形之一的,应当认定为"严重污染环境":

(一)在饮用水水源一级保护区、自然保护区核心区排放、倾倒、处置有放射性的废物、含传染病病原体的废物、有毒物质的;

(二)非法排放、倾倒、处置危险废物三吨以上的;

(三)排放、倾倒、处置含铅、汞、镉、铬、砷、铊、锑的污染物,超过国家或者地方污染物排放标准三倍以上的;

(四)排放、倾倒、处置含镍、铜、锌、银、钒、锰、钴的污染物,超过国家或者地方污染物排放标准十倍以上的;

(五)通过暗管、渗井、渗坑、裂隙、溶洞、灌注等逃避监管的方式排放、倾倒、处置有放射性的废物、含传染病病原体的废物、有毒物质的;

(六)二年内曾因违反国家规定,排放、倾倒、处置有放射性的废物、含传染病病原体的废物、有毒物质受过两次以上行政处罚,又实施前列行为的;

(七)重点排污单位篡改、伪造自动监测数据或者干扰自动监测设施,排放化学需氧量、氨氮、二氧化硫、氮氧化物等污染物的;

(八)违法减少防治污染设施运行支出一百万元以上的;

(九)违法所得或者致使公私财产损失三十万元以上的;

(十)造成生态环境严重损害的;

(十一)致使乡镇以上集中式饮用水水源取水中断十二小时以上的;

(十二)致使基本农田、防护林地、特种用途林地五亩以上,其他农用地十亩以上,其他土地二十亩以上基本功能丧失或者遭受永久性破坏的;

(十三)致使森林或者其他林木死亡五十立方米以上,或者幼树死亡二千五百株以上的;

(十四)致使疏散、转移群众五千人以上的;

(十五)致使三十人以上中毒的;

(十六)致使三人以上轻伤、轻度残疾或者器官组织损伤导致一般功能障碍的;

(十七)致使一人以上重伤、中度残疾或者器官组织损伤导致严重功能障碍的;

(十八)其他严重污染环境的情形。

……

上述第 1—17 项"严重污染环境"的情形并不都是结果犯，有些是行为犯。① 最为典型的行为犯是第 5 项及第 6 项。这两项情形没有对犯罪结果的描述，也没有对行为罪量的描述。只要实施了该当要件的行为，不论是否造成实际损害后果，也不论行为的严重程度和危害性，就能够认定构成污染环境罪。

除上述关于"严重污染环境"具体情形的规定外，该司法解释第三条还规定了 12 种"结果特别严重"的情形，第四条规定了结果加重的情形，第五条规定了从轻和减轻处罚的情节。

3. 罪过

关于污染环境罪系故意犯罪还是过失犯罪，理论界和实务界都存在不同的观点。我国刑法学理论关于污染环境罪的罪过形式有"过失说""故意说"与"复杂罪过说"三种学说。复杂罪过说，即认为污染环境罪的罪过形式既可以是故意，也可以是过失。

（1）故意说

张明楷教授认为，虽然一般认为重大环境污染事故罪是过失犯罪，但修改后的污染环境罪应当是故意犯罪：其一，从法条表述来看，不能发现污染环境罪是过失犯罪；其二，如果将污染环境罪定位为过失犯罪，就意味着同时成立危害公共安全罪；其三，将本罪定位为过失犯罪，将否认本罪的共犯形态，但是在现实中，本案的共犯形态并不少见；其四，《刑法修正案（八）》将环境污染事故罪修改为污染环境罪，目的就是将过失犯罪限缩为故意犯罪；其五，从法条表述来看，污染环境罪是结果犯，但司法解释所列举的"严重污染环境"，不仅包括危害结果，还包括一部分危险行为。因此，污染环境罪不仅是结果犯，在某些情形下，某类行为也能够构成此罪，而过失犯罪只能是结果犯。② 此外，《最高人民法院、最高人民检察院〈环境污染刑事司法解释〉理解与适用》也将污染环境罪界定为故意犯罪。③

（2）过失说

高铭暄教授、马克昌教授等认为，污染环境罪是过失犯罪。④ 周光权教授也认为，污染环境罪的主观方面为过失，即行为人应当预见自己的行为可能造成严重污染环境的后果，因为疏忽大意而没有预见，或者已经预见而轻信能够避免。⑤ 赵秉志教授认为，污染环境罪的罪过形式之所以是过失的，一个很重要的理由是，虽然《刑法修正案（八）》对 1997 年《刑法》第 338 条的罪状进行了修改，但是法定刑仍保持不变。在这种情况下，如果把污染环境罪解释为故意犯罪，那么所处的法定刑就较轻，从而会放纵犯罪。⑥ 陈兴良

---

① 第 1 项到第 4 项似乎是行为犯，但实际上，这 4 项所列举的行为本身足以对环境造成客观的确实损害，只是由于损害结果具有弥散性、累积性，因此难以在短期内表现为具体的人身损害或财产损害，因此这 4 项可以视为结果犯。
② 张明楷：《刑法学》（第五版），法律出版社 2016 年版，第 1131 页。
③ 胡云腾主编：《最高人民法院、最高人民检察院〈环境污染刑事司法解释〉理解与适用》，人民法院出版社 2014 年版，第 12 页。
④ 高铭暄、马克昌主编：《刑法学》（第七版），北京大学出版社、高等教育出版社 2016 年版，第 582 页。
⑤ 周光权：《刑法各论》（第二版），中国人民大学出版社 2011 年版，第 370 页.
⑥ 赵秉志主编：《刑法修正案（八）理解与适用》，中国法制出版社 2011 年版，第 405 页；冯军等：《破坏环境资源保护罪研究》，科学出版社 2012 年版，第 26 页。

教授也提出，污染环境罪应当以过失作为主观责任要件，理由在于：在污染环境罪修改以前，污染环境事故罪是过失犯罪，而随着我国环境问题日益严峻，污染环境罪不应限缩处罚范围和处罚力度，由过失犯罪转化为故意犯罪显然不符合环境刑事政策的规制目的。

（3）复合罪过说

复合罪过说认为，污染环境罪既可以是故意犯罪，也可以是过失犯罪的。陈兴良教授主编的《人民法院刑事指导案例裁判要旨通纂》指出，污染环境罪的主观方面可以是过失，也可以是故意，理由在于，污染环境罪的行为人对污染行为的性质是有明确认识的，只是对危害结果没有预见或轻信能够避免严重污染后果的发生，即对违法排放、倾倒或者处置有害物质的行为是故意的，但对污染后果的发生主观上呈过失状态。如果对结果的发生是持希望或者放任的态度，就应当按照构成的故意犯罪论处，如在危害后果特别严重的情况下，以投放危险物质罪、危险方法危害公共安全罪等罪名起诉，可以达到"罪刑相适应"的目的。①

4. 污染环境罪与投放危险物质罪的界分

我国《刑法》第114条和第115条规定了投放危险物质罪。第114条规定："投放毒害性、放射性、传染病病原体等物质或者以其他危险方法危害公共安全，尚未造成严重后果的，处三年以上十年以下有期徒刑。"第115条第一款规定："投放毒害性、放射性、传染病病原体等物质或者以其他危险方法致人重伤、死亡或者使公私财产遭受重大损失的，处十年以上有期徒刑、无期徒刑或者死刑。"第115条第二款规定："过失犯前款罪的，处三年以上七年以下有期徒刑；情节较轻的，处三年以下有期徒刑或者拘役。"可见，第114条规定了投放危险物质罪的行为犯（投放危险物质罪一），第115条规定了投放危险物质罪的结果犯（投放危险物质罪二）以及过失犯。

从投放危险物质罪的犯罪行为、犯罪结果和罪过看，其与污染环境罪存在竞合关系。那么如何适用两个罪名呢？《2016年环境刑事司法解释》第八条对此作出规定："违反国家规定，排放、倾倒、处置含有毒害性、放射性、传染病病原体等物质的污染物，同时构成污染环境罪、非法处置进口的固体废物罪、投放危险物质罪等犯罪的，依照处罚较重的规定定罪处罚。"

【典型案例】

盐城水污染案（胡文标、丁月生投放危险物质案）②

（一）基本案情

盐城市标新化工有限公司（以下简称"标新化工公司"）系环保部门规定的"废水不外排"企业。被告人胡文标系标新化工公司法定代表人，曾因犯虚开增值税专用

---

① 陈兴良、张军、胡云腾主编：《人民法院刑事指导案例裁判要旨通纂》（第二版），北京大学出版社2018年版，第1486页。
② 最高人民法院2013年6月18日公布的四起环境污染犯罪典型案例之四。

发票罪于 2005 年 6 月 27 日被盐城市盐都区人民法院判处有期徒刑二年，缓刑三年。被告人丁月生系标新化工公司生产负责人。2007 年 11 月底至 2009 年 2 月 16 日期间，被告人胡文标、丁月生在明知该公司生产过程中所产生的废水含有苯、酚类有毒物质的情况下，仍将大量废水排放至该公司北侧的五支河内，任其流经蟒蛇河污染盐城市区城西、越河自来水厂取水口，致盐城市区 20 多万居民饮用水停水长达 66 小时 40 分钟，造成直接经济损失人民币 543.21 万元。

(二) 裁判结果

盐城市盐都区人民法院一审判决、盐城市中级人民法院二审裁定认为：胡文标、丁月生明知其公司在生产过程中所产生的废水含有毒害性物质，仍然直接或间接地向其公司周边的河道大量排放，放任危害不特定多数人的生命、健康和公私财产安全结果的发生，使公私财产遭受重大损失，构成投放危险物质罪，且属共同犯罪。胡文标在共同犯罪中起主要作用，是主犯；丁月生在共同犯罪中起次要作用，是从犯。胡文标系在缓刑考验期限内犯新罪，依法应当撤销缓刑，予以数罪并罚。据此，撤销对被告人胡文标的缓刑宣告；被告人胡文标犯投放危险物质罪，判处有期徒刑十年，与其前罪所判处的刑罚并罚，决定执行有期徒刑十一年；被告人丁月生犯投放危险物质罪，判处有期徒刑六年。

盐城水污染案是《环境犯罪司法解释（2012）》发布后的第一批指导案例之一，也是国内第一个将符合污染环境罪构成要件的行为定性为投放危险物质罪的案例。

(二) 非法处置进口固体废物罪的构成、认定和处罚

非法处置进口固体废物罪，是指行为人违反国家规定，将境外的固体废物进境倾倒、堆放、处置的行为，依据《刑法》第 339 条第一款处 5 年以下有期徒刑或者拘役，并处罚金；造成重大环境污染事故，致使公私财产遭受重大损失或者严重危害人体健康的，处 5 年以上 10 年以下有期徒刑，并处罚金；后果特别严重的，处 10 年以上有期徒刑，并处罚金。

(三) 擅自进口固体废物罪的构成、认定和处罚

擅自进口固体废物罪，是指行为人未经国务院有关主管部门许可，擅自进口固体废物用作原料，造成重大环境污染事故，致使公私财产遭受重大损失或者严重危害人体健康的，依据《刑法》第 339 条第二款处 5 年以下有期徒刑或者拘役，并处罚金；后果特别严重的，处 5 年以上 10 年以下有期徒刑，并处罚金。以原料利用为名，进口不能用作原料的固体废物、液态废物和气态废物的，依照《刑法》第 152 条第二款走私废物罪、第三款单位犯罪的规定定罪处罚。

第八章 环境公益诉讼

环境公益诉讼具有保护社会公共利益的性质,这是区别于私益诉讼的首要特质。从性质上说,环境公益诉讼不能简单并入传统的诉讼类型。① 我国环境公益诉讼分为环境民事公益诉讼和环境行政公益诉讼两大类,环境民事公益诉讼主要针对污染环境和破坏生态者,环境行政公益诉讼主要针对环境监管者。

第一节 环境民事公益诉讼

一、环境民事公益诉讼概述

环境民事公益诉讼,是指符合法律规定的机关或者相关组织针对损害社会公共利益或者具有损害社会公共利益重大风险的污染环境、破坏生态的行为而依法提起的诉讼。

环境民事公益诉讼是环境公益诉讼中最主要的诉讼制度,也是将环境公益诉讼与其他诉讼制度相区别的制度。这些区别主要体现在环境民事公益诉讼的诉讼主体、诉讼对象、特殊规定和环境民事公益诉讼赔偿金等相关方面。

二、环境民事公益诉讼的原告

(一) 环境民事公益诉讼的原告类型

《民事诉讼法》第 55 条第一款规定,环境民事公益诉讼的原告包括法律规定的机关和有关组织。就"法律规定的机关"而言,《民事诉讼法》第 55 条第二款和《最高人民法院、最高人民检察院关于检察公益诉讼案件适用法律若干问题的解释》(以下简称《检察公益诉讼司法解释》)第 13 条明确规定了人民检察院作为环境民事公益诉讼原告的主体资格。

---

① 参见吕忠梅:"环境公益诉讼辨析",《法商研究》2008 年第 5 期。

就"有关组织"而言,《环境保护法》第58条和《最高人民法院关于审理环境民事公益诉讼案件适用法律若干问题的解释》(以下简称《环境民事公益诉讼司法解释》)第1条对有关社会组织参加环境民事公益诉讼的主体资格作出限定。

据此,我国环境民事公益诉讼的原告包括两种类型:人民检察院和适格的社会组织。

(二)社会组织作为环境民事公益诉讼原告的适格条件

《环境保护法》第58条和《环境民事公益诉讼司法解释》第3条、第4条、第5条对社会组织作为环境民事公益诉讼原告的适格条件作出进一步的细化规定。《环境保护法》第58条的规定可以总结为两点。一是积极条件,包括:(1)依法在设区的市级以上人民政府民政部门登记;(2)专门从事环境保护公益活动连续五年。二是消极条件,即连续五年无违法记录。

首先,针对"依法在设区的市级以上人民政府民政部门登记"这一条件,《环境民事公益诉讼司法解释》第3条规定:"设区的市,自治州、盟、地区,不设区的地级市,直辖市的区以上人民政府民政部门,可以认定为环境保护法第五十八条规定的'设区的市级以上人民政府民政部门'。"

其次,针对"专门从事环境保护公益活动连续五年"这一条件,《环境民事公益诉讼司法解释》第4条规定:"社会组织章程确定的宗旨和主要业务范围是维护社会公共利益,且从事环境保护公益活动的,可以认定为环境保护法第五十八条规定的'专门从事环境保护公益活动'。"不仅如此,该条进一步说明:"社会组织提起的诉讼所涉及的社会公共利益,应与其宗旨和业务范围具有关联性。"因此,在实际的司法实例中,人民法院判断某个社会组织是否符合本项从业条件时也基本依凭三个要素,即按章程确定的宗旨和主要业务范围是否是维护社会公共利益?是否从事环境保护公益活动?诉讼所涉的社会公共利益是否与其宗旨和业务范围具有关联性?

最后,针对"连续五年无违法记录"这一条件,《环境民事公益诉讼司法解释》第5条规定:"社会组织在提起诉讼前五年内未因从事业务活动违反法律、法规的规定受过行政、刑事处罚的,可以认定为环境保护法第五十八条规定的'无违法记录'。"

表17 社会组织提起环境公益诉讼的条件

积极条件	依法在设区的市级以上人民政府民政部门登记	《环境民事公益诉讼司法解释》第3条规定:"设区的市,自治州、盟、地区,不设区的地级市,直辖市的区以上人民政府民政部门,可以认定为环境保护法第五十八条规定的'设区的市级以上人民政府民政部门'。"
	专门从事环境保护公益活动连续五年	《环境民事公益诉讼司法解释》第4条规定:"社会组织章程确定的宗旨和主要业务范围是维护社会公共利益,且从事环境保护公益活动的,可以认定为环境保护法第五十八条规定的'专门从事环境保护公益活动'。社会组织提起的诉讼所涉及的社会公共利益,应与其宗旨和业务范围具有关联性。"
消极条件	连续五年无违法记录	《环境民事公益诉讼司法解释》第5条规定:"社会组织在提起诉讼前五年内未因从事业务活动违反法律、法规的规定受过行政、刑事处罚的,可以认定为环境保护法第五十八条规定的'无违法记录'。"

【典型案例】

中国生物多样性保护与绿色发展基金会诉宁夏瑞泰科技股份有限公司等腾格里沙漠污染系列民事公益诉讼案①

【基本案情】

2015年8月,中国生物多样性保护与绿色发展基金会(以下简称绿发会)向中卫市中级人民法院提起诉讼,提出瑞泰公司等8家企业在生产过程中违规将超标废水直接排入蒸发池,造成腾格里沙漠严重污染问题。中卫市中级人民法院一审认为,绿发会不能认定为《环境保护法》第58条规定的社会组织,对绿发会的起诉裁定不予受理。绿发会不服,提起上诉。宁夏回族自治区高级人民法院审查后裁定驳回上诉,维持原裁定。绿发会不服二审裁定,向最高人民法院申请再审。最高人民法院再审裁定撤销一审、二审裁定,指令本案由中卫市中级人民法院立案受理。

【裁判要点】

1. 社会组织的章程虽未载明维护环境公共利益,但工作内容属于保护环境要素及生态系统的,应认定符合《最高人民法院关于审理环境民事公益诉讼案件适用法律若干问题的解释》(以下简称《解释》)第4条关于"社会组织章程确定的宗旨和主要业务范围是维护社会公共利益"的规定。

2.《解释》第4条规定的"环境保护公益活动"既包括直接改善生态环境的行为,也包括与环境保护相关的有利于完善环境治理体系、提高环境治理能力、促进全社会形成环境保护广泛共识的活动。

3. 社会组织起诉的事项与其宗旨和业务范围具有对应关系,或者与其所保护的环境要素及生态系统具有一定联系的,应认定符合《解释》第4条关于"与其宗旨和业务范围具有关联性"的规定。

(三) 检察机关作为环境民事公益诉讼原告的资格和起诉顺位

2017年《民事诉讼法》修改时第55条第二款专门对人民检察院提起环境民事公益诉讼的原告资格作出规定:"人民检察院在履行职责中发现破坏生态环境和资源保护、食品药品安全领域侵害众多消费者合法权益等损害社会公共利益的行为,在没有前款规定的机关和组织或者前款规定的机关和组织不提起诉讼的情况下,可以向人民法院提起诉讼。前款规定的机关或者组织提起诉讼的,人民检察院可以支持起诉。"此条规定是人民检察院依法正式享有环境民事公益诉讼原告资格的标志,同时明确体现了检察环境民事公益诉讼的谦抑性原则,即"没有前款规定的机关和组织或者前款规定的机关和组织不提起诉

---

① 最高人民法院2016年12月28日发布的指导案例75号。

讼的情况下",检察院才可以向人民法院提起诉讼。

2018年,最高人民法院和最高人民检察院共同发布《检察公益诉讼司法解释》,该解释在《民事诉讼法》的基础之上对人民检察院参与环境公益诉讼的诸多细节性问题进行了更为明确规定。该司法解释第13条第二款规定:"公告期满,法律规定的机关和有关组织不提起诉讼的,人民检察院可以向人民法院提起诉讼。"这一规定进一步确认了检察院在环境民事公益诉讼中与环保组织的起诉顺位关系。

三、环境民事公益诉讼的被告

环境民事公益诉讼的被告是指因污染环境、破坏生态的行为导致环境公共利益受损,进而被提起环境民事公益诉讼的单位或个人。对于被告的种类既可以按照被告的属性分为自然人被告和法人被告,又可以按照被告的数量分为单一被告和共同被告。

其中共同被告还存在责任分摊的问题,对此应以《民法典》第1231条的规定为原则:"两个以上侵权人污染环境、破坏生态的,承担责任的大小,根据污染物的种类、浓度、排放量,破坏生态的方式、范围、程度,以及行为对损害后果所起的作用等因素确定。"在此基础上,以《最高人民法院关于审理环境侵权责任纠纷案件适用法律若干问题的解释》第2条、第3条的规定判定责任类型是连带责任还是按份责任。具体参见下表。

表18 环境民事公益诉讼被告的责任类型

责 任 情 形	责 任 类 型
两个以上污染者共同实施污染行为造成损害	连带责任
两个以上污染者分别实施污染行为造成同一损害,每一个污染者的污染行为都足以造成全部损害的	连带责任
两个以上污染者分别实施污染行为造成同一损害,每一个污染者的污染行为都不足以造成全部损害	能够确定责任大小的,各自承担相应的责任;难以确定责任大小的,平均承担赔偿责任
两个以上污染者分别实施污染行为造成同一损害,部分污染者的污染行为足以造成全部损害,部分污染者的污染行为只造成部分损害	就共同部分承担连带责任

四、环境民事公益诉讼的对象

任何一个诉讼的对象必然是某一特定的法益,环境民事公益诉讼亦不例外。一般认为,环境民事公益诉讼的对象是"环境权"这一法益,然而,从法律文本的角度进行分析,并非如此。依据《环境民事公益诉讼司法解释》第1条的规定,提起环境民事公益诉讼是为了救济"已经损害的社会公共利益"和阻止"具有损害社会公共利益重大风险的污染环境、破坏生态的行为"。因此,以立法者观点视之,环境民事公益诉讼的对象可以分为图示的两大类四小类。

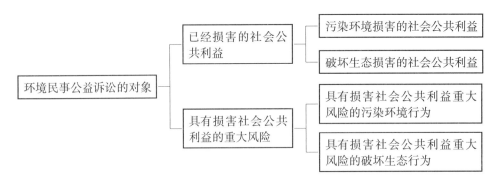

图 8　环境民事公益诉讼的对象

对于已经损害的社会公共利益进行救济较为容易理解,而之所以要对"风险"进行救济显然是受到"风险预防"原则的影响。但问题在于,所谓"风险"是否"重大"的界定和评判标准是什么? 对此,实务界一般认为,对于尚未发生实际损害后果的污染环境、破坏生态行为,社会组织提交被告具有《环境保护法》第 63 条所规定情形以及其他具有现实和紧迫的重大风险的初步证明材料,可以认定为已经提交"被告行为具有损害社会公共利益重大风险的初步证明材料"。① 但是,具体案件中的判断标准还需要法官作出进一步界定,从而留下一定的自由裁量空间。

五、环境民事公益诉讼的诉讼请求

《环境民事公益诉讼司法解释》第 18 条规定:"对污染环境、破坏生态,已经损害社会公共利益或者具有损害社会公共利益重大风险的行为,原告可以请求被告承担停止侵害、排除妨碍、消除危险、恢复原状、赔偿损失、赔礼道歉等民事责任。"因此,参照《民事诉讼法》对于诉讼请求的分类,环境民事公益诉讼的诉讼请求也可以分为四大类,即:第一,预防性责任,包括停止侵害、排除妨碍和消除危险;第二,恢复性责任,即恢复原状;第三,赔偿性责任,即赔偿损失;第四,人格恢复性责任,即赔礼道歉。

(一) 请求承担预防性责任

根据《环境民事公益诉讼司法解释》第 19 条的规定,环境民事公益诉讼的预防性责任可以分为行为责任和物质责任两类。

首先是行为责任。该司法解释第 19 条第一款规定:"原告为防止生态环境损害的发生和扩大,请求被告停止侵害、排除妨碍、消除危险的,人民法院可以依法予以支持。"停止侵害主要是制止被告继续实施某种侵害,防止侵害后果实际发生或扩大,该责任方式以侵害正在进行或者仍在延续为条件。排除妨碍是指被告实施的行为妨碍社会公共利益实现的,可以要求加害人排除权益障碍。消除危险是指被告具有损害社会公共利益重大风险的污染环境、破坏生态的行为,原告有权要求被告采取有效措施消除这种威胁。②

---

① 竺效:《环境公益诉讼实案释法》,中国人民大学出版社 2018 年版,第 44 页。
② 参见万挺:"环境民事公益诉讼民事责任承担方式探析",《人民法院报》2014 年 12 月 31 日。

其次是物质责任。该司法解释第 19 条第二款规定："原告为停止侵害、排除妨碍、消除危险采取合理预防、处置措施而发生的费用，请求被告承担的，人民法院可以依法予以支持。"这一费用又被理解为应急处置费用。我国相关法律及司法解释中均未涉及应急处置费用，但 2014 年 10 月原环境保护部环境规划院发布的《环境损害鉴定评估推荐方法（第 Ⅱ 版）》对之给出了明确界定："应急处置费指突发环境事件应急处置期间，为减轻或消除对公众健康、公私财产和生态环境造成的危害，各级政府与相关单位针对可能或已经发生的突发环境事件而采取的行动和措施所发生的费用。"应急处置费用包括污染源阻断、污染清理、污染监测以及周围居民的转移安置等费用。但是这种应急措施并非毫无限制，应当具有合理的边界。①

（二）请求承担恢复性责任

《环境民事公益诉讼司法解释》第 20 条对恢复性责任作出了四个方面的规定。第一，对于已经发生的生态环境损害，被告应当及时采取有效的措施将其恢复至原有的状态和功能。第二，对于无法修复的生态环境，可以采用替代修复的方式。第三，被告的生态环境损害修复义务可以以支付生态环境修复费用的方式履行。第四，生态环境修复费用包括制定、实施修复方案的费用和监测、监管等费用。

但以民事责任中"恢复原状"来表达生态环境损害修复是值得商榷的。因为"恢复原状"基于民事责任中的填平原则，但是生态环境损害是不可能被"填平"的。有些被损害的生态系统组成要素，包括动植物等可能因为污染已经死亡，所谓的"恢复原状"对于生态系统而言，只能是恢复整体状态和功能，而非一般意义上的恢复"原状"。

（三）请求承担赔偿性责任

《环境民事公益诉讼司法解释》第 21 条对赔偿性责任作出规定。赔偿性责任主要是指生态环境受到损害至恢复原状期间服务功能损失的费用。

所谓"生态环境受到损害至恢复原状期间服务功能损失"又被称为期间损害。依据《环境污染损害数额计算推荐办法（第 Ⅱ 版）》的规定，"期间损害是指生态环境损害发生至生态环境恢复到基线状态期间，生态环境因其物理、化学或生物特性改变而导致向公众或其他生态系统提供服务的丧失或减少，即受损生态环境从损害发生到其恢复至基线状态期间提供生态系统服务的损失量。"例如，一个湖泊发生生态环境损害事件后，其原本承担的灌溉、养护等诸多生态功能随之丧失或减少。将这些丧失或减少的功能货币化，就是服务功能损失。

对服务功能损失要求赔偿，是对恢复性责任的一种补充。因为如前所述，恢复性功能注重对生态环境状态和（服务）功能的恢复，但缺乏对损害期间服务功能损失的赔偿。因此，对服务功能损失的救济满足了填补生态环境损害的正当性要求。2017 年出台的《生态环境损害赔偿制度改革方案》就已将"生态环境修复期间服务功能的损失"纳入生态环境损害的赔偿范围中。

---

① 参见程飞鸿、吴满昌："论环境公益诉讼赔偿金的法律属性与所有权归属"，《大连理工大学学报（社会科学版）》2018 年第 3 期。

六、环境民事公益诉讼的特殊规定

(一)环境民事公益诉讼的管辖法院

《环境民事公益诉讼司法解释》第6条第一款规定:"第一审环境民事公益诉讼案件由污染环境、破坏生态行为发生地、损害结果地或者被告住所地的中级以上人民法院管辖。"据此,环境民事公益诉讼案件管辖法院的级别为中级人民法院。至于地域管辖,《民事诉讼法》第28条规定:"因侵权行为提起的诉讼,由侵权行为地或者被告住所地人民法院管辖。"相比之下,上述司法解释增加了"损害结果地"法院管辖。通过级别管辖和地域管辖的规则,可以确定环境民事公益诉讼的管辖法院。

在级别管辖和地域管辖之外,法律还创设指定管辖方式对前者进行补充。这是由于环境资源案件存在专业性、复杂性和跨区域性等特点,仅以级别管辖和地域管辖未必能够全部涵盖所有案件情形。《环境民事公益诉讼司法解释》第6条第二款规定:"中级人民法院认为确有必要的,可以在报请高级人民法院批准后,裁定将本院管辖的第一审环境民事公益诉讼案件交由基层人民法院审理。"

(二)支持起诉制度

为了引导社会组织积极参与和正确参加环境民事公益诉讼,《环境民事公益诉讼司法解释》第11条规定:"检察机关、负有环境保护监督管理职责的部门及其他机关、社会组织、企业事业单位依据民事诉讼法第十五条的规定,可以通过提供法律咨询、提交书面意见、协助调查取证等方式支持社会组织依法提起环境民事公益诉讼。"

(三)专家辅助人制度

专家辅助人制度是2012年《民事诉讼法》修改后增设的制度,是以鉴定人出庭制度为前提,旨在保证鉴定意见在诉讼中的规范运用。由于环境侵权的复杂性,技术要素在环境民事公益诉讼案件中的影响力相比一般侵权案件更为明显,专家辅助人制度的作用也更为重要。《环境民事公益诉讼司法解释》第15条规定:"当事人申请通知有专门知识的人出庭,就鉴定人作出的鉴定意见或者就因果关系、生态环境修复方式、生态环境修复费用以及生态环境受到损害至恢复原状期间服务功能的损失等专门性问题提出意见的,人民法院可以准许。""前款规定的专家意见经质证,可以作为认定事实的根据。"其中,"有专门知识的人"就是专家辅助人,相关规定就是对环境民事公益诉讼专家辅助人制度的确认。

(四)环境民事公益诉讼与其他诉讼制度的衔接

环境民事公益诉讼与其他诉讼制度的衔接主要是与刑事诉讼、环境行政公益诉讼和民事私益诉讼等衔接,包括制度衔接、证据衔接和赔偿顺位等问题。

1. 环境民事公益诉讼与刑事诉讼的衔接

我国《刑法》以专章"破坏环境资源保护罪"的方式对生态环境进行了较为全面的保护。刑法保护对象必然会与环境民事公益诉讼的保护对象有所交叉,为了节约司法资源和更周延地保护生态环境,司法实践中一般对这类案件采取刑事附带民事公益诉讼的方式进行审理。换言之,既追究被告的环境刑事责任,也要求被告承担相应的环境民事责任。例如,在2018年审理的绍兴市越城区人民检察院诉李某某等刑事附带民事公益诉讼案中,越城区人民法院判处被告李某某有期徒刑9个月、缓刑1年,并处罚金2万元,并要求依法处置加工点地下渗坑中留存的污泥并承担相应处置费,赔偿生态环境受到损害至恢复期间服务功能损失费18 708元,并承担监测费10 600元、鉴定评估费用20 000元。①

在制度衔接之外,更为重要的是证据衔接。刑事案件的证明标准为排除合理怀疑,较之环境民事公益诉讼的"高度盖然性"证明标准要更为严格。因此二者之间的衔接规则是:刑事诉讼中确认的证据可以直接运用于环境民事公益诉讼;反之,环境民事公益诉讼中确认的证据则并不一定能直接运用于刑事诉讼,往往需要进一步补强、甚至重新搜集相关证据。

法律责任的承担顺位可以参照《最高人民法院关于刑事裁判涉财产部分执行的若干规定》第13条的规定:"被执行人在执行中同时承担刑事责任、民事责任,其财产不足以支付的,按照下列顺序执行:(一)人身损害赔偿中的医疗费用;(二)退赔被害人的损失;(三)其他民事债务;(四)罚金;(五)没收财产。"据此,在刑事附带环境民事公益诉讼案件中,环境民事公益诉讼的赔偿费用优于刑事诉讼的法律责任——罚金和没收财产。

2. 环境民事公益诉讼与环境行政公益诉讼的衔接

环境民事公益诉讼与环境行政公益诉讼的衔接主要是因为在侵害环境公共利益的案件中既存在污染环境和破坏生态的施害行为,也存在负有监管职责的行政机关的行政违法或行政失职行为。这两种行为应当分别立案,但是考虑到节约司法资源和公平公正的角度,交由同一个审判机构进行审理更为合适。

在司法实践中,这类案件一般采用环境行政附带民事公益诉讼的方式进行审理。例如,吉林省白山市人民检察院诉白山市江源区卫生和计划生育局、白山市江源区中医院环境行政附带民事公益诉讼案便是如此。在该案中,白山市中级人民法院行政判决确认江源区卫生和计划生育局行政行为违法,并判令其履行监督管理职责,监督江源区中医院完成医疗污水处理设施整改工作。民事判决则判令江源区中医院立即停止违法排放医疗污水。

【典型案例】

吉林省白山市人民检察院诉白山市江源区卫生和计划生育局、 白山市江源区中医院环境行政附带民事公益诉讼案②

【基本案情】

白山中医院新建综合楼时未建设符合环保要求的污水处理设施就投入使用。

---

① 浙江省绍兴市越城区人民法院刑事附带民事判决书,(2018)浙0602刑初188号。
② 最高人民法院2017年3月7日发布的十起环境公益诉讼典型案例之十。

吉林省白山市人民检察院调查发现白山中医院通过渗井、渗坑排放医疗污水。经对白山中医院排放的医疗污水及渗井周边土壤取样检验,化学需氧量、五日生化需氧量等均超过国家标准。白山市卫生和计划生育局在白山中医院未提交环评合格报告的情况下,对其《医疗机构执业许可证》校验为合格。白山市人民检察院提起诉讼,请求判令白山市卫生和计划生育局于2015年5月18日为白山中医院校验《医疗机构执业许可证》的行为违法;白山市卫生和计划生育局履行法定监管职责,责令白山中医院限期对医疗污水净化处理设施进行整改;白山中医院立即停止违法排放医疗污水。

【裁判结果】

吉林省白山市中级人民法院一审认为,在白山中医院未提交环评合格报告的情况下,白山市卫生和计划生育局对其《医疗机构执业许可证》校验合格,违反相关法律法规规定,该校验行为违法。白山中医院违法排放医疗污水,导致周边地下水及土壤存在重大污染风险,白山市卫生和计划生育局未及时制止,其怠于履行监管职责的行为违法。白山中医院未安装符合环保要求的污水处理设备,通过渗井、渗坑实施了排放医疗污水的行为,产生了周边地下水及土壤存在重大环境污染风险的损害结果,应当承担侵权责任。遂判决确认白山市卫生和计划生育局于2015年5月18日对白山中医院《医疗机构执业许可证》校验合格的行政行为违法;责令其履行监管职责,监督白山中医院在三个月内完成医疗污水处理设施的整改;白山中医院立即停止违法排放医疗污水。一审宣判后,双方当事人均未上诉,一审判决已生效。

【典型意义】

本案涉及卫生行政许可及医疗污水污染地下水水体、土壤等环境要素的保护问题,系检察机关提起的全国首例行政附带民事公益诉讼,对检察机关提起公益诉讼的程序进行了有益探索和实践。人民检察院依法创新环境公共利益司法保护方式,积极提起行政附带民事公益诉讼,督促行政机关依法履行监管职责,监督行政管理相对人履行环境保护法定义务并承担停止侵害的民事责任,避免了重大环境污染事件的发生,取得了良好的法律效果和社会效果。人民法院采取了行政公益诉讼与民事公益诉讼分别立案,由同一审判组织一并审理、分别裁判的方式,在行政诉讼中将白山中医院作为行政诉讼第三人,充分保障了行政管理相对人发表意见的权利,同时通过民事诉讼程序依法确定白山中医院的民事责任,对于妥善协调同一污染行为引发的行政责任和民事责任具有示范意义。

【点评专家】

肖建国,中国人民大学教授,最高人民法院特邀咨询员。

【点评意见】

　　这是基于环境污染引发的全国首例行政附带民事公益诉讼案件,行政公益诉讼判决与民事公益诉讼判决由法院同一合议庭于同日分别作出,两案当事人都服判息诉,判决均已发生法律效力。而且诉讼提起后,被告行政机关积极采取补救措施,筹措资金,监督中医院污水处理设施的整改工作。可见,该案对于矫正行政机关在履行法定职责时的懈怠行为,强化依法行政理念,防止行政相对人因违法排放医疗污水而造成重大环境污染风险,具有重要的现实意义,法律效果和社会效果良好。

　　本案凸显了行政附带民事公益诉讼在审理程序上的巨大优势,即在两种诉讼中存在着某些共同的事实和证据问题时,通过附带诉讼的方式,由同一审判组织在同一程序中查明这些事实、认定这些证据,既可以节省时间,又能够避免相互矛盾的判断。当然,对于两种诉讼中相异的事实及证据,合议庭可以行使诉讼指挥权,将两种程序分开处理,同时或先后分别作出两个判决。不过,该案附带民事公益诉讼的被告是一家公立医院,自身承担着救死扶伤的公益职能。法院判决被告"立即停止违法排放医疗污水",可能引发公众对医院是否会因此受到影响关门整顿,病人无法正常诊疗就医、生命健康权受到损害的质疑。因此,附带诉讼的判决说理中,只有阐明保护环境公益的必要性和紧迫性,裁判内容的可执行性和妥当性,裁判结果才具有正当性和说服力。

　　两种诉讼的证据衔接体现为:环境行政公益诉讼的证据可以直接用于环境民事公益诉讼,反之则需要结合具体案件情况,因为不同行政案件对应的证明标准也不尽相同。例如,在涉及行政处罚制度(包含限制公民人身自由的行政处罚)的行政案件中采取排除合理怀疑的证明标准。在符合以下情形的行政案件中则可以适用优势证明标准:一是行政机关作为中立机关对平等主体直接按民事纠纷作出裁决而引起的行政诉讼案件;二是原告应当承担证明责任的行政诉讼案件。通常情况下,行政诉讼应当适用清楚而有说服力的证明标准。这一证明标准介乎优势证明标准和排除合理怀疑证明标准之间。①

　　3. 环境民事公益诉讼与民事私益诉讼的衔接

　　环境民事公益诉讼与民事私益诉讼并无法益上的交叉。因此,在对污染者提起环境民事公益诉讼时,私主体还可就所遭受的人身伤害和财产损失等提起环境民事私益诉讼。

　　关于证据证明问题,《环境民事公益诉讼司法解释》第30条规定:"已为环境民事

---

① 姜明安:《行政诉讼法教程》,中国法制出版社2011年版,第135页。

公益诉讼生效裁判认定的事实,因同一污染环境、破坏生态行为依据民事诉讼法第一百一十九条规定提起诉讼的原告、被告均无须举证证明,但原告对该事实有异议并有相反证据足以推翻的除外。对于环境民事公益诉讼生效裁判就被告是否存在法律规定的不承担责任或者减轻责任的情形、行为与损害之间是否存在因果关系、被告承担责任的大小等所作的认定,因同一污染环境、破坏生态行为依据民事诉讼法第一百一十九条规定提起诉讼的原告主张适用的,人民法院应予支持,但被告有相反证据足以推翻的除外。被告主张直接适用对其有利的认定的,人民法院不予支持,被告仍应举证证明。"

关于两类诉讼的赔偿责任履行顺位,《环境民事公益诉讼司法解释》第31条规定:"被告因污染环境、破坏生态在环境民事公益诉讼和其他民事诉讼中均承担责任,其财产不足以履行全部义务的,应当先履行其他民事诉讼生效裁判所确定的义务,但法律另有规定的除外。"

七、环境民事公益诉讼赔偿金的管理和使用

(一) 环境民事公益诉讼赔偿金的管理

第一类管理办法是由政府行政机关保管环境民事公益诉讼损害赔偿金。2011年山东省东营市环保机关诉淄博周村华益溶剂化工厂案中,法院判决被告将环境污染损失费共计742万赔偿至市环保局专项账户,专款专用于修复和治理此次受损的环境。2012年陕西省韩城市环保局诉韩城市白矾矿业有限责任公司案中,法院同样判决被告将100万环境损害赔偿金赔偿至市环保局专项账户专门管理。2014年福建省龙岩市水土保持学会、连城县林业局诉黄永华等11人破坏山场生态案中,法院经审理判决被告将赔偿金赔至县林业局植被恢复专户。政府行政机关保管的优势在于其具有理论的合理性与国家机关特有的公信力。首先,环境民事公益诉讼损害赔偿金作为侵犯社会公共环境利益而产生的赔偿,由社会公众代表——政府行政机关保管是符合现代法社会学与法理学的基本理论的。其次,政府行政机关是国家公权力的直接表现形式,相对于任何社会组织都拥有无可比拟的社会公信力。但是这种保管方式存在的最大问题即是政府失灵问题。① 政府失灵是指由于政府自身的短板和其他客观因素的制约,导致政府在介入经济运行和社会活动时无法达到资源最优配置的现象。因此,政府行政机关保管环境民事公益诉讼损害赔偿金可能会降低损害赔偿金的后期使用效率。

---

① 政府失灵的典型特点之一就是决策的私利性。保罗·萨缪尔森认为:"当政府政策或集体行动所采取的手段不能改善经济效率或道德上可接受的收入分配时,政府失效便产生了。"换言之,政府虽然是一个整体,但决策的制定往往还是个人,因此他们在介入经济运行和社会活动中并不总是考虑社会福利的最大化,个人权利、仕途前景等也都是左右其决策的要素。弗里德曼认为,政府运作的资金来源于公众税收,官员们拿他人的钱替他人办事,除非他们真的具有无私奉献的精神,要不然总会出现以权谋私等浪费纳税人资金的情况。这些"理性经济官员"将自身的追求和个人偏好带到行政决策当中,使得政府并非真正为了社会大众福祉,从而导致资源浪费严重,运行效率低下,最终损害社会利益。政府失灵的特点之二就是政府利益目标的多向性。地方政府的利益目标往往是多元的,不仅承载环境保护职责,还承载经济发展等职责,因此可能出现为了经济利益等牺牲环境利益的情形。

第二类管理办法是将环境民事公益诉讼损害赔偿金纳入环境公益专项资金。2010年云南省昆明市环保局诉羊甫公司、三农农牧公司案中,昆明市中院要求被告立即停止环境侵害行为,并向昆明市环境公益专项资金支付环境修复费用417万余元和调查评估费13万余元。2010年云南省安宁市国土资源部门诉戴某、毕某等人非法盗采磷矿案中,昆明市中院判令二人向昆明市环境公益专项救济金支付48万余元,并恢复破坏的山体植被。2014年江苏省泰州市环保联合会诉泰兴常隆化工等6家化工厂案中,泰州市中院判决被告六家化工企业赔偿1.6亿余元生态环境修复费用。江苏省高院二审判决维持一审判决确定的赔偿数额部分,同时规定污染河流责任主体在判决生效30日内向法院指定的泰州市环保公益金专用账户支付这笔赔偿金额。将环境公益诉讼损害赔偿金纳入环境公益专项资金的优势在于专项资金具有严格的专款专用属性。环境公益专项资金是由上级人民政府拨付本行政区域和本级人民政府安排的用于环境保护、环境修复和环保宣传等方面具有指定用途的资金。

第三类管理办法是将环境公益诉讼损害赔偿金上缴国库。例如,2006年广东省广州市番禺区检察院诉番禺博朗五金厂案中,法院判决被告立即停止排污行为,并赔偿环境污染所造成的经济损失共计8万元,该笔赔偿款最终上缴国库。

第四类管理办法是引入具有公募性质又有管理经验的基金会作为第三方管理环境公益诉讼损害赔偿金。例如,贵州省清镇市中级人民法院在中华环保联合会诉宏盛化工一案中,就引入了中国生物多样性保护与绿色发展基金会。该基金会基于本案诉讼当事人之委托,管理损害赔偿金并接受执行法院的监督,依据环境修复评估机构和相关专家制定的环境修复计划,制定相应的赔偿金使用计划,经人民法院审核批准后进行生态环境的修复工作。基金会具备公司化的管理制度,以《信托法》为法律依据,参与市场机制调配资源,从而可以在管理和使用环境公益诉讼损害赔偿金时进行成熟的运作,同时保持有效的监督。

最高人民法院已经表明探索设立环境公益诉讼基金制度的积极态度,在2014年《关于全面加强环境资源审判工作,为推进生态文明建设提供有力司法保障的意见》中指出:"落实全面赔偿规定,探索建立环境修复、惩罚性赔偿等制度,依法严肃追究违法者的法律责任",在依法确定环境民事公益诉讼的责任方式和赔偿范围中提出了"探索设立环境公益诉讼专项基金,将环境赔偿金专款专用于恢复环境、修复生态、维护环境公共利益;尚未设立基金的地方,可以与环境保护行政执法机关、政府财政部门等协商确定环境赔偿金的交付使用方式"。然而,该意见仅仅是最高人民法院出台的政策性文件,权威性仍然不足,并且其中关于基金设立,环境赔偿金的使用程序、决策监督、效果评估等规定都仍然是框架性的指导,因此环境公益诉讼基金制度的具体构建尚有待时日。

(二) 环境公益诉讼损害赔偿金的使用

实践中,人民法院大多采取将环境民事公益诉讼损害赔偿金专款专用于受损生态环境修复的模式。下表即是对 2015 年我国审结或一审已裁判的环境民事公益诉讼案件中损害赔偿金使用模式的归纳。

表 19　环境民事公益诉讼损害赔偿金的使用模式

环境公益诉讼案名	审理法院	损害赔偿金使用模式
2014 年中华环保联合会诉谭某等污染环境案	广东省广州市中级人民法院	修复到本次污染损害发生之前的状态和功能
2015 年自然之友等诉谢某等毁林案	福建省南平市中级人民法院	用于本案生态环境修复或异地公共生态环境修复
2015 年大连市环保志愿者协会诉大连日牵电机有限公司排放有毒物质案（调解结案）	辽宁省大连市中级人民法院	用于环境修复
2015 年中华环保联合会诉张某污染土地案	江苏省苏州市中级人民法院	修复被污染场地

从上表中可知，各地人民法院是认同将环境民事公益诉讼损害赔偿金专款专用于受损生态环境修复这一模式的。因为专款专用模式既满足了对于受损生态环境修复的需要，又符合民事诉讼中"当权利人的合法利益遭受不法侵害时，既要建立一种民事赔偿的救济措施，又要建立对不法行为人的惩戒措施"这一制度逻辑，体现了环境民事公益诉讼与生态环境修复具有对应性的特点。

但是专款专用于受损生态环境也存在一定的弊端，例如当生态环境受损非常严重导致无法修复时应当采取何种措施救济受损的环境公共利益？当"专款专用"的对象灭失，如何才能达到救济与惩戒的双重目的？因此，在"专款专用"模式之外，还应当增设一种补充救济模式，在受损生态环境无法修复时通过异地修复完成对环境公共利益的整体性补偿。

为了避免受损生态环境无法修复时修复责任不对应的情况，为了保护生态环境整体利益或为了惩戒生态环境损害责任人，就需要引入"替代补偿"和"异地修复"。从我国《环境保护法》对环境的定义来看，某些环境要素确实是在破坏后无法修复的，比如野生动物、自然遗迹、风景名胜区等。昆明市中级人民法院在审理安宁市戴某、毕某等人非法盗采磷矿案时就采取了替代补偿的方式。赔偿款项后来被用于安宁市一处生态修复公益林的种植工程上。市林业局对其进行财务管理，确保资金的有效运作，市检察院对资金的使用进行监督。"替代补偿"和"异地修复"等作为专款专用模式的补充执行手段，填补了专款专用模式遭遇受损生态环境无法修复时的空白，灵活地实现了对于生态环境整体公共利益的救济；将无法用于原地修复的赔偿款改用于治理、修复其他生态环境因素，同样有利于实现环境民事公益诉讼的根本目的，保持生态环境的总量平衡。

第二节 环境行政公益诉讼

一、环境行政公益诉讼概述

环境行政公益诉讼,是指人民检察院在履行职责过程中发现生态环境和资源保护领域负有监督管理职责的行政机关违法行使职权或者不作为,致使国家利益或者社会公共利益受到侵害的,人民检察院向行政机关提出检察建议,督促其依法履行职责后,行政机关仍不依法履行职责,人民检察院依法向人民法院提起的诉讼。

2015年7月,全国人大常委会授权人民检察院进行为期两年的公益诉讼试点。2017年6月底,检察公益诉讼试点两年期限届满,为了正式确立检察公益诉讼制度,全国人大常委会专门修改了《民事诉讼法》和《行政诉讼法》。检察环境行政公益诉讼制度集中体现在《行政诉讼法》第25条增加的第四款。

环境行政公益诉讼与环境民事公益诉讼有着显著不同。这些不同点体现在法定的诉讼主体、差异的诉讼对象和强制的诉前程序方面。

二、环境行政公益诉讼的起诉人

依据《行政诉讼法》第25条第四款和《检察公益诉讼司法解释》第4条的规定,当前我国有权提起环境行政公益诉讼的只有人民检察院。人民检察院参与诉讼的法律身份是环境行政公益诉讼起诉人而非原告,换言之,在环境行政公益诉讼中没有典型意义上的原告。这种起诉人资格不能与一般原告资格进行混同。

环境行政公益诉讼的起诉人是当生态环境和资源保护领域负有监督管理职责的行政机关违法行使职权或者不作为,致使国家利益或者社会公共利益受到侵害,而且在人民检察院向行政机关提起检察建议,督促其依法履行职责后,行政机关仍不依法履行职责的,依据法律规定提起环境行政公益诉讼的主体。

三、环境行政公益诉讼的被告

《人民检察院提起公益诉讼试点工作实施办法》第42条规定:"人民检察院以公益诉讼人身份提起行政公益诉讼。行政公益诉讼的被告是生态环境和资源保护、国有资产保护、国有土地使用权出让等领域违法行使职权或者不作为的行政机关,以及法律、法规、规章授权的组织。"而依据我国的行政体制,环境行政公益诉讼的被告还可进一步分为人民政府、生态环境保护行政主管部门和其他负有生态环境和资源保护职责的政府部门。因此,下文将对三种不同类别的被告和共同被告这一特殊形式进行阐述。

(一) 人民政府

人民政府是生态环境和资源保护最主要的力量。人民政府更多地从宏观层面对生态环境和资源进行保护。法律给政府设定了一系列生态环境和资源保护职责,政府可能出现的违法或者失职行为会给生态环境和资源保护带来难以预料的负面影响。在生态环境和资源保护领域,人民政府因违法行使职权或者不作为,致使国家利益和社会公共利益受到侵害,在人民检察院提出检察建议后仍不能依法履行相应职责的,人民检察院可以对其提起环境行政公益诉讼。

(二) 生态环境保护行政主管部门

《环境保护法》第10条第一款规定:"国务院环境保护主管部门,对全国环境保护工作实施统一监督管理;县级以上地方人民政府环境保护主管部门,对本行政区域环境保护工作实施统一监督管理。"这是法律对生态环境保护主管部门职责的大体规定,而现阶段我国的国务院生态环境保护主管部门即是生态环境部,地方的生态环境保护主管部门则是生态环境厅(局)。

《环境保护法》还在后续条款中对县级以上人民政府生态环境保护主管部门的执法权限进行了规定。如第24条规定了现场检查的权力;第25条规定了查封扣押造成污染物排放的设施、设备的权力等。生态环境保护主管部门因违法行使职权或者不作为,致使国家利益和社会公共利益受到侵害,在人民检察院提出检察建议后仍不能依法履行相应职责的,人民检察院可以对其提起环境行政公益诉讼。

(三) 其他负有生态环境和资源保护职责的政府部门

《环境保护法》第10条第二款规定:"县级以上人民政府有关部门和军队环境保护部门,依照有关法律的规定对资源保护和污染防治等环境保护工作实施监督管理。"该法条是其他政府部门负有生态环境和资源保护职责的法律依据。环境问题具有特殊复杂性,不仅涉及生态环境部门,还涉及农林牧渔等相关部门,往往需要多个部门协同配合。这些负有生态环境和资源保护职责的政府部门因违法行使职权或者不作为,致使国家利益和社会公共利益受到侵害,在人民检察院提出检察建议后仍不能依法履行相应职责的,人民检察院可以对其提起环境行政公益诉讼。

(四) 环境行政公益诉讼的共同被告

《行政诉讼法》第27条规定:"当事人一方或者双方为二人以上,因同一行政行为发生的行政案件,或者因同类行政行为发生的行政案件、人民法院认为可以合并审理并经当事人同意的,为共同诉讼。"依照本条规定,在两种情况下可以发生共同诉讼,一是因为同一行政行为发生的行政案件,二是因同类行政行为发生的行政案件,人民法院认为可以合并审理并经当事人同意的。前者称为必要共同诉讼,后者称为普通共同诉讼。同时,构成共同诉讼还应符合案件属于同一人民法院管辖这一条件。①

---

① 国务院法制办公室编:《行政诉讼法注释与配套》(第四版),中国法制出版社2018年版,第19页。

除了作出同一行政行为和同类行政行为的两个以上行政机关作共同被告的情形外，《行政诉讼法》第 26 条第二款还规定："复议机关决定维持原行政行为的，作出原行政行为的行政机关和复议机关是共同被告。"据此，可以总结出环境行政公益诉讼共同被告的构成，如图 9 所示。

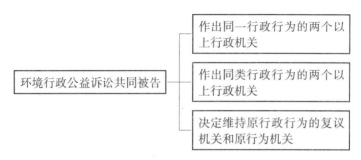

图 9　环境行政公益诉讼的共同被告

此外，对于环境行政公益诉讼还有一些其他规定。《关于适用〈行政诉讼法〉的解释》第 27 条规定："必须共同进行诉讼的当事人没有参加诉讼的，人民法院应当依法通知其参加；当事人也可以向人民法院申请参加。""人民法院应当对当事人提出的申请进行审查，申请理由不成立的，裁定驳回；申请理由成立的，书面通知其参加诉讼。"

四、环境行政公益诉讼的诉讼对象

依据《行政诉讼法》和《检察公益诉讼司法解释》等相关规定，环境行政公益诉讼的诉讼对象是：由于负有监督管理职责的行政机关违法行使职权或者不作为而受到侵害的国家利益或者社会公共利益。以"违法行使职权或者不作为"作为划分依据，可以进一步将环境行政公益诉讼的诉讼对象分为两类：第一类，违法行使职权致使国家利益或社会公共利益受到侵害；第二类，行政不作为致使国家利益或者社会公共利益受到侵害。下文将围绕这两种分类展开讨论。

（一）违法行使职权致使国家利益或者社会公共利益受到侵害

在环境行政公益诉讼语境下，所谓"违法行使职权"是指负有生态环境和资源保护职责的行政机关违反相关法律法规赋予的职责权限，致使国家利益或社会公共利益受损的行为。

在环境司法实践中，违法行使职权致使国家利益或者社会公共利益受到侵害的情形既有违法发放排污许可证、违法通过环境影响评价审批等具体行政行为，也包括制定规划、发布规范性文件等抽象行政行为。至于二者是否都应当被纳入检察环境行政公益诉讼的范围仍然存在一定争议。

有些学者认为，抽象行政行为不应当属于环境行政公益诉讼的受案范围，因为行政机关的抽象行政行为除了行政机关自身的监督系统之外，还有立法机关的立法监督。① 但

---

① 参见李爱年、刘爱良："论检察机关提起公益诉讼的权力属性及职权配置"，《重庆大学学报（社会科学版）》2016 年第 3 期。

是,2018年最高人民法院、最高人民检察院发布的检察公益诉讼十大典型案例中的"重庆市石柱县水磨溪湿地自然保护区生态环境保护公益诉讼案"表明,政府在生态环境和资源保护领域的抽象行政行为同样可能对国家利益和社会公共利益造成重大损害,从而在环境司法实践中采取了将两类行政行为都纳入环境行政公益诉讼受案范围的做法。

【典型案例】

重庆市石柱县水磨溪湿地自然保护区生态环境保护公益诉讼案①

【基本案情】

2009年4月7日,重庆市石柱县政府批复建立水磨溪湿地自然保护区,国家环保部将该保护区列入了《2011年全国自然保护区名录》。2011年6月2日,石柱县政府批复同意《西沱镇总体规划》,规划并开工建设西沱工业园区。监督检查中发现,工业园区一至三期规划共重叠湿地保护区面积336.285公顷,占湿地保护区总面积比例为20.85%,工业园区的建设和运营占用部分滩涂,较大程度地、不可逆转地改变了工业园区与保护区重叠区域的生态系统的结构、性质与功能,对湿地生态系统和保护区内动物有一定影响。

【调查和督促履职】

该案系最高人民检察院挂牌督办案件,各界普遍关注,社会影响较大。为办理好挂牌督办案件,重庆市检察院决定提办该案,检察长亲自承办,带领专案组迅速开展调查核实工作,查清案件事实,拟定监督方案,并在检察机关作出监督意见后,亲自到石柱县政府现场送达检察建议,公开宣告,进行释法说理,提出修复整改的具体要求。

石柱县政府按照检察建议的要求,迅速开展修复整改工作。当前,保护区内须拆除、退出的38个项目已拆除并覆土完毕37个,另1个项目已签订厂房收购协议,于今年12月底前整体搬迁。

【裁判要旨】

在自然保护区规划建设工业园区,对湿地生态环境造成了破坏,地方政府应根据《自然保护区条例》的规定,积极履行生态环境监管职责,对造成的生态环境破坏承担修复责任。

(二)行政不作为致使国家利益或者社会公共利益受到侵害

"行政不作为是指行政主体负有某种作为的法定义务,并且具有作为的可能性而在程序上逾期有所不为的行为。"②由此定义,对于行政不作为的理解可以从以下三个方面考量。

---

① 最高人民检察院2018年12月25日发布的检察公益诉讼十大典型案例之一。
② 参见周佑勇:"行政不作为构成要件的展开",《中国法学》2001年第5期。

首先是作为的义务。作为的义务,是指行政主体在进行行政管理活动中,基于特定的事实和条件而产生的依法应为一定行政行为的具体法律义务。换言之,这种义务必须是一种法定的行政作为义务,且必须是一种现实的特定的行政作为义务。在环境行政不作为当中,这种法定性源于法律法规赋予行政机关的生态环境和资源保护的职责,而现实特定性源于环境保护是其必为的义务。

其次是不作为的主观意志。"行为的意志因素,是法律所确认的重要因素",[1]"无意志无意识的行为(纯粹的无意行为),不能成为法律行为"。[2] 因此,行政不作为也必须在行政主体的主观意志能力范围内,才能予以法律上的评价和确认。换言之,只有环境保护行政机关具有不履行作为义务之主观意志能力,才可构成行政不作为。

再次是客观上的逾期有所不为。这里需要注意两点,一是客观事实上的不作为,二是该不作为已经逾期。客观上不作为比较容易理解,包括拒绝作为、不予答复和拖延履行等。而不作为已经逾期,是指环保行政机关及其工作人员在程序上的不为已经超过一定的时限。如果时限尚未届满,应视为行政主体还没有作为,不能称之为行政不作为。

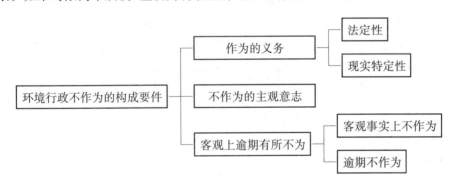

图 10 环境行政不作为的构成要件

五、环境行政公益诉讼的诉讼请求

《检察公益诉讼司法解释》第 25 条规定,环境行政公益诉讼的诉讼请求包括:(1) 请求判决确认被诉行政行为违法或者无效,并可以同时请求判决责令行政机关采取补救措施;(2) 请求判决撤销或者部分撤销被诉行政行为,并可以同时请求判决被诉行政机关重新作出行政行为;(3) 请求判决被诉行政机关在一定期限内履行;(4) 请求判决被诉行政机关予以变更明显不当的行政处罚或者错误的行政处罚。

六、环境行政公益诉讼的特殊规定

(一) 环境行政公益诉讼的诉前程序

《行政诉讼法》第 25 条第四款规定,人民检察院提起环境行政公益诉讼必须满足前置

---

[1] 谢邦宇等:《行为法学》,法律出版社 1993 年版,第 111 页。
[2] 张文显:《法学基本范畴研究》,中国政法大学出版社 1993 年版,第 134 页。

条件,即人民检察院必须对行政机关提出检察建议,督促其依法履行职责,行政机关拒不依法履行职责的,才可以提起环境行政公益诉讼。同时《检察公益诉讼司法解释》第22条还规定,人民检察院提起行政公益诉讼应当提交检察机关已经履行诉前程序,行政机关仍不依法履行职责或者纠正违法行为的证明材料。

但是,环境行政公益诉讼诉前程序的具体操作方式仍然有待完善,比如人民检察院的调查权如何行使、行政机关作为或者不作为的举证强度应为何等,都有待进一步的研究和发展。①

【典型案例】

湖北省黄石市磁湖风景区生态环境保护公益诉讼案②

【基本案情】

磁湖位于湖北省黄石市市区,水域面积约10平方公里。1997年,磁湖风景区经省政府批准定为省级风景名胜区。2004年,为改善和美化磁湖风景区建设,黄石市政府依法征收了位于磁湖西岸团城山公园教堂附近的15.5亩鱼塘和1.6亩菜地,并对相关人员作出了征地补偿。杭州东路社区居民张某在未取得规划审批和用地手续的情况下,仍持续在已被征收的土地上擅自搭建建筑物,并在鱼塘中围栏投肥养殖。该违法行为一直持续到2018年仍未被有效制止,严重破坏了磁湖风景区的整体规划,对磁湖的水质造成了污染,破坏了磁湖水域的生态环境。2018年5月,黄石市检察院发现该线索后,指定西塞山区检察院管辖。经调查,要拆除违法建筑和收回被占用的鱼塘涉及的行政机关众多,包括黄石市园林局、市规划局、市国土局、市水利水产局、下陆区城管局等,而且各部门之间存在着管理权限不清、多头难管的问题。2018年5月,黄石市国土局和下陆区城管局主动与市检察院对接,请求检察机关通过行政公益诉讼介入,促成行政机关形成执法合力,彻底破解这一困扰多年的执法难题。5月中下旬,西塞山区检察院向市园林局等五家行政单位分别发出检察建议,督促其依法履职,对张某的违法行为进行处理,采取治理措施消除对磁湖及其风景区的不利影响。收到检察建议后,五家行政机关召开行政执法联席会议,制定联合执法行动。7月26日,下陆区城管局联合黄石市国土局、规划局、园林局以及水利水产局开展联合执法,经过150余名执法人员连续5个多小时的作业,存续14年之久的违法建筑和投肥养鱼用的渔网全部被依法拆除。

【案例点评】

对于多个行政机关因职能交叉导致权限不清的执法难题,检察机关可以通过行

---

① 应松年编:《行政诉讼法学》(第七版),中国政法大学出版社2018年版,第62页。
② 最高人民检察院2018年12月25日发布的检察公益诉讼十大典型案例之二。

政公益诉讼诉前建议的方式,督促相关职能部门共同努力,推动问题解决,实现多赢共赢。本案检察机关通过公益诉讼职能作用的发挥,向五家行政机关发出诉前检察建议,促成了行政机关的联合执法,打破了持续了14年之久的"五龙治水"的僵局,破解了行政执法难题。不仅消除了磁湖生态环境问题的沉疴顽疾,而且让行政机关深刻地体会到,检察公益诉讼与行政执法行为在目标上是一致的,公益诉讼既是监督,也是助力,是实现行政机关、司法机关、社会公益多赢、共赢的有效途径。

(二) 环境行政公益诉讼的裁判方式

《检察公益诉讼司法解释》第25条规定了环境行政公益诉讼的五种裁判方式:(1) 被诉行政行为具有《行政诉讼法》第74条、第75条规定情形之一的,判决确认违法或者确认无效,并可以同时判决责令行政机关采取补救措施;(2) 被诉行政行为具有《行政诉讼法》第70条规定情形之一的,判决撤销或者部分撤销,并可以判决被诉行政机关重新作出行政行为;(3) 被诉行政机关不履行法定职责的,判决在一定期限内履行;(4) 被诉行政机关作出的行政处罚明显不当,或者其他行政行为涉及对款额的确定、认定确有错误的,判决予以变更;(5) 被诉行政行为证据确凿,适用法律、法规正确,符合法定程序,未超越职权,未滥用职权,无明显不当,或者人民检察院诉请被诉行政机关履行法定职责理由不成立的,判决驳回诉讼请求。

第三节 环境公益诉讼相关司法实践

一、环境民事公益诉讼与生态环境损害赔偿制度的衔接

在环境法律体系中,任何一项制度都无法孤立存在,必须与其他相关制度密切协作、有机配合。中共中央办公厅、国务院办公厅印发的《生态环境损害赔偿制度改革方案》(以下简称《方案》)明确规定,自2018年1月1日起在全国试行生态环境损害赔偿制度。该制度作为一项新兴制度与之前已经发展较为成熟的环境民事公益诉讼制度存在一定的交叉性,因此二者之间存在相互衔接的问题。

(一) 制度衔接的前提条件

生态环境损害赔偿制度与环境民事公益诉讼制度内容高度契合是因为二者在法理基础上具有共通性,在目的上具有一致性,在适用范围上存在重叠性。这也是两项制度相衔接的前提条件。

1. 法理基础的共通

环境民事公益诉讼与生态环境损害赔偿制度在法理基础上具有共通之处。环境民事

公益诉讼的法理基础主要是对环境公共利益的保护,也可以理解为对公民环境权的保护。生态环境损害赔偿制度的法理基础识别相对较为复杂。在生态环境损害赔偿制度的原先构想中,制度设计者试图借鉴民法中的物权制度,为生态环境寻找一个"具有直接利害关系"的主体,并且凭借这种"直接利害关系"延伸发展出对生态环境救济的法理正当性。故而自然资源国家所有权理论首先被纳入制度设计之中。我国宪法和物权法规定了自然资源国家和集体的双轨制所有权。根据物权理论,当所有权受到侵害时,所有权人可以主张侵害排除或者损害赔偿。基于这种逻辑,不少学者认为生态环境损害赔偿诉讼实际上就是基于民事物权诉讼的"环境私益诉讼"①或者说"环境国益诉讼",而非"环境公益诉讼"。② 但是,自然资源国家所有权的私法属性一直饱受质疑。有学者主张,这种所谓的国家所有权并非是一种国家权利,而应当是一种国家义务,即国家保护公民环境权利和增进社会公共福祉的义务。③ 以自然资源国家所有权作为生态环境损害赔偿制度的法理基础核心还存在一个重大的理论缺漏,即生态环境是自然资源的上位概念,生态环境可以对自然资源进行涵摄,反之自然资源不能对生态环境进行反向涵摄。换言之,自然资源具备国家所有权属性并不能顺延成生态环境也具有国家所有权属性。例如,大气就是一种没有被"国有化"的生态环境,那么如何解释国家对向大气排污的排污企业收取排污费或索赔的正当性呢?

正是基于上述理论困境,学者尝试以"环境权"理论突破民法的局限,为生态环境损害赔偿提供一种全新的权利本源和法理基础的论证。环境权的提出突破了传统民事法律制度在环境保护上的局限。更为重要的是,环境权具有基本人权属性,国家有义务对公民提供更为充分的保障,这也是学者们一直呼吁环境权入宪的理论基础。根据"环境权"理论,当出现严重的生态环境问题时,国家为了维护公民的基本人权,有义务对生态环境进行管理和保护,对生态环境损害实施救济,并在履行生态环境管理、保护和救济的义务之后,当然享有生态环境损害赔偿请求权。

因此,环境民事公益诉讼和生态环境损害赔偿制度在法理基础上具有明显的共通性。

2. 目的上的一致性

生态环境损害赔偿制度和环境民事公益诉讼制度在目的上具有一致性。生态环境损害赔偿制度既是为了解决生态环境受到损害获得赔偿的问题,也是为了保护人类社会所赖以生存的自然环境,保护人类共同的家园。环境民事公益诉讼制度的意义在于,通过推广公益诉讼概念,威慑违法犯罪分子,防止其采用损害公众利益的手段来获得私益,避免造成生态环境的重大损害。环境问题具有隐蔽性,是一种缓慢发展的积累型损害,在环境变化初期很难被准确感知,然而一旦爆发则往往造成难以逆转的巨大损害,再实施生态环

---

① 最高人民法院环境资源审判庭编:《最高人民法院关于环境民事公益诉讼司法解释理解与适用》,人民法院出版社2015年版,第27页。
② 参见肖建国:"利益交错中的环境公益诉讼原理",《中国人民大学学报》2016年第2期。
③ 参见张宝:"生态环境损害政府索赔权与监管权的适用关系辨析",《法学论坛》2017年第5期。

境的修复困难极大、代价极大。因此,我们不仅需要生态环境损害赔偿来控制生态环境的恶化程度,也需要运用环境民事公益诉讼手段威慑教育潜在的生态环境的污染者和破坏者,从而双管齐下实现环境保护目标。

3. 适用范围的重叠性

生态环境损害赔偿制度和环境民事公益诉讼制度在适用范围上存在重叠性。在生态环境损害赔偿制度中,《方案》将"生态环境损害"界定为"因污染环境、破坏生态造成的环境要素和生物要素的不利改变,及上述要素构成的生态系统功能的退化";将赔偿范围初步划定为"清除污染的费用、生态环境修复期间服务功能的损失、生态环境修复费用、生态环境功能永久性损害造成的损失以及生态环境损害赔偿调查、鉴定评估等合理费用"。在环境民事公益诉讼制度中,生态系统功能的退化,包括环境要素和生物要素的不利改变等同样是诉讼的核心内容;修复和补偿环境公益损害同样是环境民事公益诉讼的核心理念。因此,两项制度在适用范围上有重叠。

(二) 制度衔接的关键点

有效衔接环境民事公益诉讼制度和生态环境损害赔偿诉讼制度的关键在于:一是梳理其特性,二是整合其共性。

1. 起诉顺位的早期选择

依据《环境保护法》第 58 条的规定,环境民事公益诉讼的主体包括社会组织和人民检察院。社会组织提起环境民事公益诉讼需要满足"依法在设区的市级以上人民政府民政部门登记""专门从事环境保护公益活动连续五年以上"且"无违法记录"三个条件。

关于生态环境损害赔偿诉讼的主体,《方案》规定:"国务院授权省级、市地级政府(包括直辖市所辖的区县级政府,下同)作为本行政区域内生态环境损害赔偿权利人……省级、市地级政府可指定相关部门或机构负责生态环境损害赔偿具体工作。省级、市地级政府及其指定的部门或机构均有权提起诉讼。"

由此观之,环境民事公益诉讼的诉讼主体不同于生态环境损害赔偿诉讼的诉讼主体。那么随之而来的两个问题是:第一,生态环境损害赔偿诉讼与环境民事公益诉讼在选择上有无顺位次序?第二,两者可否同时进行?

有学者认为,环境民事公益诉讼和生态环境损害赔偿诉讼都处于"初步"发展阶段。不设置二者的顺位次序,可以同时提供两种诉讼路径,从而为生态环境提供更有力的保护。这是一种充分发挥省级政府的权威性和威慑力,同时最大程度释放环保组织诉讼意愿和能力的政策考量。① 因此,在生态环境损害赔偿制度改革初期,不少地方法院同时认可生态环境损害赔偿权利人的诉权和环保组织提起环境民事公益诉讼的诉权,因而出现了将两者合并作为共同原告的做法,例如,最高人民法院指导案例(130 号):重庆市人民政府、重庆两江志愿服务发展中心诉重庆藏金阁物业管理有限公司、重庆首旭环保科技有

---

① 参见程多威、王灿发:"论生态环境损害赔偿制度与环境公益诉讼的衔接",《环境保护》2016 年第 2 期。

限公司生态环境损害赔偿、环境民事公益诉讼案。

2. 制度衔接的方向

环境民事公益诉讼与生态环境损害赔偿制度在制度设计上具有一致性,这是二者法律法规整合的方向之所在。

不少学者认为,生态环境损害赔偿诉讼与环境民事公益诉讼存在法理基础上的差异,①调和或者厘清法理基础上的差异才是两个制度衔接的方向。然而,生态环境损害赔偿诉讼与环境民事公益诉讼在法理上不是非此即彼的关系,而是一种包容关系,或者更进一步地说,生态环境损害赔偿诉讼是环境民事公益诉讼的一种特殊形态。

在衔接环境民事公益诉讼和生态环境损害赔偿诉讼的过程中应当发挥其各自特长,将生态环境损害赔偿制度的构建视为环境民事公益诉讼制度发展的重大契机。未来的环境民事公益诉讼应当充分关照当下生态环境损害赔偿制度的现实诉求,通过相应的实体和程序配置,致力于搭建起内部协调统一的更广泛意义上的环境民事公益救济司法保障机制。

3. 最新的司法倾向

鉴于环境民事公益诉讼与生态环境损害赔偿诉讼在适用范围、诉讼目的和诉讼请求上都有诸多重合之处,为节约司法资源,提高司法效率,2019年5月20日由最高人民法院审判委员会第1769次会议通过《最高人民法院关于审理生态环境损害赔偿案件的若干规定(试行)》,并于2020年12月23日对之进行了修正。该司法解释第16条至第18条明确规定了生态环境损害赔偿诉讼与环境民事公益诉讼的衔接规则:

第十六条 在生态环境损害赔偿诉讼案件审理过程中,同一损害生态环境行为又被提起民事公益诉讼,符合起诉条件的,应当由受理生态环境损害赔偿诉讼案件的人民法院受理并由同一审判组织审理。

第十七条 人民法院受理因同一损害生态环境行为提起的生态环境损害赔偿诉讼案件和民事公益诉讼案件,应先中止民事公益诉讼案件的审理,待生态环境损害赔偿诉讼案件审理完毕后,就民事公益诉讼案件未被涵盖的诉讼请求依法作出裁判。

第十八条 生态环境损害赔偿诉讼案件的裁判生效后,有权提起民事公益诉讼的国家规定的机关或者法律规定的组织就同一损害生态环境行为有证据证明存在前案审理时未发现的损害,并提起民事公益诉讼的,人民法院应予受理。

民事公益诉讼案件的裁判生效后,有权提起生态环境损害赔偿诉讼的主体就同一损害生态环境行为有证据证明存在前案审理时未发现的损害,并提起生态环境损害赔偿诉讼的,人民法院应予受理。

---

① 参见王小钢:"生态环境损害赔偿诉讼的公共信托理论阐释——自然资源国家所有和公共信托环境权益的二维构造",《法学论坛》2018年第6期;朱建勇:"生态环境损害赔偿与环境公益诉讼衔接机制研究",载《深化依法治国实践背景下的检察权运行——第十四届国家高级检察官论坛论文集》(北京,2018年12月),第541页;程多威、王灿发:"论生态环境损害赔偿制度与环境公益诉讼的衔接",《环境保护》2016年第2期。

从上述司法解释的规定看,当下最高人民法院所表现出来的司法倾向并非完全将生态环境损害赔偿诉讼与环境民事公益诉讼等同对待,二者同时受理时,对生态环境损害赔偿诉讼有优先顺位的制度安排。从第17条规定的"应先中止民事公益诉讼案件的审理"来看,说明二者关系是以生态环境损害赔偿诉讼为主,以环境民事公益诉讼为辅,环境民事公益诉讼是生态环境损害赔偿诉讼的补充。

二、海洋自然资源与生态环境损害赔偿诉讼

《生态环境损害赔偿制度改革方案》第3条"适用范围"中明确规定"涉及海洋生态环境损害赔偿的,适用海洋环境保护法等法律及相关规定",从而将"海洋生态环境损害赔偿"排除在《方案》的适用范围之外。从形式逻辑的角度看,海洋生态环境损害赔偿是生态环境损害赔偿的一种。事实上,海洋生态环境损害赔偿也是我国最早与国际接轨的生态环境损害赔偿类型,但因其涉及国际海洋规则而具有特殊性,从而将其排除在当下的《生态环境损害赔偿制度改革方案》适用范围之外。

(一)海洋自然资源和生态环境损害赔偿诉讼的适用范围

2018年1月15日起施行的《最高人民法院关于审理海洋自然资源与生态环境损害赔偿纠纷案件若干问题的规定》(以下简称《海洋自然资源和生态环境损害司法解释》)第1条规定:"人民法院审理为请求赔偿海洋环境保护法第八十九条第二款规定的海洋自然资源与生态环境损害而提起的诉讼,适用本规定。"与之相对应,《海洋环境保护法》第89条第二款规定:"对破坏海洋生态、海洋水产资源、海洋保护区,给国家造成重大损失的,由依照本法规定行使海洋环境监督管理权的部门代表国家对责任者提出损害赔偿要求。"

可见,《海洋自然资源和生态环境损害司法解释》主要是围绕《海洋环境保护法》第89条第二款作出的具体规定,其适用范围也应当根据该条划定。

另外,《海洋环境保护法》第89条第二款规定"给国家造成重大损失"是行使海洋环境监督管理权的部门代表国家对责任者提出损害赔偿要求的前提条件,因而有学者质疑,是否只有当国家利益受到重大损失时才能提出损害赔偿请求,而非所有的环境公共利益受到重大损失时都能提出损害赔偿请求。为此,需要特别强调的是,无论从学理角度还是实践角度,此处的国家利益只需与私人利益作出明确界分即可,不应当、不可能也无需将国家利益和社会公共利益再作出周延界分,国家利益本身涵盖公共利益的成分,二者并非相互独立的概念。

(二)海洋自然资源和生态环境损害赔偿的权利主体

《海洋自然资源和生态环境损害司法解释》第3条规定:"海洋环境保护法第五条规定的行使海洋环境监督管理权的机关,根据其职能分工提起海洋自然资源与生态环境损害赔偿诉讼,人民法院应予受理。"

与之相对应,《海洋环境保护法》第5条将海洋环境监督管理权分别赋予国务院环境

保护行政主管部门、国家海洋行政主管部门、国家海事行政主管部门、国家渔业行政主管部门、军队环境保护部门，以及沿海县级以上地方人民政府行使海洋环境监督管理权的部门。实践中，海洋环境污染事故发生后，根据职能分工，有关索赔权限主要涉及三大部门：中国海事局或者其下属机构采取清污等应急处置措施的，可以索赔清污费；农业部渔业渔政局或者由其管理指导的下级机构（含沿海县级以上人民政府的渔业渔政主管机关）索赔天然渔业资源损失；国家海洋局或者由其管理指导的下级机构（含沿海县级以上人民政府的海洋行政主管机关）索赔除天然渔业资源损失之外的其他海洋自然资源与生态环境损失。①

（三）海洋自然资源和生态环境损害赔偿范围

《海洋自然资源和生态环境损害司法解释》第7条规定："海洋自然资源与生态环境损失赔偿范围包括：（1）预防措施费用，即为减轻或者防止海洋环境污染、生态恶化、自然资源减少所采取合理应急处置措施而发生的费用；（2）恢复费用，即采取或者将要采取措施恢复或者部分恢复受损害海洋自然资源与生态环境功能所需费用；（3）恢复期间损失，即受损害的海洋自然资源与生态环境功能部分或者完全恢复前的海洋自然资源损失、生态环境服务功能损失；（4）调查评估费用，即调查、勘查、监测污染区域和评估污染等损害风险与实际损害所发生的费用。"恢复费用，限于现实修复实际发生和未来修复必然发生的合理费用，包括制定和实施修复方案和监测、监管产生的费用。未来修复必然发生的合理费用和恢复期间损失，可以根据有资格的鉴定评估机构依据法律法规、国家主管部门颁布的鉴定评估技术规范作出的鉴定意见予以确定，但当事人有相反证据足以反驳的除外。预防措施费用和调查评估费用，以实际发生和未来必然发生的合理费用计算。责任者已经采取合理预防、恢复措施，其主张相应减少损失赔偿数额的，人民法院应予支持。难以确定恢复费用和恢复期间损失的，人民法院可以根据责任者因损害行为所获得的收益或者所减少支付的污染防治费用，合理确定损失赔偿数额。

（四）海洋自然资源和生态环境损害赔偿的特殊规则

1. 管辖法院

《海洋自然资源和生态环境损害司法解释》第2条规定："在海上或者沿海陆域内从事活动，对管辖海域内海洋自然资源与生态环境造成损害，由此提起的海洋自然资源与生态环境损害赔偿诉讼，由损害行为发生地、损害结果地或者采取预防措施地海事法院管辖。"值得注意的是，与一般民事侵权的法院管辖原则不同，海洋自然资源和生态环境损害赔偿诉讼将被告人住所地排除在外。

2. 损害赔偿金的缴纳

《海洋自然资源和生态环境损害司法解释》第10条第一款规定："人民法院判决责任

---

① 参见王淑梅、余晓汉："关于审理海洋自然资源与生态环境损害赔偿纠纷案件若干问题的规定的理解与适用"，《人民司法（应用）》2018年第7期。

者赔偿海洋自然资源与生态环境损失的,可以一并写明依法行使海洋环境监督管理权的机关受领赔款后向国库账户交纳。"损害赔偿金的受领主体为依法行使海洋环境监督管理权的机关,但是损害赔偿金的所有权为国家所有,所以最终要上缴国库。

图书在版编目(CIP)数据

中国环境法教程/李传轩主编. —上海：复旦大学出版社，2021.7
ISBN 978-7-309-15637-9

Ⅰ.①中… Ⅱ.①李… Ⅲ.①环境保护法-中国-高等学校-教材 Ⅳ.①D922.68

中国版本图书馆 CIP 数据核字(2021)第 075661 号

中国环境法教程
李传轩　主编
责任编辑/张　炼

复旦大学出版社有限公司出版发行
上海市国权路 579 号　邮编：200433
网址：fupnet@ fudanpress.com　　http://www.fudanpress.com
门市零售：86-21-65102580　　团体订购：86-21-65104505
出版部电话：86-21-65642845
上海华业装潢印刷厂有限公司

开本 787×1092　1/16　印张 14.25　字数 303 千
2021 年 7 月第 1 版第 1 次印刷

ISBN 978-7-309-15637-9/D·1086
定价：48.00 元

如有印装质量问题，请向复旦大学出版社有限公司出版部调换。
版权所有　　侵权必究